国家文化公园理论与实践丛书

国家文化公园
国际化战略

李嘉珊 … 著

中国出版集团
研究出版社

图书在版编目(CIP)数据

国家文化公园国际化战略 / 李嘉珊著. -- 北京：研究出版社，2024.3
ISBN 978-7-5199-1445-5

Ⅰ.①国… Ⅱ.①李… Ⅲ.①文化－国家公园－国际化－发展战略－研究 Ⅳ.①G112

中国国家版本馆CIP数据核字(2023)第044007号

出 品 人：陈建军
出版统筹：丁　波
责任编辑：寇颖丹

国家文化公园国际化战略

GUOJIA WENHUA GONGYUAN GUOJIHUA ZHANLÜE

李嘉珊　著

研究出版社 出版发行

（100006　北京市东城区灯市口大街100号华腾商务楼）
北京中科印刷有限公司印刷　　新华书店经销
2024年3月第1版　2024年3月第1次印刷
开本：710毫米×1000毫米　1/16　印张：15.25
字数：224千字
ISBN 978-7-5199-1445-5　定价：68.00元
电话（010）64217619　64217652（发行部）

版权所有·侵权必究
凡购买本社图书，如有印制质量问题，我社负责调换。

《国家文化公园理论与实践丛书》编委会

主　任：计金标

成　员：（按姓氏笔画排序）

　　　　王福州　冯　凌　吕　宁　庄文城　刘　敏
　　　　刘志明　祁述裕　李小牧　李朋波　李洪波
　　　　李嘉珊　杨海峥　邹统钎　张　辉　董耀会
　　　　程惠哲　傅才武

PREFACE | 前言

建设国家文化公园,是以习近平同志为核心的党中央的重大决策部署。党的二十大报告明确提出"建好用好国家文化公园",国家文化公园是中国特色社会主义文化发展道路中的重要标志载体,也是中国文化强国建设进程中的重要内容,更是推动新时代文化繁荣发展的重大工程,意义重大、影响深远。截至2022年,我国正在建设长城、大运河、长征、黄河、长江五大国家文化公园,覆盖全国30个省(自治区、直辖市)。习近平总书记曾指出,要立足中国大地,讲好中国故事,塑造更多为世界所认知的中华文化形象,努力展示一个生动立体的中国,为推动构建人类命运共同体谱写新篇章。[①]国家文化公园作为新生事物,既有融合各国国家公园建设的共同属性特征,又有结合自身国情的中国特色。中国特色的国家文化公园,是文物和文化资源的组合,具有文化保护传承、文化教育、公共服务、旅游观光、休闲娱乐、科学研究等多种功能,根植于中国政治、经济、文化、社会和科技发展,努力实现大型文化遗产保护、利用、传承和创新,彰显国家形象、中华民族独特精神和价值观。立足新发展阶段,需要加强对国家文化公园作为中华民族独特精神标识的系统研究、阐释和展示传播,以提升中华文明的国际影响力和感召力。因此,国家文化公园的国际化发展战略必然成为国家文化公园建设的题中之义。

目前,我国国家文化公园建设正处于起步阶段,关于国家文化公园的研究

---

① 《立足中国大地,讲好中国故事——四论贯彻落实习近平总书记在中国文联十一大、中国作协十大开幕式上的重要讲话》,《光明日报》,2021年12月19日。

相对较少，根据中国知网的数据统计，截至2022年6月，关于国家文化公园的相关文献仅有276篇，且大多数主要以国家文化公园概念、价值、运营模式与管理等内容为主。当前对国家文化公园的国际化发展战略缺乏系统、全面、深入的研究，国家层面对国家文化公园国际化发展的推动举措也处于空白阶段。因此，本书将从国际化视角，在分析国家文化公园国际化发展条件的基础上，借鉴美国、英国、西班牙、日本等国家公园、文化遗产保护与传承发展等领域的经验，针对性提出我国国家文化公园国际化发展的主要模式、路径与对策建议，从而具体回答国家文化公园建设为什么需要筹划国际化战略这一问题，这对于深入贯彻落实习近平总书记关于国家文化公园建设的系列重要指示精神，丰富完善国家文化公园体系，做大做强中华文化重要标识，延续历史文脉，坚定文化自信，进一步提升中华文化标识的传播度和影响力，向世界呈现绚烂多彩的中华文明，具有重大而深远的意义。国家文化公园国际化发展的核心内涵和历史意义可以从以下几个层面展开论述。

（一）国家文化公园国际化发展是新时代讲好中国故事的重要选择

坚定文化自信，提升中华优秀文化国际影响力。实现中华优秀传统文化的传承和创新是推进社会主义文化强国建设的重要内容。国家文化公园是一种全新的、系统的国家公共文化空间形态，是国家形象特征和文化传统的标志和体现，既具有向民众展现国家的历史起源、民族精神和国家价值观的功能，也肩负起国家对外文化交流的使命。以中华民族共创的文化遗产为基底，通过公园这种"共同体"的特殊形式进行系统性保护与利用，实现中华文化的国际共享，国家文化公园不仅可以成为中华民族共有的精神家园，也将更有力地提升中国文化国际影响力。

传承与发扬中华优秀传统文化。国家文化公园是我国已经设立的其他类型的文物和文化资源保护体系的功能集成载体和必要的补充。《长城、大运河、长征国家文化公园建设方案》指出，建设国家文化公园是为了"整合具有突出意义、重要影响、重大主题的文物和文化资源，实施公园化管理运营，实现保护传承利用、文化教育、公共服务、旅游观光、休闲娱乐、科学研究功能，形成具有特定开放空间的公共文化载体"。因此，国家文化公园对各类文物和文化资源具有极强的整合作用，囊括了对文化价值以及文化功能两方面的整合。

面向国际提供中国特色公共文化产品。面临百年未有之大变局下国际环境变化带来的新问题和新挑战，向世界提供什么样的中国特色的公共文化产品，以何种方式提供，对于增进全球对我国文化的认同、携手共建人类命运共同体具有重要的意义。除了具备一般文化文物资源保护利用功能外，国家文化公园是彰显共同体价值的国家文化空间体系，同时，国家文化公园提供的是中国特色的公共文化产品与服务。加快推进国家文化公园建设，实际上也是在为世界文化遗产、文化与生态的综合保护提供新的思路，提供中国特色的治理经验，对于构建人类命运共同体具有十分重要的意义。

助力实现国家乡村振兴战略。乡村振兴战略对于解决新时代我国社会主要矛盾、实现党的执政宗旨和社会主义的本质要求具有重大理论和现实意义。国家文化公园国际化发展，有利于以文旅融合的方式服务乡村振兴战略，有利于深入挖掘当地乡村特色文化符号，盘活特色文化资源，从而大力发展乡村特色文化产业。此外，国家文化公园国际化发展有利于健全农村公共文化服务体系，完善乡村公共文化基础设施，满足农村居民的基本文化需求，开拓乡村地区新兴文化市场，丰富农村居民的文化生活，保障基层人民的基本文化权益。

（二）国家文化公园国际化传播是新时代发展的现实需求

深厚文化禀赋与稳定政策环境形成支撑与保障。自2017年国家首次提出"建设国家文化公园"之后，各级政府及有关部门围绕国家文化公园的建设和发展在环境治理、文化保护、乡村振兴、产业扶持、民生福利等方面取得了一定成就，为推进国家文化公园的国际化传播提供了重要的政策基础和保障。文化禀赋是国家文化公园建设和国际传播的基本要素和比较优势，五大国家文化公园所拥有的差异化和特色化的文化资源，为其国际传播提供了重要基础。在历史发展的过程中，这五大国家文化公园分别形成了其独特的文化精神特征，包括以长城为核心的大国文明与治理文化资源、以运河为核心的劳动文明与智力成果、以长征为核心的党的百年文明与红色文化资源、以黄河为核心的华夏文明与现代文化资源以及以长江为核心的生态文明与包容性文化典范。

优秀文化的传承和创新需以全球视野推动国家文化公园建设。实现中华优秀传统文化的传承和创新是推进社会主义文化强国建设的重要内容。要实现对优秀传统文化的传承和创新，就需要将优秀传统文化与当下的时代语境进行对接，让传统文化产生新时代的价值与意义。国家文化公园作为国家文化繁荣的重大文化工程，是传承中华文明的历史文化标识，是在新时代中国语境下提出的一个特有概念，与我国建立的以自然保护区为主体的"国家公园"以及我国其他诸多类型的各级文化文物保护体系都有着本质上的不同，其本身就是一次重大的文化治理体系和文化话语体系创新，是史无前例的创新之举，意义非凡、影响深远。

推动文化交流与文化贸易的实效性。对外文化交流是提升我国国家话语权的重要途径，而文化自信是我们对外文化交流的前提。国家文化公园的国际化传播是我们文化自信的重要体现，更是塑造我国对外文化形象、便利我国对外文化交流的新平台。国家文化公园的国际传播是彰显我国文化软实力的重要渠道，能够增强世界各国对我国的文化认同，作为我国文化发展战略中最新的部署，能够让世界迅速地认识、了解当代中国的形象，进而在对外文化交流与文化贸易中输出更多互利共赢的文化产品与服务。同时，通过开展国家文化公园相关活动、治理经验交流共享、衍生产品创作和服务供给等国际交流与合作，能够提升国家文化公园所蕴含的主流价值观对外传播的效能。国家文化公园的国际传播也是中华文化内涵、国民文化自信的国际化彰显。

服务国家文化发展的国际化战略需求。国家文化公园的国际化发展是开放经济环境中文化建设的重要创新与实践，既契合我国悠久的历史文化传统和资源禀赋，又符合文化强国建设进程中人民群众对高质量文化生活的需求。国家文化公园的建设和国际化发展是文化强国建设的重要内容，这也是由国家文化公园突出的文化属性以及在社会主义现代化建设中的地位决定的。习近平总书记指出，中华文明自古就以开放包容闻名于世，在同其他文明的交流互鉴中不断焕发新的生命力。要坚持弘扬平等、互鉴、对话、包容的文明观，以宽广胸怀理解不同文明对价值内涵的认识，尊重不同国家人民对自身发展道路的探索，以文明交流超越文明隔阂，以文明互鉴超越文明冲突，以文明共存超越文明优越，弘扬中华文明蕴含的全人类共同价值，推动构建人类命运共同体。要立足中国大地，讲好中华文明故事，向世界展现可信、可爱、可敬的中国形象。通过国家文化公园建设，进一步讲清楚中国拥有什么样的文明和中国是什么样的国家，讲清楚中国人的宇宙观、天下观、社会观、道德观，展现中华文明的悠久历史和人文底蕴，促使世界读懂中国、读懂中国人民、读懂中国共产党、读懂中华民族。①

（三）国家文化公园国际化战略是在不断学习中的借鉴创新

文化遗产的传承与保护需要借鉴国际发展经验。中华文化历史悠久，无论是黄河文化，还是长城、大运河、长江文化，都历经数千年的深厚积淀，是国际文化遗产中的重要组成部分。目前，我国文化遗产保护形势严峻，仍存在遗产保护的有关法律不健全、管理监督机制不完善、保护资金缺乏、群众保护意识淡薄等问题，我国文化遗产保护水平与世界知名文化遗产保护水平相比仍然存在着较大差距。国家文化公园需要立足于我国实际，借鉴文化遗产保护和利用的国际经验，形成完整系统有效的国际文化遗产保护的法律体系和多层次的管理监督体系，实现对国家文化遗产的保护，推动我国优秀传统文化延续，传播历史知识，弘扬中华民族精神，为世界各国民众了解中国悠久的历史、独特的文化、伟大的创造打开全新的国际化窗口。

国家文化公园国际化发展需要与世界接轨。国家文化公园国际化发展包含了国际品牌塑造、国际化管理体系建设、法律制度完善、国际化传播以及国际

---

① 《习近平主持中共中央政治局第三十九次集体学习并发表重要讲话》，中华人民共和国中央人民政府网，https://www.gov.cn/xinwen/2022-05/28/content_5692807.htm，2022-05-28。

语言环境建设等内容。国际品牌的塑造会降低国际推广的难度，加快国际化推广的速度。建立权责明晰、协调有序、运转顺畅、保障有力的国家文化公园管理体系，是国家文化公园可持续运营的有效保证；完善的法律制度将为国家文化公园国际化提供有效的法治保障；有效的国际传播能够显著突出国家文化公园的"文化"底蕴和价值；良好的语言环境能为对外文化交流创造有利的条件。而要实现全方位国际化发展，一方面要立足国内实际，另一方面要吸取国际经验，将中国特色的"国家文化公园"管理体系与世界公园体系接轨。

国家文化公园国际化战略需要兼收并蓄，博采众长。国家文化公园虽然是一个全新的概念，但国家公园早在19世纪就已经出现。经过发展，当前国际社会已经形成众多成熟的发展模式可供借鉴：非洲坦桑尼亚野生动物保护区就是以纪录片的形式赋能国家公园旅游业的发展，阿斯旺国家公园与胡佛大坝建设通过水利工程带动了经济增长，西班牙国家公园在环境治理之下实现了权利保障，澳大利亚土著保护区建设坚持民族保护与协同管理并行，日本国立公园创新实施协作型规划和管理运营体制，美国国家公园则是拥有成熟的志愿者服务体系，英国国家公园充分挖掘小镇集聚特色，加拿大国家公园与电影节共同进行国际传播，巴拿马国家公园利用生态旅游推动了环境保护等。这些成功的建设经验都将为我国国家文化公园国际化发展提供宝贵的国际化路径借鉴。

（四）国家文化公园国际化战略需要多元化、特色化发展路径

多维度考量国家文化公园国际化战略。明确国家文化公园需求、服务、人才、品牌、传播、平台国际化发展方向，推动形成国家文化公园入境旅游的强大吸引力，建设国家文化公园特有的旅游消费生态，通过创新发展国家文化公园入境消费模式，实现国家文化公园价值理念的有效传播。文化服务赋能国家文化公园国际化发展，分别从旅游服务、数字化服务、文博服务以及研学服务等方面提升国家文化公园对外文化服务国际化水平。针对国家文化公园不同领域的发展需求，加强国家文化公园经营管理人才的国际化培养，推动专业性人才

引进与建设,构建具有中国特色的国家文化公园管理文旅创新型人才教育培养模式。培育具有国际竞争力的文旅企业品牌,完善国家文化公园文旅产业生态,探索构建国家文化公园的对外叙事话语体系的国际传播模式,明确对外叙事话语体系主流思想引领,以国际化 IP 营销构建并传播价值理念。最后以数字技术平台有力支撑国家文化公园国际化发展,以数字经济发展带动文化产业的升级,将数字技术与文化遗产保护充分融合,从而推动其数字化平台建设,进一步提升其国际影响力。

制定国家文化公园国际化策略。构建国家文化公园的国际研学旅行服务体系,建设国际研学旅行基地,提升国际研学旅行服务供给水平,建设国际研学旅行服务队伍。发挥多元主体在国家文化公园国际化战略中的作用,政府、企业和社会组织等多元主体之间应相互合作,实现各多元主体合理分工,功能互补,有效利用各方资源。营造国家文化公园的国际化语言服务环境,建设国际化语言服务环境,加强语言翻译服务,提升数字技术在语言服务中的作用。建立多元投资保障体系,提升中央与地方财政资助目标的导向性、精准性,建立市场化投融资模式,创新完善国际化发展融资渠道。构建国家文化公园对外交流交易平台,依托重大文化外交外事活动,做好对外宣传,举办大型国际文化会展,提升国家文化公园海外形象,形成统一的国家文化公园对外交流交易平台,高效促进国家文化公园国际化合作。建设国家文化公园国际化人才服务队伍,形成高水平、高标准、高素质的国际化服务团队。重视国家文化公园国际化配套环境建设,包括规范化的国际基础设施服务环境、专业化的景区国际导览服务环境、便捷化的国际购物环境以及休闲娱乐教育服务。

构建国家文化公园国际化社会表征。实现国家文化公园的国际化发展,其实就是将其具有中国特色的文化及概念要素进行锚定与具化,从而达到在国际社会层面广泛传播的目标,换而言之,就是要重点关注其相应社会表征相关要素的构建,从而形成针对性的建设方案。整合国家文化公园情感要素,与目标受众建立起相应的情感链接,通过情感传递去思考与分析国家文化公园中的非物质文化遗产,从情感角度加强身份认同。在充分把握不同国家文化公园特征及个性的基础上，寻找国家文化公园故事载体，可以是特定的历史片段，也可以是一件极具意义的文物。制定针对性的故事框架，讲述其特有的中国故事，最终每个国家文化公园都要形成其特有的故事逻辑。挖掘国家文化公园国际价值，充分发掘其中所包含的具有时代意义的国际性的价值理念，从而能够在国际社会中产生共鸣，在潜移默化中增强国家文化公园国际影响力。打造国家文化公园国际化品牌标识IP，营造国际化环境，传递中国声音，全方位齐发力，打通传播渠道，进行"文化+"品牌授权，打造国家文化公园国际化IP。以文化贸易推动国家文化公园高效国际化发展，提升国家文化公园国际影响力，提升国家文化公园形象的亲和力与感召力。

综上所述，国家文化公园本身彰显的就是中华民族独特的精神共识，通过国际化发展，可以将中华文明源远流长、博大精深的文化讲出去，向全球展现中国历史和人文底蕴，让世界读懂中国人民和中华民族，这也是进一步落实习近平总书记关于国际传播能力建设和中华文化走出去的重要指示精神。

CONTENTS 目录

第一章 国家文化公园国际化的背景与意义 / 001

第一节 国家文化公园国际化的概念界定 …………………… 002
- 一、从公园到国家文化公园 …………………………………… 002
- 二、国家文化公园国际化的内涵与外延 ……………………… 004
- 三、国家文化公园国际化路径的观察维度 …………………… 006

第二节 国家文化公园的空间分布及推动举措 ………………… 007
- 一、国家文化公园的空间分布 ………………………………… 007
- 二、推动国家文化公园建设的重要举措 ……………………… 009

第三节 国家文化公园国际化发展的动因 ……………………… 012
- 一、文化遗产的保护需要借鉴国际发展经验 ………………… 012
- 二、文化遗产的利用需要产业赋能 …………………………… 013
- 三、优秀文化的传承和创新需以全球视野推动国家文化公园建设 …………………………………………………………… 013

第四节 国家文化公园国际化发展的理论与现实意义 ………… 015
- 一、坚定文化自信,提升中国优秀文化国际影响力 ………… 015
- 二、提供中国特色全球公共文化产品,推动构建人类命运共同体 …………………………………………………………… 015
- 三、实现中华优秀传统文化的传承与弘扬 …………………… 016

四、带动国家文化公园城镇发展，助力国家乡村振兴战略……017

五、秉承党的二十大精神，推动中国式现代化国际化表达……017

第二章
国家文化公园国际化战略的内容与理论逻辑 / 019

第一节 国家文化公园国际化的研究基础……020
一、国际品牌塑造……020

二、管理体系……021

三、法律制度……022

四、国际化传播……023

五、国际语言环境……024

六、国际建设经验……024

第二节 国家文化公园国际化战略的内容……027
一、推动中国优秀文化遗产的传承与保护……027

二、支撑服务国家公共文化事业发展……027

三、促进文化产业创新发展……029

四、加强对外文化交流与合作……030

五、推进对外文化贸易高质量发展……032

第三节 国家文化公园国际化战略实施的理论逻辑……033
一、学术理论基础……033

二、现实应用理论基础……039

第三章
国家文化公园国际化战略实施的现实基础 / 047

第一节 国家文化公园国际化发展的环境……048

目录

  一、全面稳定的战略环境 ··· 048
  二、多元协同的区域环境 ··· 050
  三、复杂多变的国际环境 ··· 051
 第二节 国家文化公园国际化的政策基础 ························ 052
  一、顶层设计引领国家文化公园国际化发展 ············· 053
  二、指导国家文化公园国际化建设的具体措施 ·········· 056
 第三节 国家文化公园国际化发展的文化禀赋 ················· 058
  一、以长城为核心的大国文明与治理文化资源 ·········· 059
  二、以运河为核心的劳动文明与智力成果 ················· 060
  三、以长征为核心的党的百年文明与红色文化资源 ···· 061
  四、以黄河为核心的华夏文明与现代文化资源 ·········· 062
  五、以长江为核心的生态文明与包容性文化典范 ······· 063
 第四节 国家文化公园国际化发展的需求 ······················· 064
  一、积极服务国家整体外交的发展需求 ···················· 065
  二、有力支撑文化强国建设的内在需求 ···················· 066
  三、主动对接国际文化市场的发展需求 ···················· 067
  四、推进对外文化贸易高质量发展的需求 ················· 071
 第五节 国家文化公园国际化发展的产业基础 ················· 072
  一、国家文化公园国际化的资源投入 ······················· 072
  二、国家文化公园国际化的产出效益 ······················· 075

第四章
国家文化公园国际化发展的全球经验借鉴 / 079

 第一节 纪录片赋能国家公园旅游业发展：
     非洲坦桑尼亚野生动物保护区 ······················· 080
  一、统筹完善的管理机构 ·· 080

二、坦桑尼亚野生动物旅游资源开发活动 …………………… 081
　　三、纪录片对当地国家公园旅游业发展的影响 ………………… 083
　　四、坦桑尼亚野生动物保护区的国际化借鉴 ………………… 085
第二节　水利工程带动文旅消费：阿斯旺国家公园与胡佛大坝建设 … 085
　　一、阿斯旺大坝与阿斯旺国家公园 ……………………………… 086
　　二、美国胡佛大坝水利工程 ……………………………………… 087
　　三、水利工程带动文旅发展的经验借鉴 ………………………… 088
第三节　环境治理促进国际合作：西班牙国家公园 ………………… 089
　　一、西班牙国家公园现状和管理法律 …………………………… 089
　　二、西班牙国家公园网络的规划与管理 ………………………… 090
　　三、西班牙国家公园国际合作项目 ……………………………… 093
　　四、西班牙国家公园建设的经验借鉴 …………………………… 095
第四节　民族保护与协同管理并行：澳大利亚土著保护区建设 …… 095
　　一、澳大利亚国家公园发展现状 ………………………………… 096
　　二、特殊管理模式 ………………………………………………… 097
　　三、协同管理促进民族保护的经验总结 ………………………… 098
第五节　协作型管理运营：日本国立公园的规划和管理体制 ……… 099
　　一、日本国立公园发展及特征 …………………………………… 099
　　二、日本国立公园的定义和法律依据 …………………………… 101
　　三、日本国立公园的规划制度及管理体系 ……………………… 101
　　四、日本国立公园的经验借鉴 …………………………………… 104
第六节　成熟的志愿者服务体系：美国国家公园 …………………… 105
　　一、美国国家公园的发展历史概述 ……………………………… 105
　　二、美国志愿者服务体系支持国家公园发展 …………………… 107
　　三、美国国家公园建设的启示 …………………………………… 109
第七节　小镇集聚吸引国际游客：英国国家公园 …………………… 110
　　一、小镇让湖区国家公园更添魅力　111

二、诺森伯兰国家公园 ………………………………………… 112

三、英国国家公园建设的启示 ………………………………… 113

第八节　电影节推动国际传播：加拿大国家公园 ……………… 114

一、旅游开发和环境保护保持平衡 …………………………… 114

二、班夫山地国际电影节 ……………………………………… 115

三、加拿大国家公园建设的启示 ……………………………… 117

第九节　生态旅游提升国际声誉：巴拿马国家公园 …………… 118

一、巴拿马国家公园生态旅游概况 …………………………… 118

二、流域内主要公园特色 ……………………………………… 118

三、巴拿马国家公园发展的经验借鉴 ………………………… 121

第五章
国家文化公园国际化战略的多维度分析 / 123

第一节　国家文化公园的国际市场需求 ………………………… 124

一、中国入境旅游的吸引力分析 ……………………………… 124

二、以新业态提升国家文化公园入境旅游吸引力 …………… 132

第二节　多元市场主体的差异化定位 …………………………… 135

一、政府 ………………………………………………………… 135

二、企业 ………………………………………………………… 136

三、非营利社会组织 …………………………………………… 136

四、高校和科研院所 …………………………………………… 137

五、个人 ………………………………………………………… 137

第三节　国家文化公园服务国际化 ……………………………… 138

一、旅游服务 …………………………………………………… 138

二、数字服务 …………………………………………………… 139

三、文博服务 …………………………………………………… 139

四、研学旅游服务 …………………………………………… 140
　　五、投资保障服务 …………………………………………… 142
　　六、配套设施服务 …………………………………………… 144
第四节　国家文化公园品牌国际化 ……………………………… 147
　　一、积极培育和发展国家文化公园品牌文旅企业 ………… 147
　　二、打造并完善国家文化公园文旅产业生态 ……………… 148
　　三、以品牌文旅企业推动国家文化公园国际化合作 ……… 149
第五节　国家文化公园传播国际化 ……………………………… 150
　　一、明确对外叙事话语体系主流思想引领 ………………… 151
　　二、构建被国际社会认可的对外叙事话语体系框架 ……… 152
　　三、利用国际化IP营销构建并传播价值理念 ……………… 154
　　四、营造高质量的国际语言服务环境 ……………………… 156
第六节　国家文化公园人才国际化 ……………………………… 158
　　一、国际化文旅产业管理团队培养 ………………………… 159
　　二、对外交流传播和国际市场营销人才培养 ……………… 160
　　三、国际化数字产业管理人才培养 ………………………… 161
　　四、多元化国家文化公园志愿者服务队伍 ………………… 162

第六章
国家文化公园国际化发展的策略　165

第一节　以文化交流提升国家文化公园国际影响力 …………… 166
　　一、文化交流：世界文化进步的必然要求 ………………… 166
　　二、制定国家文化公园国际交流方略 ……………………… 167
　　三、建立国家文化公园国际交流常态化机制 ……………… 168
第二节　以文化贸易增强国家文化公园国际竞争力 …………… 170
　　一、立足文化贸易高质量发展新阶段 ……………………… 170

二、推动国家文化公园文旅服务产业开放发展 …………… 171

三、创新发展国家文化公园数字文化贸易 ………………… 173

第三节　以文化传播推进中华优秀文化海外辐射力 ………… 174

一、构建国家文化公园国际传播的多元视角 ……………… 174

二、重视国家文化公园文化内容与渠道传播 ……………… 176

三、重视国家文化公园文化民间传播 ……………………… 177

第四节　以数字技术赋能国家文化公园国际化发展 ………… 179

一、数字经济提升国家文化公园国际竞争力 ……………… 179

二、创新科技促进国家文化公园文化遗产保护 …………… 181

三、数字传播平台拓展国家文化公园国际影响力 ………… 182

第七章　国家文化公园国际化的社会表征　185

第一节　国家文化公园国际化社会表征的多元视角 ………… 186

一、国家文化公园内涵的具象化表征 ……………………… 186

二、培育国家文化公园国际品牌表征 ……………………… 189

三、文化贸易推动国家文化公园社会表征形成 …………… 191

第二节　国家文化公园国际化发展的社会表征分析 ………… 193

一、长城国家文化公园：中华民族文化安全观的集中体现 …… 193

二、大运河国家文化公园：民生福祉展现国家治理制度优势 …… 196

三、长征国家文化公园：艰苦卓绝永不言败的史诗精神 …… 198

四、黄河国家文化公园：华夏文明源远流长的民族记忆 …… 201

五、长江国家文化公园：兼容并蓄异彩纷呈的和谐发展 …… 203

参考文献　206

后记　219

第一章
CHAPTER 1

国家文化公园国际化的背景与意义

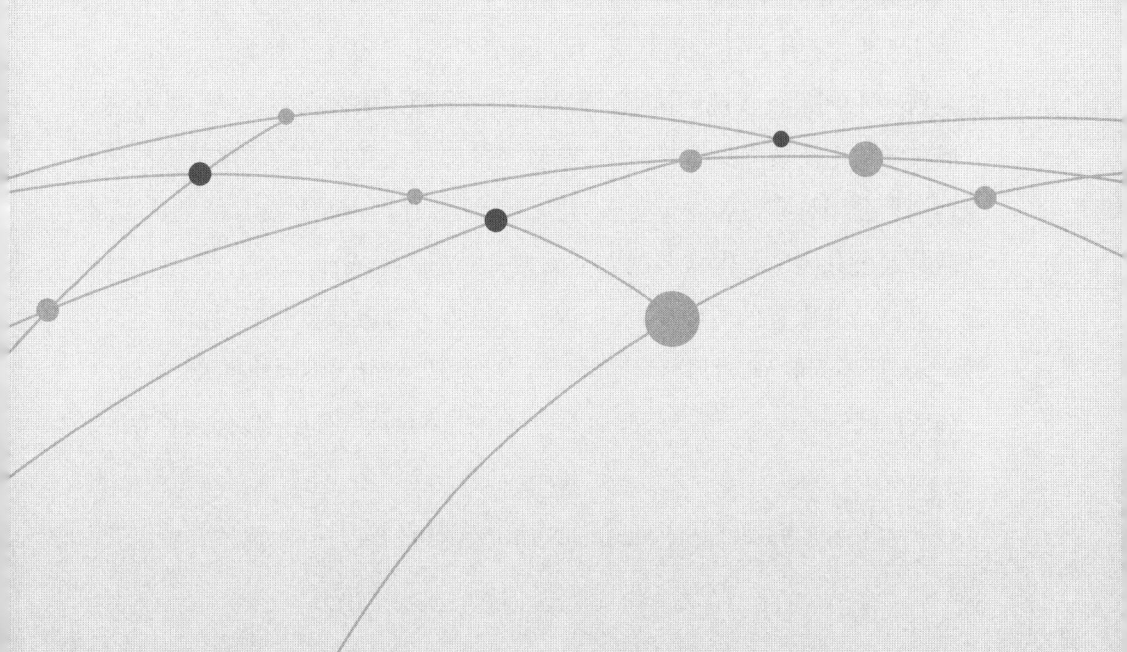

第一节　国家文化公园国际化的概念界定

一、从公园到国家文化公园

近代公园理论起源于西方国家，严格意义上的公园，是社会发展到近代的产物。Spiro Kostof（1992）指出，近代公园最早兴起于19世纪初的欧洲，是一种面向公众的开放空间，配备了丰富多样的设施，让各个阶层的人们皆可以前往消遣和娱乐。长期以来，西方学者对于公园的属性和产生原因进行了一系列的研究。Alessandra Ponte（1991）认为，19世纪后期至20世纪，公园作为一种新的现代公共机构而兴起，以缓解当时由于工业化及人口剧增而引发的一系列城市环境问题。Hazel Conway（2000）指出，公园可以清新空气，可以为人们提供锻炼的场所，增强他们的体质，可以让人们有机会与自然亲密接触，从而取代酒馆作为人们消遣娱乐聚会的场所。Rosenzweig（1992）提出，中央公园实质上是多方社会争斗的结果。一方面，最初富人们创建公园的目的在于供自身享用；另一方面，来自不同阶层的普通民众也开始使用公园，逐渐将自己的娱乐需要和喜好纳入到"公园"的范围。

基于西方近代公园发展状况，国内学者更专注于研究公园概念、属性和功能类别。《公园设计规范》中对公园的定义："公园是供公众游览、观赏、休憩、开展科学文化及锻炼身体等活动，有较完善的设施和良好的绿化环境的公共绿地。"① 公园具有改善城市生态、防火、避难等作用。孙华（2021）则认为，公共园林或公共园区是国家范围内全民共有财产的组成部分，具有为全体社会成员提供公共服务的明确功能，且具有不从服务对象那里获取回报的非营利性质。按照不同的分类目的和分类标准，公园可以划分为不同的类型。例如，以公园所在区位为标准，可将公园划分为城市公园和荒野公园；以公园景观的形

---

① 北京市园林局：《公园设计规范》，中国建筑工业出版社2009年版。

成原因为标准,可以将公园划分为自然公园和人文公园,自然公园又可细分为地质公园、森林公园、湿地公园、海洋公园等类型,人文公园可以细分为主题公园、专类公园、城市公园、附属花园、遗址公园等。

国家公园的概念最早起源于美国,自1872年美国设立世界上第一个国家公园,即黄石国家公园以来,经过一百多年的发展,国家公园的理念被世界上很多国家广为接受并付诸实践(朱里莹等,2016)。[①]我国国家公园建设起步较晚,直到2015年才开始体制试点工作。2021年,在总结评估国家公园体制试点经验基础上,由习近平总书记宣布正式设立了三江源、大熊猫、东北虎豹、海南热带雨林和武夷山第一批5个国家公园。随着国家对国家公园建设的重视,国家公园的相关研究迅速增多。学者们的研究范围拓展到国家公园的管理模式、国家公园的国外建设经验以及中国国家公园的建设路径上。杨成玉、葛滨(2022)基于法国国家公园的管理得出了对于我国国家公园建设的启示:保护上加强对管理权的统筹;完善特许经营制度;实施强有力的规划调控;加强国民认同感培育。[②]唐小平(2022)的研究中提出了建设国家公园的具体实现路径,主要包括编制和实施国家公园规划、勘定国家公园边界范围、组建国家公园管理机构、实施自然资源资产统一管理、推进自然生态系统保护修复、建设国家公园基础设施、构建天空地一体化监测感知体系、强化科教游憩公众服务、建设人与自然和谐共生社区。[③]何友均(2022)认为高质量建设国家公园需要把握好以下几大关系:正确认识中央政府和地方政府的关系;正确认识国家公园边界内部和外部的关系;正确认识人与自然之间的关系;正确认识保护和发展的关系。[④]杨成玉(2022)通过分析法国建设国家公园的发展历程、管理原则、机制以及经验做法,对我国建设国家公园提出了加强对管理权的统筹、注重与城市发展规划之间的协同、完善国家公园立法和特许经营制度、优

[①] 朱里莹、徐姗、兰思仁:《国家公园理念的全球扩展与演化》,《中国园林》2016年第7期。
[②] 杨成玉、葛滨:《法国国家公园管理经验及启示》,《中国土地》2022年第9期。
[③] 唐小平:《高质量建设国家公园的实现路径》,《林业资源管理》2022年第3期。
[④] 何友均:《高质量建设国家公园的重大意义与实施路径》,《国家治理》2022年增刊。

化国土开发保护格局、加强国民认同感培育的建议。①朱强、叶童童（2022）提出目前我国关于国家公园体制构建还处于起步阶段，存在专门立法缺失、管理职能划分不清、土地权属不明确、原住民利益遭到损害等问题，通过分析美国与印度国家公园制度，提出我国应构建以国家公园为主的自然保护地法律体系、建立中国特色国家公园管理体制、创新国家公园建设发展机制。②

自国家文化公园建设提出以来，学术界对其具体概念进行了深入研究与探讨。有学者指出，国家文化公园不同于"国家公园""国家遗址公园""国家文化遗产公园"，其理念要点在于国家是属性、文化是内涵、公园是形式（杜翔，2007）。孙华（2021）指出，国家文化公园是国家一级政府基于保护国家重要文化资源、展示国家文化精华的目的，为历史研究、文化传承、公众教育和人们休憩提供服务，依托重要的文化遗产，由国家划定、国家管理并全部或部分向公众开放的文化区域。汪愉栋（2022）指出，国家文化公园是文化空间，以物质文化遗产为物质基础，涉及文物、会址、遗址等特色文化地点、景点等；以非物质文化遗产为精神内核，是实现中华民族伟大复兴的重大文化工程。王克岭（2021）将其定义为依托"遗址遗迹"和"建筑与设施"等人文旅游资源，具有代表性、延展性、非日常性主题，由国家主导生产的主客共享的国际化公共产品。李树信（2021）认为，"国家文化公园是由国家批准设立并主导管理，以保护具有国家代表性的文物和文化资源，以传承、弘扬中华民族文化精神、文化信仰和价值观为主要目的，实施公园化管理经营的特定区域"。

二、国家文化公园国际化的内涵与外延

我国于2017年首次提出了国家文化公园这一概念，是当前我国特有的文化传承、保护、沿袭、传播、发展的创新模式，也是建成社会主义文化强国的一项重大任务。建设国家文化公园是实现物质与精神共同富裕的"国之大者"。国家文化公园的建设过程本质上是国家文化标识建构与文化空间生产的过程，"国

---

① 杨成玉：《国家公园建设的国际经验研究——以法国国家公园为例》，《城市》2022年第10期。
② 朱强、叶童童：《国家公园体制改革的现实困境与制度建构》，《湿地科学与管理》2022年第3期。

家性"是国家文化公园的鲜明底色,也是建设国家文化公园的基石。[①]除此以外,就当下正在进行的长城、长江、长征、黄河、大运河这五大国家文化公园建设而言,国家文化公园还应具备全民属性、文化属性、经济属性、政治属性、休憩与教育属性、自然属性等。[②]

与此同时,国家文化公园建设也是一项重大且系统的文化工程,需要统筹文化与经济、文化与生态,处理好传统性与时代性、民族化与国际化的相互关系,充分发挥有效市场和有为政府的作用。而其中"国际化"这一过程是当前经济全球化背景下,符合人类命运共同体发展理念与交流互鉴文明观,推动新时代现代化中国特色传统文化资源创造性转化、创新性发展的必然趋势。结合众多现有国家文化公园理论研究及能动性思考,可以将国家文化公园国际化的内涵理解为:中国国家文化公园国际化,是面向未来、面向世界可持续的国际化,即在充分吸取借鉴国际社会中国家公园相关建设经验的基础上,结合中国特色与时代背景,秉持以人为本、以文化为核心、以公园为载体、以国际化的表达形式与逻辑,面向国际社会有效讲述与传递国家文化公园文化故事,从而进一步提升中华文明国际传播力与影响力,形成可在全球范围内传播与可供参考的中国特有的国家文化公园国际化建设路径与总体部署。

国家文化公园国际化外延广泛。从受众角度而言,国家文化公园国际化建设面向且涵盖的目标群体不仅仅是国内消费者,更有广阔的海外市场,而随着中国综合国力的不断增强,中华文化在海外的热度逐年增长,文化消费需求日益提升。根据不同标准,文化消费市场也可以进一步细分,例如不同文化圈的需求市场则可细分为西方文化圈市场、东亚文化圈市场、伊斯兰文化圈市场、印度文化圈市场等,由不同经济区域又可分为环太平洋经济区市场、西半球经济区市场、欧洲经济区市场等,随着世界局势及科技发展,各细分市场需求又会不断变化。从国际化建设主体而言,涉及政产学研多方发力,缺一不可,需要

---

① 冷志明:《国家文化公园的"国家性"建构研究》,《吉首大学学报(社会科学版)》2022年第5期。
② 程遂营、王笑天、王伟:《黄河国家文化公园建设的理论与实践探索》,《黄河文明与可持续发展》2022年第1期。

相关政府部门顶层设计的引领以及国际化平台搭建，相关产业市场主体在经济领域的消费活力激发，高校及相关机构组织的国际化人才培养与学术交流，科研领域的支撑等，而主体的多元也需要差异化的定位，如政府、企业、非营利组织、高校和科研院所以及个人等在国家文化公园国际化进程中都应找准自身的定位。从国际化建设实施过程而言，国家文化公园国际化建设涉及了文化遗产保护、文化国际交流传播、国际文化贸易、国际化品牌IP构建、国际化表征等多领域内容，而每一项理论角度又可衍生出更加丰富的建设细节与角度，需要综合全面性地分析与考量。

三、国家文化公园国际化路径的观察维度

从哪几个维度观测和分析国家文化公园国际化，对于高质量建设国家文化公园具有重要的意义，其具体的观测维度可归纳如下。

第一，国家文化公园管理模式的国际化。中华文化历史悠久，无论是长城、大运河、长征、黄河文化，还是长江文化，都是文化遗产中的重要组成部分。文化遗产的保护、传承和利用不仅需要结合中国发展实际，也要借鉴国外的有益经验。国家文化公园国际化面向的是全球市场，与我国相比，欧美等发达国家在公园建设、遗产保护等方面积累了丰富的发展经验、管理模式，创新性强。因此，我们可以对标欧美发达国家国家公园、文化遗产等管理模式，并结合我国建设国家文化公园的管理实际，观测现阶段我国国家文化公园的管理模式。通过先进的管理手段推动我国国家文化公园建设，实现对国家文化遗产的保护与利用，高质量建设国家文化公园。

第二，国家文化公园传播的国际化。传播可信可爱可敬的中国形象，提升国际传播效率，讲好中国故事，是国家文化公园国际化的重要目标之一。按照习近平总书记关于推进国际传播能力建设的重要论述要求，国家文化公园的传播不仅是面向国内社会，更要面向全球受众。针对国家文化公园所展开的对外文化传播，有利于改变往日严肃宏大的单向传播方式，依托国家文化公园这一重要载体可以将更多鲜活的中国形象、优秀的中国文化价值观，以更加适合国

外民众接受的传播方式宣传出去,通过人类共通的理念和感情,让全世界看到一个真实、立体、鲜活的中国,引发国外民众产生情感共鸣。因此,可以从国家文化公园对外传播话语体系、对外传播内容、对外传播方式等角度,实施国家文化公园国际化战略。

第三,国家文化公园营销的国际化。不同于普通的公园建设,国家文化公园建设不仅局限于国内市场,更要吸引全球旅游者来华旅游,体验感知宏伟的中国文化。要加强对国际文化市场需求的支撑,将更多具有中国时代特色的文化产品和服务输出到世界各地。国家文化公园在建设中应注重开拓国际化的影响渠道,面向全球文化市场需求,以文化贸易的方式展现蕴含五大国家文化公园核心价值的文化产品与服务。从营销国际化的角度,观测国家文化公园国际化发展,包括国际文化贸易、国际市场开拓、国外需求量等。

第二节 国家文化公园的空间分布及推动举措

一、国家文化公园的空间分布

截至2022年,我国共有长城、大运河、长征、黄河、长江五大国家文化公园。长城国家文化公园和长征国家文化公园各覆盖15个省区市,大运河国家文化公园覆盖8个省区市,黄河国家文化公园覆盖9个省区市(见图1-1),长江国家文化公园覆盖13个省区市。其中河南省和青海省各集聚了四大类型国家文化公园,数目最多(见图1-2)。

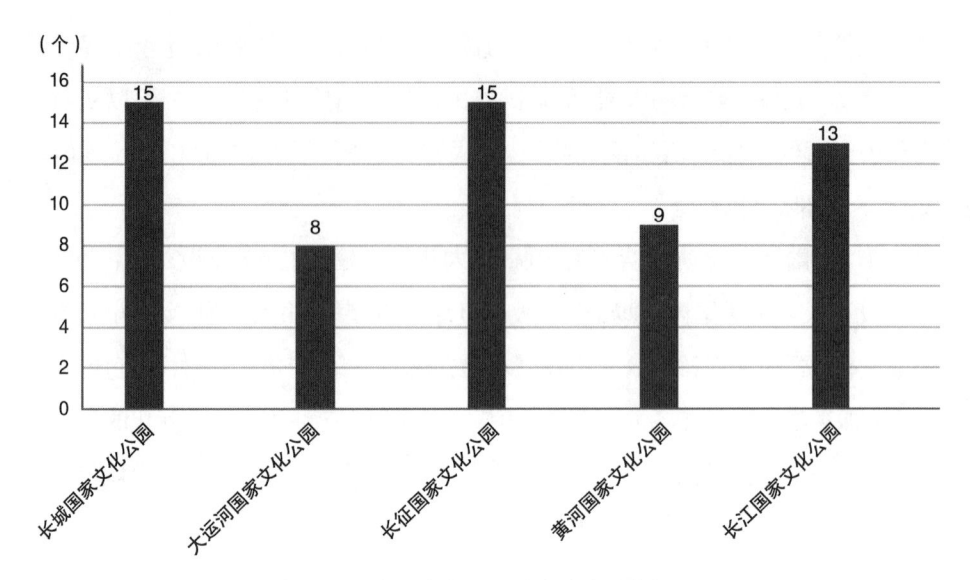

图1-1　五大国家文化公园覆盖省区市数目

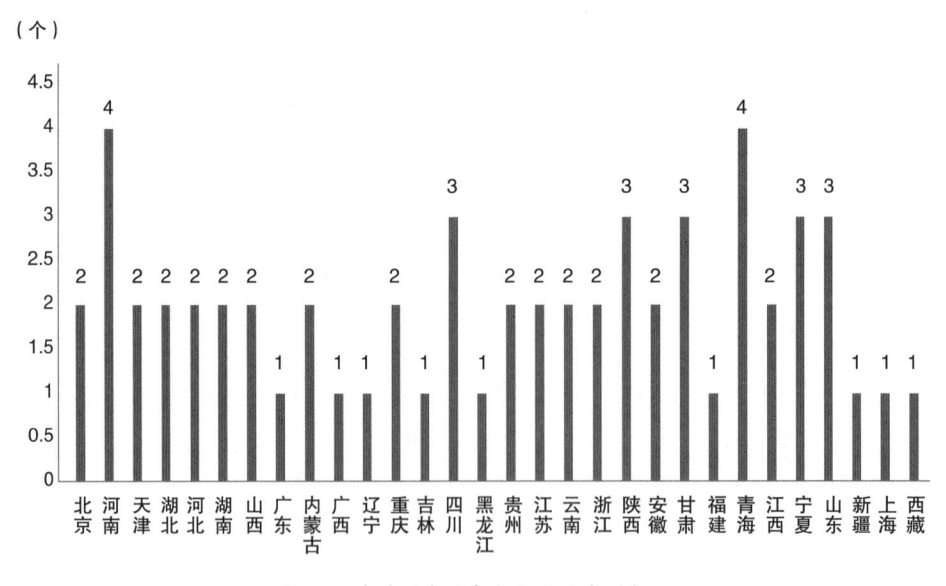

图1-2　各省区市国家文化公园类型数目

长城国家文化公园包括战国、秦、汉长城，北魏、北齐、隋、唐、五代、宋、西夏、辽具备长城特征的防御体系，金界壕、明长城，涉及北京、天津、河北、山西、内蒙古、辽宁、吉林、黑龙江、山东、河南、陕西、甘肃、青海、宁夏、新疆15个省区市。

京杭大运河途经北京市通州区，天津市武清区，河北省廊坊市、沧州市、衡水市、邢台市，山东省德州市、临清市、聊城市、济宁市、滕州市、微山县，江苏省徐州市、宿迁市、淮安市、扬州市、镇江市、常州市、无锡市、苏州市，浙江省嘉兴市、湖州市、杭州市20多个市区，连通了海河、黄河、淮河、长江、钱塘江五大水系。大运河国家文化公园包括京杭大运河、隋唐大运河、浙东运河3个部分，通惠河、北运河、南运河、会通河、中（运）河、淮扬运河、江南运河、浙东运河、永济渠（卫河）、通济渠（汴河）10个河段，涉及北京、天津、河北、江苏、浙江、安徽、山东、河南8个省市。

长征国家文化公园以中国工农红军一方面军（中央红军）长征路线为主，兼顾红二、红四方面军和红二十五军长征路线，涉及福建、江西、河南、湖北、湖南、广东、广西、重庆、四川、贵州、云南、陕西、甘肃、青海、宁夏15个省区市。

黄河，中国古代称大河，发源于中国青海省巴颜喀拉山脉，流经青海、四川、甘肃、宁夏、内蒙古、陕西、山西、河南、山东9个省区。据1995年行政区划统计，黄河流域共涉及69个地区（州、盟、市）、329个县（旗、市），其中全部位于黄河流域内的县（旗、市）共有236个。黄河国家文化公园建设范围涉及青海、四川、甘肃、宁夏、内蒙古、陕西、山西、河南及山东9个省区。

长江是我国第一大河流，与黄河一起并称为中华民族的母亲河。长江在中华文明的起源发展中发挥了极为重要的作用，是中华文明多元一体格局的标志性象征，很大程度上丰富了中华文明的文化多样性，"江河互济"构建了中华民族共有的精神家园。长江国家文化公园的建设范围综合考虑长江干流区域和长江经济带区域，涉及上海、江苏、浙江、安徽、江西、湖北、湖南、重庆、四川、贵州、云南、西藏、青海13个省区市。

二、推动国家文化公园建设的重要举措

2017年，中共中央办公厅、国务院办公厅印发的《关于实施中华优秀传统文化传承发展工程的意见》中首次提出，要"依托长城、大运河、黄帝陵、孔

府、卢沟桥等重大历史文化遗产，规划建设一批国家文化公园，形成中华文化重要标识"。此后，我国相继出台了一系列政策，从建设目标、重点任务、空间布局、管理运行体制等方面全面推动国家文化公园建设（见表1-1）。2017年9月，中共中央办公厅、国务院办公厅印发《建立国家公园体制总体方案》。2019年12月，中共中央办公厅、国务院办公厅印发《长城、大运河、长征国家文化公园建设方案》。2020年10月，党的十九届五中全会通过了《中共中央关于制定国民经济和社会发展第十四个五年规划和二〇三五年远景目标的建议》，近期规划和远景目标中除了提及长城、大运河、长征国家文化公园建设，又增加了黄河国家文化公园建设内容。为深入贯彻落实习近平总书记重要讲话精神，保护好长江文物和文化遗产，大力传承弘扬长江文化，推动中华优秀传统文化创造性转化、创新性发展，2022年1月，国家文化公园建设工作领导小组部署启动长江国家文化公园建设工作。

表1-1 国家文化公园相关重要政策文件

发布时间	政策文件	发布时间	政策文件
2017.01	《关于实施中华优秀传统文化传承发展工程的意见》	2021.04	《文化保护传承利用工程实施方案》
2017.05	《国家"十三五"时期文化发展改革规划纲要》	2021.08	《长城国家文化公园建设保护规划》
2019.12	《长城、大运河、长征国家文化公园建设方案》	2021.08	《大运河国家文化公园建设保护规划》
2020.1	《中共中央关于制定国民经济和社会发展第十四个五年规划和二〇三五年远景目标的建议》	2021.08	《长征国家文化公园建设保护规划》
2020.11	《黄河国家文化公园建设实施方案》	2022.04	《长城文化和旅游融合发展专项规划》
2020.11	《长征国家文化公园建设实施方案》	2022.04	《长城沿线交通与文旅融合发展规划》
2020.11	《大运河国家文化公园建设实施方案》	2022.06	《黄河文化保护传承弘扬规划》
2020.12	《长城国家文化公园建设实施方案》	2022.07	《"十四五"新型城镇化实施方案》

如表1-1所示，从2017年至今，我国共推出12部与国家文化公园建设有关的政策文件，尤其是2020年以来，进入了国家文化公园建设的攻关期，连续出台5部文件，推动长城、大运河、长征、黄河国家文化公园建设。

自2017年国家文化公园概念首次提出以来，从中央到地方积极推动国家文化公园建设，在顶层设计、规划编制、研究发掘、保护传承、文旅融合、数字化基建等方面取得显著成效，国家文化公园建设工作稳步推进。

首先，加强顶层设计，统筹推进国家文化公园建设。一系列文化政策的相继出台，从顶层设计上推动了国家文化公园建设，相关省市和有关部门在政策指导下编制具体建设方案和规划纲要，推动试点建设和项目落地。以大运河国家文化公园建设为例，为贯彻落实《大运河文化保护传承利用规划纲要》《长城、大运河、长征国家文化公园建设方案》要求，统筹推进大运河文化保护传承利用，建设大运河国家文化公园，国家发展改革委联合文物局、水利部、生态环境部、文化和旅游部，分别编制了文化遗产保护传承、河道水系治理管护、生态环境保护修复、文化和旅游融合发展4个专项规划，指导沿线省市编制了8个地方实施规划，基本完成了大运河国家文化公园的顶层设计，构建了中央统筹、省负总责、分级管理、分段负责的工作格局。

其次，加强中央与地方联动，推动重点省市文化公园建设。各相关省市根据国家文化公园建设方案相关文件要求，充分利用当地文化资源，加强对国家文化公园文化价值体系的研究和挖掘，多措施推动文化资源的传承保护，逐步推进各类国家文化公园建设工作。以黄河国家文化公园建设为例，河南、陕西、山西、甘肃、四川等省开展黄河文化文物资源专项调查，编制黄河文化保护传承规划。河南省以"大黄河"为发展理念，建立黄河国家文化公园资源库，谋划15个黄河国家文化公园建设保护先行区；山西省投资1.5亿元建设文物安全数字化监管平台，推动非遗"六进"和活态传承；陕西省设立专项资金推动黄河文化课题研究，举办论坛推动智库联盟建设，促使黄河文化价值挖掘和研究工作迈出坚实步伐。

推动文旅融合，助力国家文化公园的可持续建设。以长城国家文化公园建设为例，八达岭长城推出"夜游长城"项目拉动延庆经济发展；河北重视"数字再现工程"建设，推出长城国家文化公园的首个微信小程序"云长城·河北"，推进长城文化资源与互联网融合发展。以大运河国家文化公园建设为例，各地积极响应大运河国家文化公园建设，并依据自身条件为各航段的大运河国家文化公园规划了适用于各地的发展路线。北京于2021年正式推出北京大运河旅游路线，将感受大运河文化风韵和其他文旅目的地结合起来，有一票畅游北运河和北京环球度假区，文娱结合；有南长河古都休闲游，古典与现代相融合，真正将大运河沿边的文旅资源整合了起来。江苏不仅在2021年就推出了10条大运河旅游线路，2022年还规划了漕运航运研学游、文学艺术品鉴游、运河民俗体验游、锦绣园林观赏游、运河生态文化游、运河文化水景游等，但并没有只将目光拘泥于江苏，而是计划开辟运河沿线城市国际旅游航线，实施亚洲旅游促进计划，打造运河国际旅游目的地。

第三节 国家文化公园国际化发展的动因

一、文化遗产的保护需要借鉴国际发展经验

中华文化历史悠久，国家文化公园大多积淀深厚，是国际文化遗产中的重要组成部分。目前，我国文化遗产保护形势严峻，存在遗产保护有关法律不健全、管理监督机制不完善、保护资金缺乏、群众保护意识淡薄等问题，我国文化遗产保护水平与世界知名文化遗产保护水平仍然存在着十分大的差距。值得注意的是，美国等发达国家在国家公园建设上已有两百多年的理论方法研究和建设实践，有一些很好的经验和成熟的模式。例如，国家公园模式起源于美国拓荒经历和对荒野的保护，其功能除了保护原生荒野，重点在于开展环境教育和观光旅游活动。

国家文化公园需要立足于我国实际，借鉴文化遗产保护和利用的国际经验，形成完整系统有效的国际文化遗产保护法律体系和多层次的管理监督体

系，加强群众保护教育，创新文化遗产保护资金融资渠道，实现对国家文化遗产的保护，推动我国优秀文化传统延续，传播历史知识、弘扬中华民族精神，为世界各国民众了解中国悠久的历史、独特的文化、伟大的创造打开全新的国际化窗口。

二、文化遗产的利用需要产业赋能

文化遗产是国家文化公园所呈现的核心文化价值。当下，推动文化遗产的保护与利用，需要以文化产业的发展做支撑。一方面，文化遗产本身具备浓厚的文化历史基因，是我国文化产业特色发展的优秀文化资源，对于我国文化产业的国际化发展具有不可忽视的重要作用。因此，文化遗产应与文化产业发展有机结合，从而实现文化遗产更高效的开发利用。另一方面，文化产业的发展可以使文化遗产资源通过市场运作和商业包装等形式获得新的生命，不仅能够创造新的经济增长点，还能为提升文化自信提供相应的市场支撑与资本支撑。文化产业作为一种市场化的产业形态，对于传承和弘扬中华优秀传统文化具有独特的优势。文化贸易是最具效能的国际文化传播途径。通过文化贸易路径输出的文化产品和服务，是在国际贸易规则下平等交易的结果，在市场经济的运作规律下，可以激发出更多的市场活力和创造力。而具有市场广泛性的商品交换价值的文化产品，往往也是最具有群众性的文化产品，其输出可以最大限度地增强进口国对中国文化的了解与认同，提升中国文化形象。文化产业赋能和文化贸易推动有利于实现对优秀文化遗产更充分的开发利用和对外传播。

三、优秀文化的传承和创新需以全球视野推动国家文化公园建设

实现中华优秀传统文化的传承和创新是推进社会主义文化强国建设的重要内容。要实现对优秀传统文化的传承和创新，就需要将优秀传统文化与当下的时代语境进行对接，让传统文化产生新时代的价值与意义。国家文化公园

作为国家文化繁荣的重大文化工程,是传承中华文明的历史文化标识,是在新时代中国语境下提出的一个特有概念,其与我国建立的以自然保护区为主体的"国家公园"以及我国其他诸多类型的各级文化文物保护体系都有着本质上的不同,其本身就是一次重大的文化治理体系和文化语言体系创新,是史无前例的创新之举,意义非凡、影响深远。

当代对优秀传统文化的创造性转化、创新性发展应具备国际视野和国际传播能力。在党的十九大报告中,习近平总书记强调:"要推进国际传播能力建设,讲好中国故事,展现真实、立体、全面的中国,提高国家文化软实力。"[1]中华优秀传统文化的传承与创新需要置于国际化的大背景下去审视和思考。面对纷繁复杂的国际环境,如何讲好中国故事,将中华优秀传统文化以全新的方式向全球讲述十分重要。利用国家文化公园这一载体,一方面,通过借鉴国际发展经验,创新公园管理运营方式,创作生产富有地域风情、文化特色的文创产品,使长城、大运河、长征等含蕴丰厚的历史文化资源进一步鲜活起来,促进优质文化旅游资源一体化开发,以旅游驱动沿线经济社会发展,优化城乡文化资源配置,使国家文化公园建设与人民群众精神文化生活深度融合、开放共享,努力探索出一条新时代文物和文化资源保护传承利用的新路;另一方面,需要我们从人类命运共同体的视角,对我国国家文化公园的性质、内涵和建设理念进行系统阐述,建构中国国家文化公园国际传播的话语体系,面向全球受众讲出中国故事,为更好地传承中华优秀传统文化、实现文化创新发展提供新的思路。

---

[1] 《习近平:决胜全面建成小康社会 夺取新时代中国特色社会主义伟大胜利——在中国共产党第十九次全国代表大会上的报告》,中华人民共和国中央人民政府网,https://www.gov.cn/zhuanti/2017-10/27/content_5234876.htm,2017-10-27。

第四节　国家文化公园国际化发展的理论与现实意义

一、坚定文化自信，提升中国优秀文化国际影响力

国家文化公园是一种全新的、系统的国家公共文化空间形态，是国家形象特征和文化传统的标志和体现，既具有向民众展现国家的历史起源、民族精神和国家价值观的功能，也肩负起国家对外文化交流的使命。与以自然生态保护为主的国家公园有着本质的区别，国家文化公园以文化资源为支撑，保护利用国家文化遗产，传播中华优秀传统文化，彰显了国家民族文化精神、文化符号和文化认同。例如，长城、大运河本身便是世界文化遗产，黄河沿线沉积了一大批世界文化遗产、重要文物和遗址保护区，长征沿线则留下了大量的革命文物和遗址，它们都是中华民族精神的符号和象征。[①]

因此，以中华各民族共创的文化遗产为基底的国家文化公园建设，通过公园这种"共同体"的特殊形式进行整体性保护与利用，可实现中华文化的国际共享。国家文化公园不仅可以成为中华民族共有的精神家园，也将更有力地全面提升中国文化国际影响力。

二、提供中国特色全球公共文化产品，推动构建人类命运共同体

在实现中华民族伟大复兴的历史征程中，中华民族随着自身的崛起不可避免地要不断应对和处理全球化和文明冲突的复杂关系。面临百年未有之大变局下国际环境变化带来的新问题和新挑战，向世界提供什么样的具有中国特色的公共文化产品，以何种方式提供，对于增进全球对我国文化的认同、携手共建人类命运共同体具有重要的意义。除了具备一般文化文物资源保护利用

---

① 钟晟：《文化共同体、文化认同与国家文化公园建设》，《江汉论坛》2022年第3期。

功能外，国家文化公园是彰显共同体价值的国家文化空间体系。长城、大运河、长征、黄河、长江五大国家文化公园，从时间上跨越了从中华文明起源到近代新民主主义革命的较长历史时期，从空间上覆盖了我国绝大部分区域，对于多元一体、海纳百川、源远流长的中华文明具有最广泛的代表性。

同时，国家文化公园是具有中国特色的公共文化产品。国家文化公园是具有文化属性的文化公园和国家层级的国家公园的结合，无疑是国家公园知识谱系的创新。我国《建立国家公园体制总体方案》将"国家公园"界定为"由国家批准设立并主导管理，边界清晰，以保护具有国家代表性的大面积自然生态系统为主要目的，实现自然资源科学保护和合理利用的特定陆地或海洋区域"。从国际上看，我国的国家文化公园制度虽然受到欧美文化线路、遗产廊道等影响，但未完全选择文化线路和遗产廊道保护模式，而是开辟了新时代中国特色社会主义特色的建设模式。加快推进国家文化公园建设，实际上也是在为世界遗产、文化与生态的综合保护提供了新的思路，提供了中国特色的治理产品，对于构建人类命运共同体具有十分重要的意义。

三、实现中华优秀传统文化的传承与弘扬

国家文化公园是我国已经设立的其他类型的文物和文化资源保护体系的功能集成载体和必要的补充。国家文化公园对其他各类文物和文化资源的整合作用包括：一是文化价值的整合。各级文物保护单位，历史文化名城、名镇、名村、街区，大遗址保护区，考古遗址公园，文化生态保护区等，往往侧重于对单体或单个地域的文化资源的保护；国家文化公园则通过大尺度、大范围、大跨度的时空纵横，将各类文物和文化资源整合于特定的文化价值体系之中，发挥出文化价值的集合放大效应，凸显文化共同体价值。二是文化功能的整合。其他各类文物和文化资源保护区往往侧重于保护传承的某一方面，各级各类旅游景区侧重于文化的开发与利用，而国家文化公园则强调实现文化的综合价值，是文化保护、传承和弘扬的功能集成。①

---

① 钟晟：《文化共同体、文化认同与国家文化公园建设》，《江汉论坛》2022年第3期。

四、带动国家文化公园城镇发展，助力国家乡村振兴战略

乡村振兴战略对于解决新时代我国社会主要矛盾，实现党的执政宗旨和社会主义的本质要求具有重大理论和现实意义。党的十九大提出，我国社会主要矛盾已经转化为人民日益增长的美好生活需要和不平衡不充分的发展之间的矛盾。解决的首要问题是城乡之间发展的不平衡、农业农村发展的不充分问题。在这一过程中，我们必须深刻认识到文化在乡村振兴中的重要地位和作用，要积极发挥文化的引领性作用，对于助推乡村全面振兴具有重要意义。国家文化公园主要位于经济发展较为落后的乡村地区，国家文化公园国际化发展，有利于以文旅融合的方式助力实施乡村振兴战略。

国家文化公园国际化发展有利于深入挖掘当地乡村特色文化符号，盘活特色文化资源，从而大力发展乡村特色文化产业。例如，实施国家文化公园国际化发展战略，促进当地特色的传统工艺提高品质，完善当地文化产业链，形成具有特色的文化品牌，吸引国外游客前来消费，进而带动当地就业和经济发展。实施国家文化公园国际化发展战略还可以促进当地文化资源与海外消费需求有效对接，立足于国内国外两个市场需求进行文化产品开发，进而实现文化、旅游与其他产业的深度融合发展，推动当地乡村经济发展。此外，国家文化公园国际化发展有利于健全乡村公共文化服务体系，完善乡村公共文化基础设施，满足乡村居民的基本文化需求，开拓乡村地区新兴文化市场，丰富乡村居民的文化生活，保障基层人民的基本文化权益。

五、秉承党的二十大精神，推动中国式现代化国际化表达

党的二十大报告中明确提出"中国式现代化是物质文明与精神文明相结合的现代化"，要"加大文物和文化遗产保护力度，加强城乡建设中历史文化保护传承，建好用好国家文化公园"。同时，还要"增强中华文明传播力影响力"。因此，要不断挖掘中国文明"国际化"内涵，充分利用"国际化"新形式，积极参与"国际化"规则制定。中华文明源远流长、博大精深，是中华民族独特的精神

标识，是当代中国文化的根基，也是中国文化创新的宝藏。近年来，中国在海外开展了众多具有一定影响力及品牌效应的文化推广活动，众多文化"走出去"战略的实施也使得中华文化的影响力不断提升。面对如此深厚且富饶的文化资源，要深入研究特有的历史文化传统，要深入挖掘中华文化中包容性、国际化内容，不断丰富构建中国文明对外话语体系过程中的中国内涵，更加自觉地推动中华文化创造性转化和创新性发展。以国家文化公园为例，在建设过程中就是要充分发掘其中所包含的具有时代意义的国际性的价值理念，从而能够在国际社会中产生共鸣，在潜移默化中增强国家文化公园国际影响力。

第二章
CHAPTER 2

国家文化公园国际化战略的内容与理论逻辑

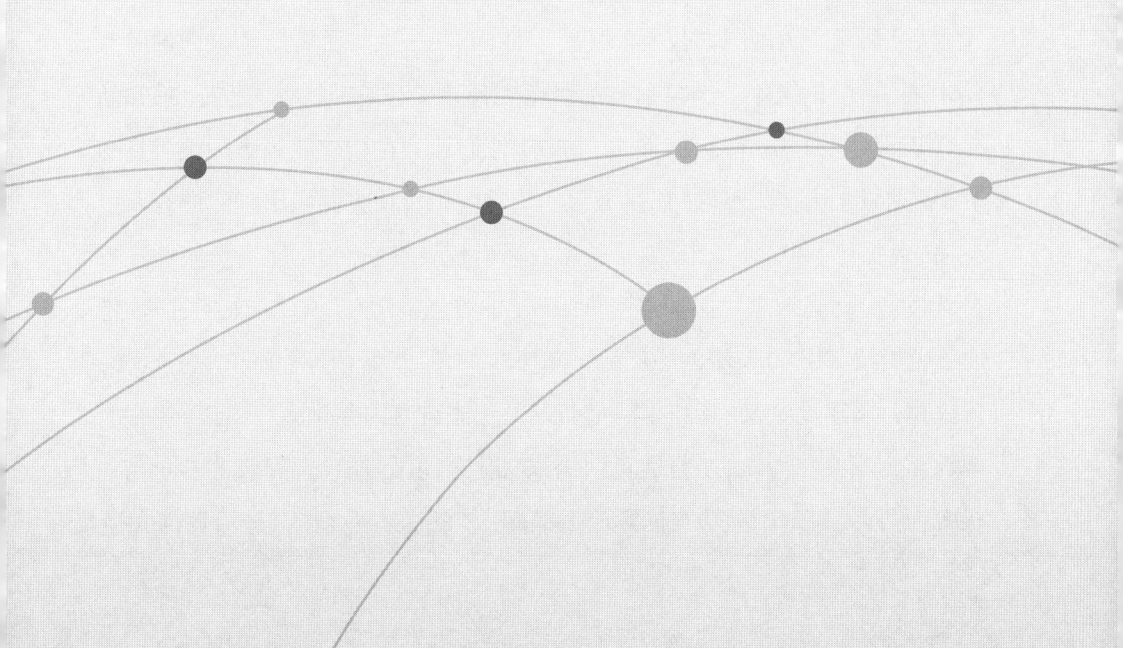

第一节 国家文化公园国际化的研究基础

一、国际品牌塑造

品牌是一个产品的核心竞争力。国家文化公园塑造国际品牌，会降低国际推广的难度，加快国际化推广的速度。例如，黄石国家公园经营方式、管理模式取得了巨大成功，并已成为美国国家公园的代表。迪士尼乐园和环球影城主题公园在国际推广、海外布局和持续运营中，逐渐成为具有国际影响力的主题公园品牌。蒋多、杨乔（2015）在针对非遗国际化路径选择中提出产品与服务并举的双重国际品牌塑造。国家文化公园的国际化品牌塑造也可遵循此路径，将其与影视、舞台表演、会展节庆、创意设计等文化服务领域相结合，塑造国家文化公园文化服务"走出去"品牌。马向阳等（2016）认为，品牌遗产在进行国际化推广时要充分考虑国家文化的差异，在进行营销策略选择时，应考虑品牌遗产和其他国家文化遗产的强弱差距，并参考Banerjee（2008）提出的在不同的国际环境中可以选择的信服策略、匹配策略、开发策略、同化策略4种不同策略的矩阵模型。周春燕和Philip Wang（2017）基于品牌个性和自我一致性理论，实证研究了美国国家公园的品牌个性、自我一致与游客行为倾向的关系，结果表明：美国国家公园投射的品牌个性体现为独特、魅力、迷人，感知品牌个性表现为爱好野外活动、自由、好奇。他们认为在构建我国国际旅游目的地时，需克服文化交流障碍，以具有吸引力的营销传播方式吸引国际游客入境。王铭、赵振烨（2022）提出，要让长城在新时代焕发新活力，促进长城经济带可持续发展，就必须立足保护与恢复生态，发展经济，繁荣文化，连接冬奥，建设"五色长城"，推进长城内外及京津冀协同发展。李紫薇等（2022）基于黄河国家文化公园建设背景，探析了河南黄河文化旅游带国际化品牌建设，提出了以郑汴洛古都文化为核心，打造黄河国家文化公园国际旅游品牌；以少林寺、太极拳为两点，打造中国功夫国际旅游品牌；依托考古遗址，打造沿黄河大遗址廊道国际旅游品牌；依托水力资源，打造黄河水利风景廊道国际旅游品牌；依托治黄精神，打造黄河治理研学廊道国际旅游品牌这四条具体的国际化品牌建设路径。所以在进行国际品牌塑造时，要依据当地的特色充分进行文化价值的挖掘。

二、管理体系

国家文化公园国际化发展的前提是实现国家文化公园良好、高效的运营。建立权责明晰、协调有序、运转顺畅、保障有力的国家文化公园管理体系，是国家文化公园可持续运营的有效保证。中国国家文化公园管理体系的建立，一方面要立足国内实际，另一方面要吸取国际经验，将中国特色的"国家文化公园"管理体系与世界公园体系接轨。我国国家文化公园，面临跨区域管理的现实问题，合理的管理体系与各地的积极配合才能使得国家文化公园得以建立并实现充分的价值挖掘。John Sheail（1975）表示，国家公园作为一种保护风景和野生动物、满足更多户外娱乐需求的手段而得到推广，并提到在建立国家公园管理局时，要考虑更广泛的管理问题，即其他土地使用者的局部利益。陈叙图等（2017）提出，可以用多种方式实现跨行政区的统一管理。由于国家公园以生态系统为保护对象，而行政区划往往基于天然的地理界限或标志，这使保护完整的生态系统不得不面对跨行政区管理的难题。上下结合的治理结构和多方得利的绿色发展都需要在跨行政区管理的模式下才能有效发挥其应有的价值。王健等（2019）表示，运河文化公园建设过程中的统筹协调能力与现实需要之间存在矛盾，包括各部门统筹协调不够，存在多头管理；各个地方各自为政，以经济利益为首要关注点的情况仍然存在；实际工作中也存在"上面雷声大，下面雨点小；行政宣传多，实际进展少；会议研讨多，重要成果少；调研表态热，实际工作冷"的情况。李树信（2021）提出，国家文化公园建设涉及国家、省、市、县四级政府，宣传、文旅、文物、发改、自然资源等多个部门，为避免多头管理、各自为政，需要建立多方协同的国家文化公园建设统筹机制，组织各相关部门配合形成合力。强调公园相关省份的主体责任，加强公园顶层设计与重大项目规划，形成中央统筹、省负总责、分级管理、分段负责的工作格局。在统筹各部门、各地政府资源和力量的同时，鼓励、引导社区、企业、社会团体、志愿者队伍等参与国家文化公园建设运营，建立常态化、多主体广泛参与的交流合作机制，最大限度地调动各方积极性，实现共建共治共享。吴丽云等（2022）认为，现有国家文化公园管理机构的设置主要以临时性机构为主，缺乏稳定的管理机构。目前各地设立的国家文化公园建设工作领导小组和办公室，以及少数省设立的专班，都属于临时机构，既无专门经费，又无固定人员，现有人员多在完成本职工作的同时兼顾国家文化公园相关事务，难以保证国家文化公园保护和利用工作的系统性和延续性。建议在领导小组基础上，形成国家文化公园省、部际联席会议制度，定期召开协调会议，解决国家文化公园建设和管理中存在的跨行业、跨省域问题。

三、法律制度

完善的法律制度将为国家文化公园国际化提供有效的法治保障。马盟雨和李雄（2015）认为，中国国家公园建设方兴未艾，虽然已经被提上建设的日程，但其所有权并不明确，管理主体也十分混乱，造成了目前无法统筹建设的情况。参考日本国家公园的管理理念，我国可以尝试中央与地方相结合，并由国家部门牵头的管理模式，整合地方政府职能比较相近的部门，尽快设立单一的国家公园管理部门。我国应该从政府层面加大对公共设施构建方面的财力支持和公共游憩产品的投入，使国家公园经营逐步回到由国家主导管理的正轨上来。陈叙图等（2017）提出，法规、规划、标准等合理化、体系化后才可能真正指导实践并形成推广标准，但目前的中国国家公园体制试点在法规标准方面存在诸多依据缺失或不配套的问题，甚至部分法规条文之间存在明显的冲突；原有的相关法规（如《自然保护区条例》）、标准（如相关保护地的划定和分区标准）存在诸多不合理之处，不顾及操作层面的困难，也提到日本先在1931年制定了《国立公园法》，后在1934年建立第一个国立公园，即先法后园，也是我们可借鉴的。吴丽云等（2022）提到，《国家文化公园法》等上位法尚未出台,国家文化公园的范围、管理机构等并无清晰界定,四类主体功能区内的允许、禁止行为要求并不明确,并建议出台《国家文化公园法》,形成国家文化公园建设、保护、利用的系统性法律保障体系。出台国家文化公园的管理条例,明确不同国家文化公园的边界、管理部门的权责、不同功能区的管控重点以及禁止和鼓励行为等内容。

四、国际化传播

国际传播的效果与国家文化公园的国际影响力直接相关,有效的国际传播能够显著突出国家文化公园的"文化"底蕴和价值,更好地塑造国家形象,是促进国家文化公园国际化建设的重要环节。王克岭(2021)提出,促进我国国家文化公园的建设应统筹大众传媒的主渠道作用和新兴媒体及公共外交的独特功能,开展常态化宣传和推介活动,具体而言,需要做好以下三方面工作:(1)充分利用杂志、报纸、广播、电视等传统媒体,体现它们强大的内容生产力和较强的影响力、公信力优势;(2)积极运用网络电视、网络广播、数字电影、数字报纸、手机网络等新兴媒体平台,发挥其低成本、广覆盖的优势;(3)通过公共外交途径,利用外交活动及有组织的国际活动、援助/护航/慈善等公共产品供给、社会各行业和专业的国际合作等多种途径,润物细无声地传播国家文化公园衍生出的具象化文化产品,特别是以空间生产、文化扩散为主的在线产品(如影视文学作品等),提升国家文化公园所蕴含主流价值观对外传播的效能。马盟雨和李雄(2015)认为,未来应通过政府、媒体、网络等渠道向社会推广国家公园的理念,提升民众的认知度,一方面有助于彰显国家公园的真正价值,另一方面有助于在民众中自发地形成对资源的保护意识,从社会公民的角度上保证国家公园资源和环境的可持续利用。蒋多、杨矞(2015)提出,加强多层次多种类的国际营销渠道建设,正确评价自身整体实力和相对位置,尽快建立政府主导、企业化运作、运用网络等现代信息技术、政府部门、社会中介组织及企业共同参与的国际市场信息服务体系,借助直接和间接的国际市场渠道资源形成多层次和多种类的国际化平台。

五、国际语言环境

国家文化公园面向的不仅是国内游客，也有大量的国际游客，需要创造良好的国际语言环境作为支撑，进而为对外文化交流创造有利的条件。国内外学者们对国际语言环境与国家文化公园的国际化进行了大量的探讨。胡涛（2019）提到，在美国的黄石国家公园网站导航条的首个栏目提供了包括英语、中文、捷克语、法语等十国语言且配有视频解说的"黄石承诺"，要求访客在公园内的一切行为都要建立在遵守联邦法律法规、行政规定及公园政策条款的基础上。顾林刚（2022）认为，语言环境建设是城市国际化的一个重要标志，主要包括人与物的因素，"人的因素"主要指城市不同人群对外语的掌握程度和应用水平；"物的因素"主要是城市公共设施和公共服务中外语的应用范围和规范程度。在针对国家文化公园国际化方面，也可参考"人的因素"与"物的因素"，创造国际语言环境，提高国际化水平。

六、国际建设经验

（一）美国国家文化公园建设的经验

1872年3月1日，美国率先建立"黄石国家公园"，经过百余年的发展，已经形成了较为成熟、丰富的建设经验。Alfred Runte（1977）认为，国家公园起源于美国，是出于对土地深深的、毫不气馁的热爱，国家公园的想法是由文化焦虑演变而来的。郭萍与李大伟（2015）指出，美国在建设国家公园过程中较早意识到土地对于国家公园体系建设的重要性，其在用地配额、土地征收经费、原住民补偿与安置等方面采取的措施值得中国借鉴。李想（2019）等对于美国国家公园管理机构设置进行了详细的解读，并以树状图的形式清晰明了地展现美国国家公园服务局结构设置情况，启示我国应建立科学的分区管理体制、完善的资源检测体系，高度重视伙伴关系和教育培训、信息化建设和宣传、游客的体验。毛丽君（2020）分析了美国黄石国家公园网站服务在法律宣传、用户体验、技术应用、信息开放、公众参与等方面的特点，提出加强公园网站的法律宣传服务、坚持"用户至上"的服务导向、利用信息技术提高网站实用性、加大数字资源采集与开放力度、促进公众参与和多方合作以改善中国国家公园网站服务水平的建议。潘健峰等（2022）运用SolVES模型对中国普达措国家公园和美国圣伊莎贝尔派克国家森林公园生态系统服务社会价值对比研究，认为以国家公园的形式进行社会化治理可以为跨国生态系统惠益共享开辟途径，促进基于国家间共同利益的共享治理。

（二）法国国家文化公园建设的经验

陈叙图等（2017）认为，法国与中国面临类似的"人、地"约束和"权、钱"压力，法国国家公园管理体制与改革经验对中国建立国家公园体制具有更直接的借鉴意义。陈星（2019）提到，法国于2006年开启国家公园体制改革，也曾尝试美国国家公园的中央直管模式，但是并未成功，最后通过借鉴大区公园体制改革成功，并且成立了法国国家公园联盟，首次从法律角度明确科学专家委员会职能。孙正楷（2020）对法国国家公园建设进行研究，提出法国国家公园的成功得益于探索、保护发展自然、文化和风景遗产；促进国家间的科学研究和知识共享；促进对遗产的保护和可持续发展可能性方法的探索；促进国家经济的发展；促进接待标准的完善；促进当地人参与国家公园的治理。

（三）英国国家文化公园建设的经验

田丰（2008）提到，英国国家公园系统既保护原始自然状态，也注重保护人类居住景观，使国家公园土地具有保持特色、提升趣味、满足人类多样生活需要等多重功能。董禹等（2019）梳理了英国国家公园游憩发展的历程和现状，探讨了英国国家公园从国家层面到地方层面的保护与游憩开发的矛盾协调机制，并在操作实施层面总结出景观特征评估、游憩设施建设和公众教育三种协调矛盾的对策方法，并提出，国家立法：科学界定游憩范围，完善国家公园游憩立法，建立生态补偿协调机制；地方管理：确立管理机构主导地位，制定国家公园管理框架，落实地方游憩发展战略；资源保护：保障国家公园自然生态，加强公众环境教育；游憩开发：完善绿色服务设施建设，促进环境友好型游憩的建议。薛瑞等（2021）提出，英国的国家公园游憩研究是聚焦人与自然的关系。陈朋等（2022）在梳理英国国家文化公园特点时发现了两个重要的互动节点，第一个互动阶段是1949年的《国家公园和乡村进入法》，把保护乡村历史和景观正式列为法律条文，设立国家公园委员会，规定将拥有特殊自然风景或大量动植物生活栖息的地域命名为国家公园；第二个互动节点是1958年的《城乡规划法》，扩大了国家公园委员会的功能。

（四）日韩国家文化公园建设的经验

日本相关部门和专家对国家公园及其生态资源定义如下：日本的国家公园是指那些全国范围内规模大并且自然风光秀丽、生态系统完整、有命名价值的国家风景及著名的生态系统。郑文娟与李想（2018）梳理了日本国家公园体制发展过程、日本国家公园体系的组成、国家公园规划体系、日本国家公园管理体系，提出了借鉴日本国家公园体制中符合我国倡导的"创新、协调、绿色、开放、共享"新发展理念的有价值的经验，提出创新体制，从顶层设计上打造高效的国家公园行政管理体系；协调发展，从治理模式上确保每个利益相关者的利益诉求；绿色保护，从保护范围上编织一张生物多样性全方位立体覆盖网；开放管理，从社会治理上启用国家公园志愿者共同参与管理制度；共享自然，从国民福祉上注重国家公园保护与利用的结合发展。虞虎等（2018）将韩国国立公园发展的经验特点总结为：以中央政府直管为主的垂直体系保障公园资源和土地利用性质；建立科学的准入标准选择国家公园并逐步完善体系；详细制定和修订完善国立公园法律法规，确保执法有效和有据可依；在资源环境承载力阈值内满足访客自然探访和环境教育的需求；以现代科技防护促进资源环境监测和精细管理；建立利益相关者共同管理网络协调国立公园发展利益关系。李树信（2021）提出，韩国国家公园根据资源保护、公众游憩和教育以及居民生活的需要，划分为自然保存区、自然环境区、居住地区和公园服务区。

第二节　国家文化公园国际化战略的内容

一、推动中国优秀文化遗产的传承与保护

国家文化公园的文化遗产特征，使其具有人类命运共同体价值，容易得到国际认同。国家文化公园的国际化既是中华文化的国际化传播，也是新时代中华文化遗产的国际化开发与利用。国家文化公园建设是新时代自然文化遗产资源保护和开发的创新举措。国家文化公园以文化发展作为核心战略，体现党对新时期文化遗产和代表性文化资源发展动力和方向的定位。国家文化公园是中国文化遗产在国际化交往过程中的创新成果，也是中国在遗产保护领域对国际社会做出的重要贡献。我国的国家文化公园体系突破了现有"国家公园体系"，也是国家公园体系中的新类型。国家文化公园要有高质量的文化内容支撑，其核心和关键是激活文化遗产。中国优秀文化遗产的传承与保护使得国人更清晰自己的"根本"和文化来源，对于推动中国特色社会主义文化守正创新、固本培元，进一步巩固具有强大凝聚力和引领力的社会主义意识形态具有重要意义。

比如，长征国家文化公园的建设能进一步推动长征精神文化遗产的申遗工作。长征国家文化公园将长征物质文化遗存和非物质文化遗产相结合，与文化产业调整、特色旅游相结合，在带动沿线地区经济发展的同时达到文化传播效应，实现社会效益、生态效益、文化效益与经济效益的协调统一。

二、支撑服务国家公共文化事业发展

文化事业是中国特色社会主义文化建设的重要内容，文化事业在中国特色社会主义文化中的主体地位日益凸显。文化事业的特点是以国家投资为主，其他社会投入为辅，主要目的是满足公众的文化需求而非营利。公共文化服务体系与文化产业是文化事业的两个重要领域。国家文化公园是政府基于实现公

民的文化权利,满足群众的现实文化需求,向社会提供的公共文化产品。人民群众从享受国家文化公园的建设成果中提升幸福感,增强对传统文化的认同感。

国家文化公园对公共文化事业的支撑服务作用主要体现在以下几个方面。

丰富公共文化产品与服务的供给。我国历史文化传统悠久,资源禀赋丰富,但文化价值的挖掘深度和广度远远不够,公共文化服务产品供给与经济社会发展水平不匹配。国家文化公园中的物质文化遗产、非物质文化遗产,代表中华民族的独特精神标识,凸显传统文化和中华文明的价值内涵。国家文化公园是特定开放空间的公共文化载体(白栎影和王秀伟,2021)[①],国家文化公园的建设增加了公共文化产品与服务资源总量,长江、黄河、长征、大运河、长城国家文化公园涉及的省、市、县范围广泛在参与建设国家文化公园的过程中,能够为当地提供高品质、可传世的公共文化空间(程惠哲,2017)[②]。

有效满足人民群众多样化的文化需求。我国社会主要矛盾已经转化为人民日益增长的美好生活需要和不平衡不充分的发展之间的矛盾。已有的公共文化产品与服务不能有效满足公众日益增长的多样化、品质化、个性化文化需求,而五大国家文化公园的遗产资源、发展历史、文化底蕴各具差异,国家文化公园的建设注重保护传承利用,文化教育、公共服务、旅游观光、休闲娱乐、科学研究等多种功能并举(祁述裕,2022),[③]以群众喜闻乐见的形式展示中华文化,推动文化价值普及化、文化供给普惠化、公共休闲服务均等化、智慧旅游服务遍在化、文化获得感和幸福感充实化,从而满足更多人民群众对美好生活的向往(程遂营和张野,2022)[④]。

因地制宜助推特色文化产业发展。国家文化公园能有效提升公共文化资源的社会化开发和应用水平。国家文化公园的建设需要适度的产业开发,在国

[①] 白栎影、王秀伟:《国家文化公园建设的三个维度》,《人文天下》2021年第7期。
[②] 程惠哲:《从公共文化空间到国家文化公园 公共文化空间既要"好看"也要"好用"》,《人民论坛》2017年第29期。
[③] 祁述裕:《国家文化公园:效果如何符合初衷》,《探索与争鸣》2022年第6期。
[④] 程遂营、张野:《国家文化公园高质量发展的关键》,《旅游学刊》2022年第2期。

家文化公园建设保护框架内,推动文化产业与金融、旅游、体育等资源融合发展,激发文化创造力(刘敏,张晓莉,2022)。[①]张祎娜(2022)在对黄河国家文化公园的研究中发现,黄河国家文化公园缺乏黄河文化品牌建设和黄河文化价值衍生开发,应以文化资源为基础,加强黄河国家文化公园品牌建设,强化文化领域IP开发。[②]窦文章(2020)认为推进长城国家文化公园建设的路径包括:整合长城文旅资源,打造"中国长城"品牌;保护优先,精细化开发,走高品质之路;与区域一体化相结合,推动区域、跨区域整体开发。[③]

三、促进文化产业创新发展

国家文化公园可以作为民族地区新的经济增长点,将特色民族文化与特色文化市场融合,为民族文化产业的创新发展提供可行性基础。国家文化公园的国际化发展有助于深入挖掘特色民族文化资源,协调区域文化产业整合,是民族传统文化与时俱进、在国际上有效传播的新形式。国家文化公园也是文化产业创新性发展的新的实现方式的表达,在创新性发展观念、技术手段的推动下,为民族文化的创造性转化提供动力支持。

各民族文化的创新性发展是中华文化创新发展的基础。国家文化公园的国际化是中华文化创新发展、国际传播的重要途径。王梁(2018)认为,一个民族在历史的发展变迁中创造出来的物质财富和精神财富都是民族文化。以创新推动民族文化产业链的完善、建设民族文化创意品牌显得尤为重要。国家文化公园的建设,为科技与民族文化的深度融合提供了平台,是现代科技丰富民族文化内涵、创新民族文化产业发展的现实路径。同时,以国家文化公园为示范的民族文化产业与其他产业和人民生活相互促进、交融,是文化产业的创新形式,能够带动周边区域、少数民族以及相关产业的发展,为文化产业创新发展发挥巨大作用。于晋海(2022)从黄河上游民族文化产业的视角,探讨了我国

[①] 刘敏、张晓莉:《国家文化公园:从文化保护传承利用到区域协调发展》,《开发研究》2022年第3期。
[②] 张祎娜:《黄河国家文化公园建设中文化资源向文化资本的转化》,《探索与争鸣》2022年第6期。
[③] 窦文章:《长城国家文化公园怎么建》,《经济》2020年第11期。

特色民族文化产业创新发展遇到的问题与解决路径。以黄河流域的民族文化为例，长期的交通闭塞使得民族地区的文化价值和文化市场局限在较小的区域范围内，因此出现了区域内文化产品同质化和过度依赖文化资源开发导致的文化产业结构升级困难等问题。黄河国家文化公园的建设能够有效地解决当前黄河流域民族文化创新发展的部分困境。

程遂营等（2022）认为，国家文化公园要有高质量的文化内容生产，需要优质文化作品、文化产品和文化业态的支撑，其核心和关键是文化遗产的创意活化。反之，国家文化公园对文化遗产的创意活化，就是对我国文化产业发展的创意活化。同时，我国文化产业的市场体制仍需完善，在文化专业人才与相关人才培养上需要采取多元化战略。国家文化公园的国际化建设，有利于培养、吸引更多国内外不同区域的专业人才和相关人才投入我国优秀传统文化和精神遗产的传承、传播与创新研究中来。

窦文章（2020）认为，可以通过整合长城文旅资源，打造"中国长城"品牌，充分挖掘长城文化内涵、外延及拓展，从国家层面提炼长城文化IP集合，形成长城文化生态圈来推进长城国家文化公园的建设。以长征国家文化公园为例，建设国家文化公园IP品牌，开发长征历史情景剧和相关影视文创作品，同时推广长征旅游线路打卡地。在此基础上，为红色旅游产业的建设提供先行经验，充分释放红色旅游产业的活力。也可以通过舞台剧或音乐剧这种更为外国观众所喜爱的形式，打造长征舞台剧IP，将中国文化精神内核融入文化艺术产品和服务，为文化产业创新发展注入生动、鲜明、触及国人内心的红色基因。以对外贸易、文化交流与合作的形式，实现长征文化的海外传播。

四、加强对外文化交流与合作

对外文化交流是提升我国国家话语权的重要途径，而文化自信是我们对外文化交流的前提。国家文化公园的国际化发展是我们文化自信的重要体现，更是塑造我国对外文化形象、便利我国对外文化交流的新平台。曹祥明等（2021）认为，新时代对外文化交流的重要路径，要从正确处理中外文化、立足国内文化发展以及着眼国际文化互鉴大局三个方面实现。魏宏君（2019）认为，跨国文化观念不易被认同，因此在促进中国文化对外交流与传播时，必须注重传统文化资源的创造性转化。张亚席（2021）认为，在"双循环"新发展格局下，中国文化对外交流与合作能够维系多边战略合作伙伴关系、促进现代化文化强国建设、实现国际经济互利共赢、重塑东方文明大国形象。

在新发展格局下，我国对外文化交流要提炼优秀传统文化的精髓，构建多元化的对外交流与传播格局，打造文化新业态，打造名牌，提升文化产业竞争力，让更多文化产品和服务走向国际。国家文化公园以中华优秀传统文化为内核，不断创新社会主义先进文化，为对外文化交流提供充分的要素。在巩固传统文化的基础上，融入现代文明，国家文化公园的国际化将文化核心理念贯穿于国际交往活动中，在借鉴西方价值理念的有益因素的同时，塑造我国开放、包容的国家形象。同时，国家文化公园的国际化是彰显我国文化软实力的重要渠道，能够增强世界各国对我国的文化认同，作为我国文化发展战略中最新的部署，能够让世界迅速地认识、了解当代中国的形象，进而在对外文化交流中输出更多互利共赢的文化产品与服务。

国家文化公园的对外文化交流与合作可以包括但不限于以下几个方面。孙正楷（2020）指出，应从国际角度确定国家文化公园创立的意义和价值，应该学习法国的良好经验来加速国家文化公园建立，这样管理体制才会变得更加完善，国家文化公园才能越来越与国际化接轨。同时，在"一带一路"倡议的背景下，基于国家文化公园进行更多的跨国和跨区域合作。潘健峰等（2022）认为，以国家文化公园的形式进行社会化治理可以为跨国生态系统惠益共享开辟途径，促进基于国家间共同利益的治理共享与合作。通过开展国家文化公园相关活动、治理经验、衍生产品创作和服务供给等的国际交流与合作，能够提升国家文化公园所蕴含的主流价值观对外传播的效能。国家文化公园的国际化也是中华文化内涵、国民文化自信的国际化彰显。国民的文化自信和对自身文化的强烈认同，有助于本国文化魅力的展现，进而形成文化外溢。

五、推进对外文化贸易高质量发展

王海文（2016）指出，在建设我国社会主义文化强国的进程中，文化自信是推动文化经济建设的重要战略定力，而这种文化自信更重要的是通过文化贸易的途径实现并不断丰富。随着我国文化贸易的不断发展，文化贸易结构的不断转变，文化贸易的新形态也在不断探索中被创造挖掘。新兴的文化产业、公共服务和科技创新带动了传统的文化消费升级，新消费结构促进了对外文化贸易结构的转变，以传统精神文化为内核的新生文化消费产品和服务，是文化产业结构升级的重要组成部分，国家文化公园就是应运而生的兼具传统文化特色和新时代创新理念的文化消费新形式。因此，国家文化公园也必将成为我国对外文化贸易新结构的组成和外延。李嘉珊、刘霞（2022）认为，对外文化贸易在文化强国建设中的地位日益凸显。对外文化贸易可以通过交易额、所占的国际市场份额等指标直观展现国家文化软实力。同时认为文化贸易是颇具效能的文化传播手段。通过文化贸易路径出口的文化产品和服务，大都具备市场广泛性和文化价值属性，可以极大增强进口国对中国文化的了解与认同，提升中国文化形象。为进一步扩大中华文化的国际影响力、推动我国对外文化贸易高质量发展、助力社会主义文化强国建设，应努力打造我国文化贸易的竞争新优势。加快发展具有中国特色的文化产品和服务贸易。建设好国家文化公园，是展示中国国家文化形象的生动载体。主客共享的国家文化公园有助于增强国家话语权、提升国家文化软实力，扩大国际"朋友圈"，为国家社会经济发展营造和谐良好的国际环境。

实现国家文化公园对我国对外文化贸易的促进作用，需要从以下方面具体研究分析。周春燕和Philip Wang（2017）基于品牌个性和自我一致性理论，实证研究了美国国家公园的品牌个性、自我一致与游客行为倾向的关系。王克岭（2021）认为，国际游客来自世界各地，拥有复杂多样的文化背景、价值观念、思维方式和心理特征。在构建我国国家文化公园时，必须考虑国际化因素，为克服文化交流障碍提供设计保障，以具有吸引力的营销传播方式吸引国际游客,才能实现以文化价值引导带动对外文化贸易结构转变的目标。可以从国外游客对我国目前旅游公园的满意程度着眼,甄别游客主导需求,提炼出国家文化公园供给体系化的特色内容。吸引国际游客实现国家文化公园对外文化贸易的前提,是要尊重文化创造和文化传播规律。李树信(2021)认为,游憩功能是国家文化公园的价值体现。发展旅游是合理利用、保护文化遗产的最好方式。要建设既有文化内涵又有旅游吸引力和国际竞争力的国家文化公园,就要尊重文化创造和文化传播规律。钟晟(2022)从文化认同、文化共同体的角度说明了国家文化公园建设的内涵、意义及作用,通过与美国及欧洲的国家公园体系做比较,强调中国国家文化公园建设的本质,突出了中国国家文化公园的内涵。建设国家文化公园,首先需要增强各民族对中华文化的认同。在此基础上,建设国家文化公园需要突出中国特色,彰显我国国家文化公园在对外文化贸易中的突出优势,提升竞争力。需要明确,我国国家文化公园的建设不仅要面向国内人民,更要面向世界、面向各国人民、面向全球消费者,展现特色文化形象,提供对外文化贸易产品(服务)。因此,在文旅融合的"体验"过程中,不仅要让中国人民产生文化归属感和认同感,还应让国际游客加深对中国文化的共鸣感和理解程度。

第三节 国家文化公园国际化战略实施的理论逻辑

一、学术理论基础

(一)国际文化遗产保护原则

20世纪60年代,以意大利学派修复理论与方法为基础的《威尼斯宪章》鲜明地指出了关于文化遗产保护的三个基本原则,分别为真实性原则、完整性原则和可识别性原则,这三个基本原则在国际上受到广泛认同,已经成为文化遗产保护工作领域的中心指导思想。国际上知名的文化遗产,例如故宫博物院、罗马凯旋门、罗马斗兽场、巴黎圣母院等的保护修复工作的开展均以真实性、完整性原则和可识别性原则为工作的出发点和落脚点,这三个原则的提出对于文化遗产的可持续发展做出了巨大贡献。

关于真实性原则,《实施世界遗产公约操作指南》对其做出了基本的阐释,之后《奈良真实性文件》对真实性做出了更加详尽的说明:"认识和了解与文化遗产的最初与后续特征有关的信息来源及其意义是全面评估真实性的必备基础。这些来源包括材料与物质、形式与设计、传统与技术、用途与功能、地点与背景、精神与情感及其他内外在因素。"目前,文物建筑的真实性是要保护历史各个阶段的全部真实并被普遍接受,就是不仅包含最开始建成的真实场景,还能够叠加历史上不同时代的全部真实存在。换一句话说,真实性原则就是禁止修改文物的原始状态,要在最大程度上保护文化遗产的全部历史信息。

完整性即文物古迹及其特点的整体性和完好性,一直以来被用来综合衡量文化遗产的价值与完好程度。换言之,完整性原则要求人们将各种文化遗产作为一个整体,保护不仅包括不可移动文化遗产,还要保护可移动文化遗产。除此之外,完整性不表示整体历史结构能够得到丝毫不差的完美展现,而是使其最优秀和最具特征的精华部分得以较好保留,可以证实、体现出大部分的历史信息。这就说明了完整性原则并没有对遗产本身的大小进行较为严格的限制,遗产的规模应该为保护遗产的完整性服务,以便能够较好地展现出文化遗产最为重要的特点和经历。中国的故宫博物院是一个较好地保护文化遗产完整性的优秀案例,故宫博物院是建立在明清皇宫基础上的闻名海外的大型博物馆,拥有一百余万平方米的古代建筑和将近两百万件珍贵文物,它们是组成故宫博物院的肢体与灵魂,它们其中的任何一个都与故宫有着不可分割的联系,其中绝大多数藏品是明清旧藏,成功地维护了文化遗产的完整性。

可识别性原则是在修复文化遗产的历史实践中所提出的。为了维护文化遗产的真实性,西方诸多学派致力于修复后的文化遗产与原先的要有一个鲜明的区别,通过采用不同的修复手段、所用材料等,使这种差别变得更加显著,使得文化遗产厚重的历史感能够在新时代得到新的表达。虽然新与旧要旗帜鲜明地区分开，但是要保证文化遗产整体能够保持和谐，不要为了过分地突出可识别性原则，而损坏文化遗产真正的价值。例如，罗马提图斯凯旋门的修复用材与古代所使用的材料基本相同，但是主要着力于建筑物的化繁为简，因此从远处看凯旋门外形完整，但是从近处能看出明显的差异。同时，文化遗产可以借助先进的数字信息技术等，整理并储存各个阶段的资料，有助于开展建立在可识别性原则上的工作。鲁昂主教堂修复后，在墙上和柱子上挂着镜框，通过照片、文字等媒介，官方对每个新补或者旧有的细节均进行了详细的标注，这也体现了文化遗产保护和修复的可识别性原则。

国家文化公园中都具有丰富多彩的物质和非物质文化遗产（张祝平，2022；秦宗财，2022），国家文化公园的国际化，是使国家文化公园中文化遗产"活起来"的有效途径。李紫薇等（2022）基于黄河国家文化公园建设背景，建议依托河南黄河文化旅游带文化遗产资源，打造黄河国家文化公园国际旅游品牌，推动黄河国家文化公园的国际化建设。对国家文化公园进行开发、利用、转化的前提是保护，即保留国家文化公园中文化遗产的完整性，保持文化遗产的真实性，增强国家文化公园整体的可识别性。李飞和邹统钎（2021）认为，国家文化公园是大型文化遗产保护的新模式和优秀文化展示的新方式。程遂营和张野（2022）赞同李飞和邹统钎（2021）的观点，认为国家文化公园代表国家文化形象，具有扩大文化国际影响的作用。

（二）文化遗产利用与管理

1. 文化遗产利用理论

文化遗产保护与管理的理论与实践最早产生于欧洲，欧洲对于文化遗产有"三阶段说"。在每个阶段中，修复始终是文化遗产保护的核心。文化遗产历史的选择，所有文明的进程中都形成了因地制宜的文化遗产价值判断。

20世纪70年代，联合国教科文组织举行会议并通过了《保护世界文化和自然遗产公约》，其中强调了保护、抢救世界文化和自然遗产，是人类文明和国际社会可持续发展的重要一环，所有国家都有保护文化遗产的责任，并且这也是人类的应有义务（郑孝燮，2004）。

当今世界，文化遗产利用是文化遗产保护领域的一个热门话题，文化遗产在政治、经济、文化等方面依然起着重要作用，《威尼斯宪章》提出了合理利用有利于古迹保护的观点。从此，文化遗产利用的实践不断完善和发展。利用文化遗产不会损坏自身，反而会起到较好的展示作用，其中也包括提高公众对文化遗产认识的活动。文化遗产的利用其实也就是对文化遗产进行解释说明。针对文化遗产的利用，《巴拉宪章》提出了对文化遗产的文化重要性给予充分尊重，这类用途对此场所的文化重要性基本没有什么影响。此外，对文化遗产进行合理地开放展示，对利用程度和范围采取一定的限制，例如限制客流、人员容量等。事实上，旅游一定程度上会给文化遗产的保护带来困难，必须把保护文化遗产安全作为首要任务。《国际文化旅游宪章》是处理旅游和文化遗产关系的指南。放眼国际，协调文化遗产保护与大众旅游的关系，在旅游业的发展中更好地促进文化遗产保护，是当今文化遗产旅游亟待解决的问题。

文化遗产是人类共同的宝贵财富，对于文化遗产，不同的主体有着各种各样的观点，并且人们也会有着不同的利用方式。对于建筑类文化遗产，改变原有的功能，作为其他用途的室外和室内空间，就是一种最简单且直接的利用方式。当前，对于文化遗产的利用，最为常见的一种方式，就是通过宣传、包装等手段，引起人们的兴趣并前往实地参观该文化遗产。通过文化遗产的门票销售、住宿、餐饮、纪念品的消费等，产生一定的经济效益。

满足人们精神情感的需求是文化遗产利用的主要内容，其中文化遗产利用主要包含三大方面。首先是文化遗产的展示，根据文化遗产的类型特点，通过相应的方式，将其面貌向大众展示，使之受益，获得精神和感官的享受。其次是文化遗产的旅游利用，因为文化遗产是一种珍贵、稀缺的资源，人们不计成本都想对这些文化遗产一睹为快。通过文化遗产的利用从而促进旅游业的发展，使游客在旅游中陶冶情操，也使文化遗产所在地的经济能够得到快速发展。最后是文化遗产的创意利用，这是强调文化创意产业的主要内容，可以通过纪念品、艺术品等有形载体，将文化遗产的精神理念表达出来，也可以通过数字技术使文化遗产得到更远、更广泛的传播（孙华，2020）。

2. 文化遗产管理理论

文化遗产管理指的是文化遗产所在地的主权国家，从该国相关法律法规出发，成立专门的文化遗产保护管理机构，对文化遗产的相关事务进行监管。列入《世界遗产名录》的文化遗产要按照世界遗产保护和管理的相关要求，履行相关承诺，并且定期将文化遗产的管理情况汇报给世界遗产委员会。此外，主权国家可以依法行使文化遗产的保护与管理权利。

文化遗产管理的相关理论主要包含平衡理论和间断平衡理论。首先是平衡理论以及相关的间隔平衡理论，这是可以维护文化遗产、延长文化遗产寿命，并且能够处理相关矛盾的理论基础。20世纪50年代，弗利茨·海德于提出了现代意义的平衡理论。平衡理论指的是人在社会中是与其他人和相关事物及其观念等因素息息相关的，他的幸福感取决于他与其自身之外的各种因素的关系的状态，即心理体验的平衡状态和失衡状态。文化遗产建成之初，作为一种现实存在，处于平衡状态，只是由于文化遗产内外、相关自然与人为的交互作用，这种平衡便渐渐被打破。维系文化遗产各种构成要素和关联要素的平衡，就成为文化遗产保护和管理的基本内容和工作目标（孙华，2021）。

20世纪70年代，美国古生物学家埃尔德雷奇和古尔德提出了间断平衡理论，受到了广泛认可。该理论认为，进化是突变与渐变的结合，其中跳跃式突变产生的新种才是进化的主流。文化遗产的创造可看作新物的形成，它形成之后就处于相对平衡的状态中，仅仅发生细小的变化。在文化遗产的存续过程中，一旦外部强大的自然或人为力量施加于该文化遗产上时，就会导致文化遗产的平衡被打破，文化遗产就会因失衡而被破坏，这是影响文化遗产保存的主要原因。另外，文化遗产内部某些超过平衡所需的要素，随着时间的推移而逐渐积累，达到一定程度也会打破平衡，导致文化遗产发生变异甚至破坏。文化遗产的管理者可以基于最小干预原则，防止来自文化遗产外部因素导致的遗产的突变，也可以通过适当控制遗产内部的某一变量，减缓文化遗产状态的变化，从而保持文化遗产的现状。在文化遗产保护和管理上，间断平衡理论以及相关的动态平衡理论的具体应用有待进一步研究。

(三)国际公共文化产品供给理论

对于国际公共文化产品,学界尚无明确定义,本书沿用国际公共产品的内涵,分析国际公共文化产品供给。国际公共产品是由经济学领域中的"公共产品"引入国际关系学科产生的名词。随着研究的不断深入,不同学者对国际公共产品进行了不尽相同的定义,接受度较高的定义是1999年由英吉·考尔(Inge Kaul)提出的"国际公共产品是收益延伸至所有国家、群体及世代的产品"。

国际公共文化产品是面向全世界提供的公共文化产品,而不仅仅是针对某一个国家。国际公共文化产品同公共产品一样具有非排他性和非竞争性的属性,即不限制使用国家的数量,一国的使用不会使别国受到损失。正因如此容易产生"搭便车"的现象,即每个使用者都希望别人付出,不愿自己付出。国际公共文化产品的供给无疑对提供这种产品的国家的经济实力有着较高的要求,一个国家很有可能难以为继,需要多个综合国力强大的国家同时进行成本的分摊。国际公共文化产品类别多,成本高昂,维持稳定的供给面临着巨大的困难。由于不同的国家和地区经济、文化等领域存在显著差异,公共文化产品常常出现众口难调的情况。由于当今世界在意识形态领域仍然存在很大的分歧,国际公共文化产品政治敏感度高,不容易进行跨国、跨区域的供给。总之,在国际公共文化产品供给上,不同国家和地区需要在尊重彼此历史、文化、习俗等基础上求同存异,共谋发展。

中国具有提供国际公共文化产品的能力和意愿,且国家文化公园是中国为世界消费者提供代表国家形象和中华民族精神的具有独特性、鲜明性的复合型公共文化产品。从国际公共文化产品的角度而言,国家文化公园兼具"国家符号""中华文化""公共空间"三重属性,"国家符号"指的是国家文化公园拥有中国最独特的景观,是文化遗产的精华,是重要的国家象征;"中华文化"指的是国家文化公园是中华优秀文化的重要载体;"公共空间"指的是国家文化公园是由国家所有、全民共享、世代传承的。国家文化公园带来的文化收益主要来源于其承载的中华优秀文化,作为国际公共文化产品的主要价值在于丰富国际公共文化产品供给内容、完善国际公共文化产品供给体系,满足人类个性化、多样化文化消费需求的正外部性,国家文化公园国际化正是中国参与国际公共文化产品供给、向国际市场提供优质公共文化产品的有效方式。

二、现实应用理论基础

(一)人类命运共同体理念

"人类命运共同体"植根于中华优秀传统文化(谭汪洋,2019),国家文化公园是文化价值、文化资源、文化内核的集中体现,其国际化过程彰显了中华优秀传统文化,践行了人类命运共同体理念。连玉明(2020)、付瑞红(2021)认为,建设国家文化公园必须站在构建人类命运共同体的高度,强化长城遗产保护,挖掘长城、长江、黄河、大运河文化内涵,向世界讲好中国故事,提升中国文化的国际影响力。在对国家文化公园进行国际推广、品牌塑造时,应基于多种文化共生共存生态圈,尊重不同国家、不同民族和不同文化,运用不同的策略,提升国家文化公园的国际影响力。作为文化交流与展示的平台,国家文化公园能够展示中国历史和中华文化,促进中华文化走向世界,增强世界对中华文化的认同感。

人类命运共同体的核心理念为"共商""共建""共享",国家文化公园是人类命运共同体这一理念的现实存在。国家文化公园由我国创建,是中国优秀文化的精华,但是我国始终积极地与国外拥有先进技术和丰富经验的企业、机构进行交流与合作,因此我国的国家文化公园虽是由我国兴建,但同时汲取了国际智慧,实现了另一种意义上的"共建"。虽然国家公园由世界人民"共建",但是其中包含着"和而不同"的理念,即国家文化公园始终保持着鲜明的中国特色,同时又取长补短、兼容并包,这赋予了国家文化公园新的"共建"理念。国家文化公园并不是排外的、由中国人民独享的,而是开放的、包容的、由世界人民共同享有的。它既欢迎中国人民,又欢迎世界上各个国家的人民,每个人都有权利欣赏它的美丽与韵味,陶醉其中感悟人生的真谛,世界人民"共享"是国家文化公园的一个最普遍的理念。在国家文化公园中,人与动物、植物协同共生,人与自然完美交融,你中有我,我中有你。无论世界上任何国家的人,都可以以平等的姿态相处，相互依存，相互帮助，相互贯通。人与自然、人与人之间和谐"共存"是国家文化公园的重要特征。

我国的国家文化公园是一种在"人"的视野下的国家公园，它能够将文化、经济、社会多因素综合起来，展现全新的生命共同体理念。所谓的"人"既是中国的，又可以是世界上其他地方的；既有人类层面的意义，又带有中国的独特视野。

国家文化公园作为中国层面的"人"，能够通过多途径进行文化传播，向国际社会展示中国所独有的色彩与智慧。国家文化公园完整地展现出中国独有的动物、植物、文化遗产，勾勒出一幅不同于世界其他地区的中国风景。身处国家文化公园之中，我们便可以在博大精深的中国优秀文化的滋养下，利用中国智慧去感悟自然、了解自然，探寻人与自然和谐共生的奥义。国家文化公园由全体中华儿女共同铸成，并由中华儿女共同享有。

国家文化公园作为人类层面的"人"，就是通过国家文化公园，实现人类、植物、动物的和谐相处、协同共生。在这里人类并不是植物、动物的主人，植物与动物自然不属于人类，彼此之间并不是一种奴役和被奴役的关系，而是伙伴的关系、相亲相爱的关系。自然界如果失去了人类，就会显得木讷、空洞、死气沉沉，人类失去了自然的庇护，就会逐渐消亡。人与万物共存，人与自然共生始终是中华民族自古以来的核心理念，这也正是人类现代社会中的生态文明和命运共同体观念的内涵。

国家文化公园作为生命层面的"人"，即从全体生命获益的角度出发，成为超越个体而立足于人类整体的存在。德国社会学家斐迪南·滕尼斯说："共同体是持久的和真正的共同生活，而社会只不过是一种暂时的和表面的共同生活。共同体本身应该被理解为一种生机勃勃的有机体，而社会应该被理解为一种机械的聚合和人工制品。"共同体事实上是一个社会学概念，超越了单独国家的社会秩序，是一种高级的、有机的、更深层次的联合。事实上，生命共同体是一种以生命作为联结纽带的高尚理想，也可以说是复兴人与人之间、人与自然之间那种更为亲密、信任、和谐的联合体理念。

国家文化公园中绮丽的自然景观，唤起人与人、人与自然和谐共处的共同体理念。国家文化公园以"人"的视角，到生命共同体逐层递进，从而揭示了国家文化公园的全新命题，展现了人与人的和谐共处、人与自然的和谐共生，突出了生态文明建设和国家公园建设的深刻内涵和精神内核。

（二）新发展理念

科学发展理念是国家公园取得建设成效并获得大众普遍承认的主要原因之一。20世纪90年代，世界自然保护联盟公布自然保护地分类标准，第Ⅱ类被定义为：大型的自然或近自然保护区，用于保护大尺度的生态过程，辅以该地区的物种和生态系统特征，同时也为环境相亲、文化相容的精神体验，科研、教育、游憩和参观机会提供基础（Dudley，2008；王连勇等，2014）。这成为目前国际上普遍公认的国家公园定义。

美国国家公园作为全球国家公园的典范，其制度的突出特性是将"国家性"和"公众性"高度结合，学者将其理念概括为"以国家之名、依国家之力、行国家之事"和"公民共有、公民共建、公民共享"（李鹏，2015）。国家公园应以对自然资源与生态环境的完整保护为第一目标，但又应区别于严格的保护区和荒野（杨锐，2014），即公园应在保护前提下同时为国民提供科普教育与休闲游憩机会，而这种教育与游憩机会宜以"公益性"为导向，即旨在提供"全民福利"，而不能为企业和地方政府营利。我国国家公园建设应与国家"四个全面"的战略布局和"五位一体"的总体布局紧密协调，应在实践中科学秉持创新、协调、绿色、共享、开放的"五大发展理念"（窦亚权等，2018）。

1. 制度创新

资源和环境的保护与社区发展有机融合是我国在国家文化公园建设中具有中国特色、符合中国国情的制度创新。

国家公园与社区之间的矛盾是许多国家公园建设中共同面临的难题，而绝大部分国家在处理国家公园与社区发展关系时并未牺牲原住民利益，而是让国家公园"让利"给社区人民，反之则让人民"让利"给国家公园。总之，最后的处理大都是一方进行一定的妥协和让步。

美国国家公园奉行"自然中心主义",认为国家公园内仅允许人类探知自然的活动,园内居民必须迁出,而这种人与自然割裂的"孤岛式"保护是对自然界与人类社会之间联系的曲解。英国由于其地理条件和历史社会特点,使得国家公园具有乡村性和半乡村性,国家公园内居民较多且为乡村生产和生活所依,英国人称之为带有生产性的活化景观。而在许多发展中国家,设立国家公园并不仅仅为了保护环境和满足国民游憩需求,更重要的是推动乡村区域的发展。与之相区别的是,我国国家文化公园的建设着力将资源和环境的保护与社区发展进行有机融合,制定切实而可行的社区发展政策,把原住民作为国家公园的有机组成部分来考虑,培养社区居民对国家公园的归属感和认同感,并积极主动地参与资源环境和自然生态的保护工作(张宇等,2016)。

2. 人与自然协调

人与自然协调是我国长期追求的重要目标。与世界上许多国家的国家公园开启自然保护的历史不同,中国对于自然的保护是在政府主导的抢救式保护中发展起来的。尽管问题日益凸显,但在理论储备不足、经济空前发展的特殊时代背景下,这一体制曾极大地调动部门积极性,以缓解生态环境受到的冲击。在长期激励政策下,分部门、分要素的生态系统管理已经成为一种固化模式。虽早有学者前瞻性地指出了这一体制的弊端,但完整性保护理念尚未成为社会的主流意识,而自然保护地的类型和数量却在21世纪以来继续扩充,割裂管理的问题非但没有缓解,反而更加严重。直至生态文明制度建设的提出,引导分散的部门管理走向统一监管、统筹协调才被提上提高国家治理能力的日程,生态系统完整性保护在国家公园这一生态文明重要抓手的载体上才有了其实现的制度基础。

事实上,对于生态系统完整性保护并非单纯的自然科学领域问题,而是在平衡人与自然关系的基础上落实生态文明制度的问题。目前我国的国家文化公园建设充分地吸取了过往的经验教训,脱离了僵化的、单一的、割裂的体制,充分地将人类的利益与国家文化公园的建设挂钩,用人的发展促进自然的发展,用对自然的保护与发展反哺人类。国家文化公园的建设正是人与自然相协调发展的重要纽带。

3. 绿色发展

中国提出生态系统完整性保护的战略目标是一个循序渐进的过程。2013年11月,党的十八届三中全会通过《中共中央关于全面深化改革若干重大问题的决定》。作为当代社会治理结构改革的里程碑式文件,该文件提出要"建立国家公园体制"以及"建立陆海统筹的生态系统保护修复和污染防治区域联动机制",为后续提出国家公园生态系统完整性保护目标奠定了最初的政策基础。2015年,国家发展和改革委员会连同其他十二个部委发布《建立国家公园体制试点方案》,提出要"在不干扰自然生态和文化自然遗产原真性、完整性的前提下科学评估,适度利用"。其后,2017年9月中共中央办公厅和国务院办公厅发布《建立国家公园体制总体方案》,明确将生态系统完整性保护作为国家公园管理的核心目标之一,要求使"交叉重叠、多头管理的碎片化问题得到有效解决,国家重要自然生态系统原真性、完整性得到有效保护,形成自然生态系统保护的新体制和新模式"。至此,生态系统完整性正式以国家公园这一新的自然保护地形式为载体,成为自然保护和社会治理的决策目标。

立足于实践的基础上,我国国家文化公园的建设有利于推进生态文明建设、建设美丽中国。党的十八大以来,按照党中央、国务院的战略部署,全国各地从各层次、各领域、全方位全力推进生态文明建设、建设美丽中国,并已取得积极进展和显著成效。开展国家公园建设,则不仅是生态文明建设的重要组成部分,已成为当前全国上下推进生态文明、建设美丽中国的重要内容和有力抓手。显然,国家文化公园建设的不断推进,必将促进全国生态文明建设向前发展,催生美丽中国的早日来临也将对于维护世界环境的良性发展具有显著的促进作用。

4. 全面开放

第一,文化引领。将文化旅游产业融合进国家文化公园建设必须立足于文化遗产的保护、发掘和研究、阐发,坚持保护优先、抢救性与预防性保护并重,充分运用现代科技手段加强文化遗产和遗产环境的保护,强化理论研究,深度挖掘文化内涵。通过数字信息技术等手段，更好地呈现出中国优秀文化特色。合理利用是对文化遗产最好的保护，发展特色文化旅游是最有效的利用方式。要建设既有文化内涵又有旅游吸引力和竞争力的国家文化公园，就要尊重文化创造和文化传播的规律，针对细分旅游客源市场，设计便利化、多样化、可参与的文化旅游项目及活动，传承经典的同时融合现代元素，打造文化旅游知识产权，延伸文化旅游产业链，增加相关领域的附加值。

第二，突出整体主题。虽然国家文化公园由不同历史时期和不同地区的文化遗产组成，但每个部分都具备共同的特征和价值体系，每个部分既具有鲜明的个性，又是整体不可分割的一部分。因此需要把握好国家文化公园的共性，注重核心价值体系的整体性和完整性。与此同时，也要充分考虑国家文化公园的地域广泛性和公园内各区域文化多样性、资源差异性，在尊重文化整体性的前提下，求同存异，重点讲述地方文化故事，因地制宜地展现地方特色文化，避免国家文化公园建设同质化。

第三，统筹协调。系统整合国家文化公园建设涉及国家、省、市、县四级政府，以及宣传、文旅、文物、发改、自然资源等多个部门，为避免多头管理、各自为政，需要建立多方协同的国家文化公园建设统筹机制，组织各相关部门配合形成合力。强调国家文化公园相关省份的主体责任，加强国家文化公园顶层设计与重大项目规划，形成中央统筹、分级管理、分段负责的工作格局。在统筹各部门、各地政府资源和力量的同时，鼓励、引导社区、企业、社会团体、志愿者队伍等参与国家文化公园建设运营，建立常态化、多主体广泛参与的交流合作机制，最大限度地调动各方积极性，实现共建共治共享。

第四，试点示范。有序推进国家文化公园建设是一项跨省域、跨部门、复杂浩大的系统工程，为避免文化遗产的价值得不到完整、应有的体现，或过度商业化、娱乐化以至破坏文化遗产，需要既着眼长远又立足当前，实行分类实施、分步推进，综合文化资源、文化旅游产业基础、社会经济条件等多方面因素选择基础条件较好的地方进行先行先试，有重点、有选择地推进，因地制宜寻求合适的发展模式和发展路径，然后以点串线、从线到面，整体提升国家文化公园建设水平。

第五，国际化原则。当今，国际化已深深融入我国的经济社会发展、生态环境保护等各个领域的各方面和全过程，而且这种国际化的程度一直在不断地加深。在建设国家文化公园进程中，要拓展国际视野，坚定立足国内，放眼世界，以此为基础开展国家文化公园建设的各项工作。

总而言之，在国家文化公园建设中，我国要面向国际，不能故步自封。西方发达国家在国家公园建设和管理方面起步较早、发展迅速、数量众多、经验丰富，例如，美国、英国和法国，都拥有着世界上著名的国家公园。因此，我国有必要学习借鉴其他国家的先进管理技术与经验，从而在国家文化公园建设中"少走弯路"，甚至"不走弯路"，使国家文化公园建设行稳致远。同时我国可以积极与国外优秀国家公园进行合作联动，积极与拥有国家文化公园建设经验的国外企业、机构进行交流，吸引外资进入我国国家文化公园建设中，欢迎外国企业入驻我国国家文化公园，实现中外文化交融互通。

5. 共享理念

在国家文化公园体制建设中，政府作为国家代表，接受全体人民的委托，以受托人的身份对园区的自然资源进行规划、管理、开发等，实现"全民共享"。国家或集体的自然资源所有权是上述行为的前提，亦是"国家所有"落实到"全民共享"的基础。我国宪法第九条对"国家所有"已经进行了基本解释，即"国家所有，全民所有"。自然资源国家所有的法律意蕴是指自然资源所具有的财产价值、生态价值、社会价值等全部价值应通过法律机制公平地惠及全民。从宪法形式意义的"国家所有"到实质意义的"全民所有"的实现需要国家承担相应的法律义务。从这个角度上讲，国家所有不是目的，如何将国家所有落实到全民所有，在充分行使自然资源管理权的同时寻求全民共享之最优解，是问题关键所在。只有全民享受到国家文化公园所带来的福利，这种国家文化公园的建设才算成功。

从国际视野、国际思维出发使其他国家受益其中、福泽世界人民是共享理念中十分重要的一环。国家文化公园建设有利于保护地球生态环境，共同构建人类命运共同体。中国已将推动构建人类命运共同体作为新时代坚持和发展中国特色社会主义的重要内容之一。中国在应对气候变化国际合作方面，已成为全球生态文明建设的重要参与者、贡献者、引领者，始终是维护全球生态安全重要的、积极的坚定力量。同样，中国通过国家文化公园建设，必将助力于地球生态环境保护，从而为构建人类命运共同体做出更重要的贡献。

第三章
CHAPTER 3

国家文化公园国际化战略实施的现实基础

国家文化公园国际化发展是新时代背景下可持续发展理念与文化遗产保护传承进一步融合的重要实践，以现实环境和市场条件为重要支撑与保障。因此，本章将分别从环境、政策、文化禀赋、需求以及产业这五个方面，重点针对国家文化公园国际化发展的现实基础进行分析。

第一节　国家文化公园国际化发展的环境

一、全面稳定的战略环境

战略环境是国家文化公园国际化发展现实环境中的重要内容，对国家文化公园未来的发展有非常重要的指导作用。其中，国家发展战略是为维护和增进国家利益、实现国家目标而出台的总体方略。和地区性发展方案相比，覆盖面更广，作用时间更长，指导性更强，随着时间的推移，这些战略对国家文化公园产生的间接影响将更为深远。其中，文化强国战略、乡村振兴战略、可持续发展战略和人才强国战略对国家文化公园的国际化发展起到了重要的指引和规划作用，为国家文化公园的国际化奠定了基础。

（一）文化强国战略

早在2011年10月18日，第十七届中央委员会第六次全体会议审议通过《中共中央关于深化文化体制改革　推动社会主义文化大发展大繁荣若干重大问题的决定》，就已提出建设"文化强国"长远战略。2021年6月文化和旅游部发布的《"十四五"文化和旅游发展规划》具体要求，"构建新时代艺术创作体系""完善文化遗产保护传承利用体系""健全现代公共文化服务体系""健全现代文化产业体系""完善现代旅游业体系"和"完善现代文化和旅游市场体系"，均与国家文化公园建设紧密相关，是从国家发展层面对公园文化遗产保护、文化服务、文化和旅游产业建设提出的新要求。

（二）乡村振兴战略

2017年10月18日，习近平总书记在党的十九大报告中提出实施乡村振兴战略，实施目的为建立健全城乡融合发展体制机制和政策体系，统筹推进农村经济建设、政治建设、文化建设、社会建设、生态文明建设和党的建设，加快推进乡村治理体系和治理能力现代化，加快推进农业农村现代化。该战略对于改善国家文化公园建设区域的居民生活条件、经济发展水平以及提高乡村发展动能具有较强推动作用，为贯彻保民生、抓建设的方针提供了依据。

（三）可持续发展战略

可持续发展战略在1992年被联合国环境与发展大会提出并通过，之后上升为全球公认的发展战略。1994年7月4日，国务院批准了我国的第一个国家级可持续发展战略——《中国21世纪人口、环境与发展白皮书》。我国可持续发展战略的总体工作思路为：转变经济发展方式和对经济结构进行战略性调整，调整要素投入结构；建立资源节约型和环境友好型社会，在全社会的各个系统都要推进有利于资源节约和环境保护的生产方式、生活方式和消费模式；保障和改善民生，围绕以民生为重点来加强社会建设，推进公平、正义和平等；持续进行科技创新；深化体制改革和扩大对外开放和合作，要深化资源要素价格改革，建立生态补偿机制，强化节能减排的责任制等。该战略与新发展理念相吻合，对国家文化公园的建设提出高层次要求，同时通过把握住国内各个地区的发展方向，对公园建设提供更多支持。

（四）人才强国战略

该战略为全国人才培养提供了动力，从结果来看扩大了我国各领域人才队伍规模，提高了整体人才素质，并改进了用人和培养制度，对五大国家文化公园而言，可利用的人才资源更加充足。其中，人才强国战略要求加快推进市场配置人才资源，健全完善人才市场服务体系，引导各类人才向农村、基层、边远地区和艰苦行业流动，促进人才在城乡、区域、行业间的合理流动和优化配置，促进人才服务业的健康发展，与五大国家文化公园的乡村文明建设和文旅融合发展内容有诸多契合之处，发挥的战略作用更加明显。

二、多元协同的区域环境

区域环境的建设和改善对未来国家文化公园的国际化发展具有非常重要的影响,能够为国家文化公园国际化发展提供坚实的环境基础和良好的现实条件。国家文化公园周边地区的建设和发展,具体包括地理环境、社会人文、生产资源、基础设施建设、产业结构等,都由国家和地方政府进行规划、引导。在区域协同发展的步调下,随着周边地区建设的不断深入,国家文化公园建设也将获得正面溢出效应。

国家非常重视区域整体经济发展,早在2000年,国务院就已成立西部地区开发领导小组,通过西部大开发战略,将东部沿海地区的经济发展余力向西运输,以用于西部地区建设和巩固国防力量,这项战略覆盖四川、云南、甘肃、西藏等12个省(区、市),地理上已将长江、黄河、长征和长城四个国家文化公园涉及的部分地区纳入规划范围,为20年后这些公园外部环境的改善发挥正向作用。2017年10月18日,习近平总书记在党的十九大报告中提出实施区域协调发展战略,2020年5月22日,时任国务院总理李克强要求加快落实该战略,并对具体实施方针提出了新的时代要求。该战略的各项要求中,对国家文化公园的外部环境能产生明显影响的条目有:推动西部大开发、东北全面振兴、中部地区崛起、东部率先发展;深入推进京津冀协同发展、粤港澳大湾区建设、长三角一体化发展;推进长江经济带共抓大保护;编制黄河流域生态保护和高质量发展规划纲要;促进革命老区、民族地区、边疆地区、贫困地区加快发展。

区域协调发展战略部署会对五大国家文化公园建设产生不同程度的带动作用,除了明确各地区发展目标的差异以外,公园的外部区域环境分别在环境治理、产业链延伸与优化、资源集聚以及基础设施建设等方面得到了进一步改善。在环境治理方面,以西部地区为代表,区域环境治理属于重点工作内容,包括河流湖泊净水处理、退耕还草、发展特色农业、开发清洁能源、加强耕地保护等,这些措施能对国家文化公园的周边生态环境起到保护作用,推动公园自然资源保护和挖掘工作进展。在产业链延伸和优化方面,通过区域协同发展机制，各地区产业链将进一步优化，中西部地区的农业、制造业与东部地区的服务业将形成更好的产业内和产业间分工，同时各地区的核心竞争优势将进一步凸显，有助于各国家文化公园的特色建设。在资源集聚方面，通过国家政策引导、地方招商引资、人才培养和吸收方案创新等方式，国家文化公园周边地区将具备更强的技术、资金、人力资源等动能。在基础设施完善方面，通过公共交通线路铺设、基本生活设施建设、国家网络铺设、社区公共服务完善、城镇化布局等具体措施，能对各地区尤其是西部地区的生活水平产生较大影响，对于资源集聚能力提升、市场需求提高和国内影响力提升都具有促进作用。

三、复杂多变的国际环境

全球的经济、政治和文化形势与我国的国际地位、文化影响力及对外文化传播政策等共同构成了国家文化公园的国际外部环境，已经成为影响国家文化公园国际化发展的重要因素。

全球经济形势方面，2020年新冠疫情暴发，导致全球经济增速持续放缓。部分国家受到严重冲击，区域经济体系受到破坏，以旅游服务贸易为代表的国际服务贸易受到不同程度的影响，多数行业活动趋于停滞。2021年全球经济形势出现了自低点的V型反弹，全球国内生产总值（GDP）增长5.9%，但从年末开始，新冠病毒变异造成的破坏加剧，全球经济走向不确定性的风险再次增加。2022年1月，全球20个主要经济体加总的进口和出口金额均较上月下降，降幅分别为2.3%和6.1%；世界贸易组织2月公布的《货物贸易晴雨表》显示，全球货物贸易景气指数为98.7，低于基准点和上一期数值。推动区域性经济合作仍是多数国家对外经济政策的主要方向，贸易规则在合作与竞争中逐步演变并趋于完善。全球政治形势方面，目前全球政治形势不够稳定，尤其在疫情发生后，世界部分地区的民族、宗教、历史问题更加突出，导致世界政治格局在逐步加速演变。政治问题在各国对外政策中的权重加大，国际贸易发展的影响因素更加复杂。全球文化形势方面，随着全球经济一体化进程加速和数字技术创新加快，以知识、信息、娱乐、休闲为主要特征的文化产业发展迅速，同步带动地区性文化以更快速度在全球范围流动。整体而言,全球文化格局朝着多样化、多元化的方向发展,但文化摩擦也时有发生,短时期的文化排异反应仍是常态。

在日益复杂的国际环境下,我国努力保持现有的国际地位,持续改善国际形象。2018年发布的《中国国家形象全球调查报告2018》显示,与过去几年相比,历史悠久、充满魅力的东方大国仍是海外民众对中国的突出印象,选择比例达59%;认为中国是全球发展贡献者的海外民众达48%,其中发达国家民众持此观点的比例上升7%,达到37%;发展中国家受访者选择中国是全球发展贡献者的比例高达60%。在中国参与全球治理的领域中,科技(63%)、经济(60%)、文化(53%)是海外受访者最为认可的三个领域,认可度均超过五成。海外受访者普遍看好中国经济未来发展,接近半数的受访民众认为中国将成为全球第一大经济体、引领新一轮全球化,为全球治理做出更多贡献。65%的海外受访者认为中国的国际地位和全球影响力将会持续增强。新冠疫情之后,我国向外界展现出负责任、有能力、有底气的大国形象,更是获得了众多友好国家的认可。

同时,国家文化认同是国际地位的重要组成部分,更是国家文化公园国际化工作的重要基础。多年以来,我国在全球范围内传播中国传统文化,取得了值得肯定的成果,现阶段更是在"一带一路"倡议、区域全面经济伙伴关系协定(RCEP)等的引导下,以对外文化贸易的手段加强我国文化在世界的影响力。中国社会科学网发布的调查结果显示,目前中国武术、中医与中国典籍、中国菜在国际上具有较大的影响力,众多国际人士通过它们了解中国、体验中国文化。整体而言,国际社会对我国的文化认同在逐步上升,文化交流环境更加有利。

第二节 国家文化公园国际化的政策基础

自2017年国家首次提出"建设国家文化公园"之后,各级政府及有关部门围绕国家文化公园的建设和发展在顶层设计以及环境治理、文化保护、乡村振兴、产业扶持、民生福利等方面取得一定成就,这些政策制度和具体举措为未来国家文化公园的国际化发展提供了重要的政策基础和保障。

一、顶层设计引领国家文化公园国际化发展

长城、大运河和长征国家文化公园是最早一批提出建设方案的公园。2019年12月5日,中共中央办公厅、国务院办公厅印发了《长城、大运河、长征国家文化公园建设方案》(以下简称《方案》),预计在2023年前基本完成建设任务。《方案》指出,国家文化公园的建设要整合具有突出意义、重要影响、重大主题的文物和文化资源,实施公园化管理运营,实现保护传承利用、文化教育、公共服务、旅游观光、休闲娱乐、科学研究功能,形成具有特定开放空间的公共文化载体,集中打造中华文化重要标识。另外,《方案》明确了国家文化公园建设意义和目的,为其下一步国际化建设提供了理论支撑。[①]《方案》出台后,陆续提出了三个国家文化公园各自的建设规划。

《长城国家文化公园建设保护规划》要求聚焦关键领域,推进五个重点工程实施,实现长城文化的保护和传承:(1)推进长城文物考古工作,加强长城文物资源保护,推动建设长城文化的展示体系;(2)加强长城文化系统研究,深入研究阐发长城精神价值;(3)维护长城沿线人文自然风貌,推动周边道路交通建设及环境保护工作;(4)建设以长城为中心的乡村旅游服务体系,打造"万里长城"文化品牌;(5)加强数字基础设施建设,搭建官方网站和数字云平台,对长城文物和文化资源进行数字化展示。

《大运河国家文化公园建设保护规划》要求,大运河国家文化公园同样需要推进五个重点工程的实施,切实突出大运河文化的独特性:重点推动建设一批重要遗址遗迹保护利用设施、一批大运河系列主题博物馆和特色专题文博场馆、一批特色古镇古村、一批红色纪念设施,并推进国家级非物质文化遗产

---

① 《中央有关部门负责人就〈长城、大运河、长征国家文化公园建设方案〉答记者问》,中华人民共和国中央人民政府网,http://www.gov.cn/zhengce/2019-12/05/content_5458886.htm, 2019-12-05。

保护传承利用；重点打造高水平大运河研究平台，出版一批展现大运河文化价值和精神内涵的代表性出版物和重点文艺作品；重点推动建设一批以文化生态要素为核心的文化生态公园；着力培育具有国际影响力的"千年运河"文化旅游品牌，打造省域及跨省大运河文化旅游精品线路，办好大运河特色主题活动；重点提升大运河国家文化公园主题展示区数字基础设施。

根据《长征国家文化公园建设保护规划》要求，公园在推进重点工程时，应注重长征文化、长征精神、革命精神的宣传，以弘扬革命传统和革命文化、加强社会主义精神文明建设、激发爱国热情、振奋民族精神为主要目标。具体工作包括：完善并公布长征文物名录，实施长征文化线路整体保护工程，创建一批长征主题革命文物保护展示示范基地，建立国防教育示范基地、烈士纪念设施等展陈提升和改造清单等，大力推动"重走长征路"倡议；深入阐发长征精神与遵义会议精神，以及井冈山精神、延安精神等重要革命精神在沿线区域的传承发展；重点开发长征研学旅游、长征乡村旅游、长征体育旅游、长征自驾和徒步探险游等；推动长征文物和各类展示场馆实施数字展示工程，加强长征主题智慧博物馆和智慧景区建设。此外，与其他国家文化公园相比，长征国家文化公园额外需要推进教育培训工程实施，要建设形成长征主题教育培训体系，推动青少年长征精神教育长效化实施，根据长征国家文化公园管理工作特点，加强对管理人才综合能力的培养，强化对讲解员、导游员、红色教育相关教师等专业人才的精准培养。

在长城、大运河和长征国家文化公园建设步入正轨后，黄河国家文化公园的建设工作也提上日程。2020年10月8日，中共中央办公厅、国务院办公厅印发的《黄河流域生态保护和高质量发展规划纲要》（以下简称《纲要》）成为指导当前和今后一个时期黄河流域生态保护和高质量发展的纲领性文件。《纲要》明确要求，推动黄河流域生态保护和高质量发展的重大意义包括以下方面：保护好黄河流域生态环境，促进沿黄地区经济高质量发展；防范和化解生态安全风险；强化全流域协同合作、缩小南北方发展差距、促进民生改善；充分发挥市场机制作用、激发市场主体活力和创造力；大力保护传承弘扬黄河文化、彰显中华文明。通过建成黄河国家文化公园,黄河流域生态保护工程将深度推进,黄河周边地区发展将进一步提速。①在此基础上,2020年10月29日,中国共产党第十九届中央委员会第五次全体会议通过《中共中央关于制定国民经济和社会发展第十四个五年规划和二〇三五年远景目标的建议》,提出建设黄河国家文化公园。《黄河文化保护传承弘扬规划》和《黄河国家文化公园建设实施方案》等规划方案的陆续推出,为黄河国家文化公园建设指明了方向,提出了要求。黄河国家文化公园的建设意义是建设黄河文化价值、地标体系,挖掘黄河治理文化,保护传承黄河非物质文化遗产。主要建设任务为:(1)争创中华优秀传统文化创造性转化、创新性发展先行区和示范区;(2)以沿黄古都文化、黄河山水文化和黄河治理文化为主轴,以弘扬和践行社会主义核心价值观为主线;(3)着力讲好中国共产党治黄故事,弘扬焦裕禄精神;(4)保护传承黄河非物质文化遗产,要建设好文化遗产项目库和抢救性调查及保护项目。②

相较于其他公园,长江国家文化公园建设的启动时间最晚,顶层设计相关文件相对不足。2021年12月,国家文化公园建设工作领导小组下发文件《长江国家文化公园建设工作安排》,正式启动长江国家文化公园建设。2022年1月,国家文化公园建设工作领导小组印发通知,部署启动长江国家文化公园建设,中央有关部门牵头建立工作机制,制定建设实施方案和建设保护规划,指导相关省份编制分省份规划。建设长江国家文化公园,充分激活长江丰富的历史文化资源,系统阐发长江文化的精神内涵,深入挖掘长江文化的时代价值,对于深入贯彻落实习近平总书记关于国家文化公园建设系列重要指示精神,丰富完善国家文化公园体系,做大做强中华文化重要标志,延续历史文脉、坚定文化自信,进一步提升中华文化标识的传播度和影响力,向世界呈现绚烂多彩的中

---

① 《中共中央 国务院印发〈黄河流域生态保护和高质量发展规划纲要〉》,中华人民共和国中央人民政府官网,http://www.gov.cn/zhengce/2021-10/08/content_5641438.htm,2021-10-08。
② 《国家发展改革委组织召开黄河国家文化公园建设系列交流研讨视频会议第三次会议》,中华人民共和国发展和改革委员会,https://www.ndrc.gov.cn/fzggw/jgsj/shs/sjdt/202102/t20210204_1266869.html?code=&state=123,2021-02-04。

华文明,具有重大而深远的意义。①

二、指导国家文化公园国际化建设的具体措施

在中央政府顶层设计下,各地区行政单位针对当地发展实际情况和特点,提出了一系列具体建设措施,将国家文化公园建设方案落实到位。这些具体措施以顶层设计为指导思想,将国家文化公园建设与地区经济、民生发展的内容相结合,推动文化保护和传承工作顺利进行,共同形成国家文化公园的整体建设体系。其中,各地区政府在环境治理、文化保护、乡村振兴、产业扶持和民生福利等方面均出台了相对应的措施,直接或间接推动国家文化公园分区段的建设工作。

(一)环境治理

国家文化公园自身和周边地区的环境治理是众多省份和地区的重要工作,尤其是长江、黄河和大运河,其途经流域的环境保护工作早已长期开展,随着国家文化公园建设提上日程,各地区更加重视河流生态保护和资源利用。以长江国家文化公园建设为例,2018年,云南、贵州和四川三省共同签署《赤水河流域横向生态保护补偿协议》,三省按照1∶5∶4比例,共同出资20000万元设立长江上游支流——赤水河流域横向生态补偿资金;根据赤水河干流及主要支流水质情况界定三省责任,按3∶4∶3的比例清算资金,达到协议约定的水质要求。该协议在全国率先探索的赤水河流域跨多省横向生态补偿机制,搭建了流域上下游之间合作共治的政策平台,设立了区域间联防联控、流域共治和产业协作的工作制度,形成了"成本共担、效益共享、合作共治"的流域保护和长效治理机制。②

(二)文化保护

文化保护、继承和发展是国家文化公园建设的核心工作之一,各地区在此

---

① 《长江国家文化公园建设正式启动》,新华网,http://www.news.cn/politics/2022-01/03/c_1128228393.htm,2022-01-03。
② 《贵州举行财政资金支持"四化"和大生态建设新闻发布会》,中华人民共和国国务院新闻办公室官网,http://www.scio.gov.cn/xwfbh/gssxwfbh/xwfbh/guizhou/Document/1718449/1718449.htm,2021-12-21。

领域的主要措施分为文化遗产保护、文化对外宣传、文化教育、文化市场培育等，其中文化遗产保护和文化对外宣传工程的实施进度较快。以长征国家文化公园（甘肃段）建设为例，2021年6月，甘肃省委党史研究室与甘肃省博物馆联合主办的"旗帜飘扬——长征在陇原"展览在甘肃省博物馆开幕，该展以弘扬长征精神为主题，分为"红星照耀——踏上征程""红旗漫卷——奠基西北""胜利会师——开创新局面"三部分，以文物、油画、图片、场景、多媒体展示为主，通过128件（组）实物展品和270余张史料图片，重温革命先辈的英雄事迹。①通过一系列展览，长征相关资料和文物得以妥善珍藏，长征精神得以传扬，长征国家文化公园的建设也进一步推进。

（三）乡村振兴

乡村文明建设与国家文化公园建设相融合，对于加快乡村地区基础设施建设、推动经济发展和改善人民生活有至关重要的作用。以长征国家文化公园（山西段）建设为例，2021年山西省武乡县政府与山西文旅集团产业规划设计院合作建设全省首批中央福彩支持乡村振兴示范项目落地，采用全国首家全过程、全方位、全链条"一站式"EPCO项目技术服务模式，按照"产业兴旺、生态宜居、乡风文明、治理有效、生活富裕"总要求，提出"红色记忆——追忆之路——新时代传承"理念，促进红色旅游新风貌新业态和太行乡土特色深度融合。该示范项目以八路军总部王家峪旧址"1+9"个乡村片区为核心，通过道路景观绿化整治，民居风貌、污水垃圾处理、户厕等改造提升工程，改善了乡村人居环境质量。②

（四）产业扶持

通过国家文化公园建设和地区产业扶持政策相结合的方式，形成区域性产业联动体系，带动相关产业高质量发展，进而推动地区经济发展。各地区产业扶持政策的主要工作可以分为招商引资、企业扶持、人才引进与培养、营商

---

① 《"旗帜飘扬——长征在陇原"展览在甘肃省博物馆开展》，中共中央党史和文献研究院，https://www.dswxyjy.org.cn/n1/2021/0705/c428012-32149171.html，2021-07-05。
② 《文旅产业融合　赋能乡村振兴——山西武乡打造乡村旅游产业的生动实践》，澎湃新闻，https://m.thepaper.cn/baijiahao_16787902，2022-02-21。

环境建设和相关职能部门改革等。以大运河国家文化公园建设为例，在"2020中国大运河文化带京杭对话"大会上，北京市文化和旅游局、浙江省文化和旅游厅共同签订了《北京浙江文旅高质量发展合作框架协议》，发挥各自文化旅游资源优势，全面促进两地文化旅游业高质量发展。其中，北京银行、杭州银行在活动现场共同发布了中国大运河文化带文化金融产品，这也是北京、浙江两地首次联合发布大运河文化相关金融产品，从而助力京杭两地的企业深化合作，共同推动中国大运河文化带建设。

（五）民生福祉

利用国家文化公园建设，带动地区整体经济发展，同时推动基础民生工程建设，完善公共服务体系，增强民生福祉，对完善地方民生工程建设有典型意义。以黄河国家文化公园（山东段）建设为例，《山东省黄河流域生态保护和高质量发展规划》要求围绕黄河国家文化公园的建设规划，全面推进节水型城市建设，将节水落实到城市规划、建设、管理各环节，实现优水优用、循环循序利用。实施城镇供水体系和供水管网改造提升工程。鼓励中水产业化发展，工业、环卫、绿化等领域优先使用再生水。在基础设施互联互通方面，推进贯通黄河流域重要城市的高速铁路大通道，建设济郑高铁山东段、济南至滨州、德州至商河、鲁南高铁菏泽至兰考段等高铁项目。[①]

第三节　国家文化公园国际化发展的文化禀赋

文化禀赋是国家文化公园建设和国际化发展的基本要素和比较优势，五大国家文化公园所拥有的差异化和特色化的文化资源，为其国际化发展提供了重要基础。深度挖掘国家文化公园独特文化资源的历史价值和时代内涵，对于特色化、多样化和立体化国家文化公园国际化发展模式的形成和构建具有重

---

① 《黄河重大国家战略"山东规划"出台 2035年基本建成黄河流域生态保护和高质量发展先行区》，舜网，https://news.e23.cn/jnnews/2022-02-16/2022021600002.html，2022-02-16。

要意义。

一、以长城为核心的大国文明与治理文化资源

长城始建于西周时期,距今已有三千年历史,是中国最古老、最宏大的军事工程。1987年12月,长城被列入世界文化遗产,是中国在世界的重要文化名片。长城资源主要分布在河北、北京、天津、山西、陕西、甘肃等15个省(区市),现存长城文物本体包括长城墙体、壕堑/界壕、单体建筑、关堡、相关设施等各类遗存,总计4.3万余处(座/段),拥有相当丰富的遗产文物和极高的考古价值。

长城历史久远,横跨地区众多,以长城为核心,大批优秀文化在此形成,共同构成长城的文化符号。长城不仅在国内家喻户晓,凭借其宏伟的建筑风格以及烽火戏诸侯、孟姜女哭长城等历史典故为人们熟知,还借助其他文化象征,在各研究领域占据重要的文化地位。从国际视角来看,以长城为核心的文化体系里,最具国际影响力的部分是古代中国对内治理和外交政策沿革的历史,主要表现在以下方面:

长城是多民族融合的象征,其持续千年的修建和戍守、周边区域的争战,促使汉族和十几个少数民族融合,对后世的唐、明、清等朝代的民族融合政策产生了重要影响。长城是中外交流的关键通道,以"丝绸之路"为代表,古代王朝利用长城建立中西商品市场,促进中外物质交流和文化交流,象征着国家开放、包容的外交理念。长城也是中华民族传统美德的具现,其建设、维护、发展都表现出中华民族坚韧不拔、不畏苦难、团结奋斗等众多良好品质;围绕长城创作的优秀诗篇作品,同样凝结了中国人民的深厚文化底蕴和优良精神品质。长城是古代军事思想的结晶,作为防御工事,受到历代王朝的重视,多次重新修建,军事战略意义重大,是一本活着的军事教材。另外,长城的建筑风格和建造工艺同样具有非常重要的科考价值。

二、以运河为核心的劳动文明与智力成果

中国大运河的开凿始于公元前5世纪，7世纪完成第一次全线贯通，13世纪完成第二次大贯通，历经两千余年的持续发展与演变，直到今天仍发挥着重要的交通与水利功能。2014年6月22日，在第38届世界遗产大会上大运河获准列入世界遗产名录，成为中国第46个世界遗产项目。申报的系列遗产分别选取了各个河段的典型河道段落和重要遗产点，共包括中国大运河河道遗产27段，以及运河水工遗存、运河附属遗存、运河相关遗产共计58处。这些遗产根据地理分布情况，分别位于31个遗产区内。大运河国家文化公园包括京杭大运河、隋唐大运河、浙东运河3个部分。

从春秋时期开凿京杭大运河开始，大运河距今已有超过两千年的历史。大运河不仅疏通了水路运输渠道、带动了南方地区经济发展，还带来了文化交流融合的契机，推动了文化传播与发展。除了隋炀帝修运河、"天下粮仓"、乾隆南下微服私访等历史典故外，江南地区涌现大量优秀文人学子，都与大运河密切相关。大运河开凿工作持续千年，整个工程惠及大量民生，带动了国内中部和南部大片区域的经济民生发展。从国际视角来看，大运河国家文化公园的文化内涵主要体现在三个方面：

技术文化层面，相对于长江、黄河等河流，运河人工开挖的特点决定了其首先反映了人与自然的关系，辩证地看，这种关系中既蕴含着人定胜天的积极态度，也有相地而流、本乎时势的理性，是人类适应自然和改造自然这一永恒矛盾的权衡。当这两种思想共同反映在运河河道开挖、疏通、改变及维护的层面上，就形成一种技术层面的文化。

制度文化层面，运河所蕴含的制度文化包含两个层面。一是行政管理文化。运河河道和漕运管理都属于国家行政的重要组成部分，包括机构组织、法律规制、人事安排等一系列河漕制度，是各朝各代执政者政治管理经验的总结与提炼，其完备性、周密性和成熟性以及整合的意义，亦反映了传统制度文化建设与发展的特质。二是战略文化。从历史长时段来看，运河线路的延长以及

从人字形到南北贯通的一字形的改变，不仅从空间上拉近了中国南北的距离，更从国家战略格局上促进了传统经济格局和政治地缘格局的改变，解决了集权政治的稳定性、区域地方社会发展的不平衡性等问题，保证了国家统一和安全。

社会文化层面，总体来看，关于运河社会文化的认识和理解，一方面，应强调"运河性"文化的拼盘或多类型组合，如它涉及商贸文化、建筑文化、曲艺文化、饮食文化、信仰文化和民俗风情等多种门类；另一方面，还应看到运河历史文化是一个整体，从"人"的视角出发，运河文化并非所有的事实和现象，而是人们的行为，以及影响人的行为要素的整体联系的因素。所以，运河社会文化是运河区域民众所创造的文化本身与文化形成过程的结合。[①]

三、以长征为核心的党的百年文明与红色文化资源

长征国家文化公园的建设工作完全围绕1934年至1936年的中国工农红军长征这一事件开展，无论从建设区域划分还是建设主题的角度来看，都以再现长征过程为核心。长征国家文化公园的建设目标是发扬长征精神，传承红色基因，增强国家和民族认同感，该公园的核心文化禀赋同样包含其中。短短两年长征历史，留下了诸多经典历史事件，如遵义会议、四渡赤水、巧渡金沙江等，以及脍炙人口的民间轶事，为传扬长征精神奠定了坚实基础。

以长征为核心的文化资源是国内突出的红色文化资源，记录着中国共产党成长与建国的百年历史，其中最具国际影响力的文化禀赋为以下三点：

长征精神及其时代内涵。长征精神的基本内涵是，把全国人民和中华民族的根本利益看得高于一切，坚定革命的理想和信念，坚信正义事业必然胜利的精神；为了救国救民，不怕任何艰难险阻，不惜付出一切代价的牺牲精神；坚持独立自主、实事求是，一切从实际出发的精神；顾全大局、严守纪律、紧密团结的精神；紧紧依靠人民群众，同人民群众生死相依、患难与共、艰苦奋

[①] 《大运河文化的内涵与价值》，光明网，https://news.gmw.cn/2018-02/05/content_27578157.htm，2018-02-05。

斗的精神。①

红色基因和革命精神。红色基因传承的精神内核是革命精神，后者指老一代革命者和共产党员为国家为民族而谋的探索、献身精神，其时代内涵是指勇于实践、勇于探索、勇于思考、奋发进取的开拓精神，不畏艰险、坚韧不拔、艰苦奋斗的精神，为社会主义事业鞠躬尽瘁的献身精神。

民族认同感和爱国主义。中华民族的民族认同可以分为三个层面，一是共同的民族渊源，二是共同的民族文化，三是共同的国家属性——中国，这三个层面共同构成对中华民族的认同。爱国主义教育一直是中国素质教育中不可或缺的一环，对社会主义现代化建设具有关键性作用。

四、以黄河为核心的华夏文明与现代文化资源

黄河是中华文明最主要的发源地，中国人称其为"母亲河"。一方面，从古至今，与黄河有关的历史典故和神话传说相当丰富，如"望洋兴叹"、鲤鱼跳龙门等，在民间常年流传；另一方面，黄河促进了大片地区的经济、文化和科技发展。公元前2000年左右，流域内已出现青铜器，到商代青铜冶炼技术已达到相当高的水平，同时开始出现铁器冶炼。中国古代"四大发明"最早也都产生于黄河流域。从《诗经》到唐诗、宋词等大量文学经典，以及大量的文化典籍，产生地域也都以在这里为中心。

黄河发源于青藏高原巴颜喀拉山北麓的约古宗列盆地，自西向东分别流经青海、四川、甘肃、宁夏、内蒙古、山西、陕西、河南及山东9个省（自治区），最后流入渤海。黄河是中华文明最主要的发源地，中国人称其为"母亲河"。黄河养育了中华民族，推动了中华民族的发展，是中华文化的根与魂。通过研究黄河的文化禀赋，可以纵览华夏民族的起源、发展与繁荣历史，深入剖析现代中国发展的物质文化基础。黄河具有国际影响力的重要文化禀赋主要有如下两方面：

---

① 中国军事百科全书编审室：《中国大百科全书·军事》，中国大百科出版社2007年版。

一是中华民族诞生与发展的见证。黄河养育了中华民族数千年，见证了上下五千年历史的变迁，遗留下丰富的历史遗迹和史料记载，通过对这些遗产进行研究，可以全面了解中华民族的发展史，对中华民族如今的复兴强盛有更深入的理解。黄河的华夏文明文化是农耕文明与游牧文明的结合，并且政治特质和宗教文化更加突出，而长江文化是农耕文化与渔猎文化的结合；先秦儒家的主要代表人物，均诞生和活动于黄河流域，儒家思想对黄河流域的影响较大。

二是现代文化资源的全方位展示。黄河流经中国多个省区，跨越全国大部分地区，由西向东，不同地区的自然环境差距明显，再加上人为环境改造，自然景观与人文景观相互融合，形成了具有显著多样性的文化景观。黄河流域是中华民族"人文初祖"的诞生地，文化古迹比比皆是，历朝古都星罗棋布，古建筑点缀其间，更有万里长城和千里黄河大堤环绕，使整个黄河流域人文气息深广厚重。另一方面，黄河文明的丰富文化资源通过现代技术进行数字呈现，如交互投影技术、特效影院技术、全息成像技术等，强调了交互性和参与性，全面展示黄河流域独特的自然景观和厚重的文化底蕴。在数字技术的协助下，相较于其他公园，黄河国家文化公园更容易表现出其文化资源丰厚、多元的特征。

五、以长江为核心的生态文明与包容性文化典范

长江同样是中华民族的"母亲河"，在数千年时间里，形成了有别于黄河的文化体系，也是中国多元跨域、交流融合的文化典范。长江沿岸拥有赤壁之战、投鞭断流等历史典故，同时形成了巴蜀文化、滇文化、两湖文化、江淮文化等文化体系，在中国文化历史上具有重要地位。

首先，长江具有生生不息的生态文明。长江发源于青藏高原，干流流经青海省、西藏自治区、四川省、云南省、重庆市、湖北省、湖南省、江西省、安徽省、江苏省、上海市共11个省级行政区，于崇明岛以东注入东海。自然景观方面，长江流域植被保存较好，且气候温湿，四季常青，整条长江穿流于青山绿水之中，

沿江多崇山峻岭,直到下游,也有"一山飞峙大江边"的壮丽景象,①和黄河流域相比具有不同特征,是国家不可忽视的自然遗产。人文景观方面,长江流域比黄河流域的纬度更低,整体降雨量更丰富,气候湿润,在此基础上诞生了与黄河流域不同的人文社会风貌,如云滇地区、两湖地区、江南地区,和黄河一带相比,在生活习俗、生产方式、建筑风格、节日礼仪、语言表达方面都有完全不同的特征,具有较强的品鉴和研究价值。

其次,长江呈现了多元文化包容与融合的生态体系。由于文化起源、文化层次、文化特质、文化丛构成等方面存在明显差距,虽然同为母亲河,但黄河和长江形成了特色鲜明的文化体系。长江文化的"文化"特质较为突出,宋代以后,著名的文学家、思想家、书法家、科学家等,也多出自长江流域。②通过全面追溯黄河和长江的文化起源,可以更透彻地了解中华民族的多元文化体系构成。唐宋时期,北方人口为躲避战乱纷纷南下,在长江一带重新扎根,繁衍生息。由此,长江地区得到了宝贵的开发机会,民族和文化持续碰撞交流,形成了少见的多民族混居文明格局和多元文化融合并存的文化体系。千年以来,长江地区的多元文化相互融合,各文化支流都在此找到了生存发展的空间。长江流域的生态文明因多元性而具有特殊的研究和保护价值;在文化融合过程中体现出来的包容、和谐、共生的高贵民族品质,是这片土地最珍贵的精神文化遗产,更加值得传承和弘扬。

第四节　国家文化公园国际化发展的需求

国家文化公园的国际化发展是开放经济环境中国家文化公园建设工作的重要创新与实践。在服务国家外交战略的基础上,既契合我国悠久的历史文化传统和资源禀赋,又符合文化强国建设进程中人民群众对高质量文化生活

---

① 王进:《长江文化与黄河文化之比较》,《社会科学动态》1997年第11期。
② 王进:《长江文化与黄河文化之比较》,《社会科学动态》1997年第11期。

的需求。

一、积极服务国家整体外交的发展需求

党的十八大以来，以习近平同志为核心的党中央高度重视社会主义文化建设，牢牢掌握意识形态工作的领导权、管理权、话语权，大力培育和践行社会主义核心价值观，提高全民族思想道德水平，推动文化事业全面繁荣和文化产业快速发展。其中，国家的各项战略举措都必然包含着自身文明发展与对外文化传播的内容和策略，以及积极服务国家整体外交的发展需求。在此背景下，如何在经济全球化语境下通过国家文化公园国际化发展来实现中国智慧与中国故事的有效对外传播，同时又更好地服务国家外交整体的发展需求，已成为中国国家战略不可或缺的重要内容之一。[①]

站在全球视角来看，在全球化趋势加速的背景下，文化交流已成常态，文化融合更加突出，任何国家都应努力敞开大门，融入多元文化互通的国际形势中。我国作为拥有灿烂文明的历史古国，在国际上拥有至关重要的文化地位，同样应顺应时代潮流，积极推动全球文化自由流动，参与建设开放包容、和谐共存的国际文化环境和外交环境。国家文化公园建设，既是我国文化强国建设和社会主义精神文明建设的有力支撑，同时也是我国向国际社会展现悠久历史文化、彰显国家精神面貌、展现强国风范的重要手段。因此，国家文化公园的国际化建设，能有效服务于我国外交战略需求，为我国参与国际事务、构建全球人类命运共同体做出重要贡献，主要表现在两个方面：

一是服务于对外文化传播与交流、展现社会制度优越性、体现国家实力的外交战略。通过彰显文化自信和展现社会主义核心价值观，进一步改善国际形象，推动中华文化对外传播。国家文化公园将"文化"具象化，以看得见、摸得着的形式展现出来，人们在赏析、休闲、体验、健身、旅游的过程中，增强文化的存在感、传播力及影响力。国家文化公园承载国家对外文化交流的使命，肩负中

---

① 《文化传播：基于文化自信的国家战略》，中国共产党新闻网，http://theory.people.com.cn/n1/2017/0823/c40531-29488405.html，2017-08-23。

国与世界各国对话、了解、认同、促进、融合的重要任务。

二是服务于推动构建全球人类命运共同体,加强我国与其他国家在环境治理、生态建设和可持续发展等领域交流合作的外交战略。在该战略需求下,国家文化公园的国际化属性将更容易凸显。2017年10月18日,习近平总书记在党的十九大报告中明确提出"推动构建人类命运共同体"。2018年3月11日,十三届全国人大一次会议表决通过了宪法修正案,将"推动构建人类命运共同体"载入宪法。我国已将推动构建人类命运共同体作为新时代坚持和发展中国特色社会主义的重要内容之一。我国在应对气候变化国际合作方面,已成为全球生态文明建设的重要参与者、贡献者、引领者,为全球生态安全做出了积极贡献。国家文化公园国际化发展,承担着自然保护、文化保护等多个任务,向国际社会有力展现我国保护工作的喜人成果,宣扬人与自然和谐共存的基本思想和可持续发展的生态理念,为全球生态治理起到典型示范作用,为共同构建人类命运共同体做出新贡献。①

二、有力支撑文化强国建设的内在需求

国家文化公园国际化发展是我国文化强国建设的内在需求。我国政府一直对文化强国高度重视,从文化强国战略实施以来,不断增入新的建设规划,提出新的战略目标。2020年11月,《中共中央关于制定国民经济和社会发展第十四个五年规划和二〇三五年远景目标的建议》发布,要求坚持马克思主义在意识形态领域的指导地位,坚定文化自信,坚持以社会主义核心价值观引领文化建设,加强社会主义精神文明建设,围绕举旗帜、聚民心、育新人、兴文化、展形象的使命任务,促进满足人民文化需求和增强人民精神力量相统一,推进社会主义文化强国建设。2021年4月,结合国家"十四五"文化改革发展规划,文化和旅游部编制《"十四五"文化和旅游发展规划》(以下简称《规划》),展望了2035年文化发展的全景目标:国民素质和社会文明程度达到新高度,国家

---

① 黄国勤:《国家公园建设的意义、原则和路径》,《中国井冈山干部学院学报》2020年第2期。

文化软实力显著增强。文化事业更加繁荣，文化产业和旅游业的整体实力和竞争力大幅提升，优秀文艺作品、优秀文化产品和优质旅游产品充分满足人民群众美好生活需要，文化和旅游发展为实现人的全面发展、全体人民共同富裕提供坚强有力保障。①《规划》的提出，为全国文化建设与发展做出了最新的总体规划，是到2035年我国文化强国建设的纲领性文件。

而国家文化公园是我国在"十四五"期间必须全力支持的全国性建设项目，各公园的建设方案与建设规划中都重点提出了推动文化事业发展、支持国家文化建设相关的任务要求，国家文化公园的建设和国际化发展也是文化强国建设的重要内容，这也是由国家文化公园突出的文化属性以及其在社会主义现代化过程中的地位决定的。整体而言，国家文化公园将在文化强国建设的五个方面提供有力支撑：传承中华民族传统文化，中华民族传统文化与民族历史一同融入祖国山川大地与长久以来人类社会的活动旧迹中，国家文化公园通过保护与再现工作，将民族文化传承与发扬；弘扬民族精神，讲述中华民族数千年的发展史，让全国人民深刻领悟中华民族精神的内核，进一步在群众中做好宣扬工作；诠释社会主义核心价值观；推动全社会思想道德建设，尤其加强公民的民族意识、国家意识，培养责任感、自豪感，推崇自我奉献，提倡自我奋斗；巩固党的领导，通过展现社会主义的优越性和党的领导方针的正确性，增强民众的幸福感，加强党和国家的凝聚力，为国家长治久安提供支撑。

三、主动对接国际文化市场的发展需求

国家文化公园国际化发展对公园的文化市场建设能力提出更高要求，当前阶段，国家文化公园主动对接国际文化市场的能力是未来国际化的重要依据。对接国际文化市场需求的能力主要表现为国际市场需求增长潜力和国际市场供给能力。

---

① 《文化和旅游部关于印发〈"十四五"文化和旅游发展规划〉的通知》，中华人民共和国文化和旅游部官网，http://zwgk.mct.gov.cn/zfxxgkml/ghjh/202106/t20210602_924956.html，2021-04-29。

（一）文化服务市场

文化服务是文化贸易中最具活力和竞争力的内容，对国家文化公园国际化而言，更能凸显公园国际化建设和发展的功能和作用，有助于国家文化品牌的整体构建。国家文化公园对接国际市场过程中所包含的文化服务市场主要有旅游市场、文化创意服务市场、文博市场、研学市场和数字文化公园市场。

当前阶段，各公园的文化创意活力还未完全激发，数字技术创新与应用水平还不能完全满足市场需求，因此旅游服务在文化服务中暂时占有重要地位。从国际视角来看，国家文化公园的旅游市场需求水平各不相同。在特色文化方面，传统民俗和富有地域特色的民族文化是吸引国际游客的关键因素，因此长城文化、长江文化、黄河文化和大运河文化凭借世界文化遗产的地位，将能产生较高水平的国际市场需求增益，再考虑到各公园内部的地区性文化差异明显，如继续加大国际宣传力度，将会进一步挖掘潜在市场；长征国家文化公园以红色文化为代表，相对而言，其国际市场需求较为特殊，游客群体相对固定，但容易受政治因素影响，市场需求潜力相对较小，市场开拓难度相对较大。

我国国家文化公园拥有相当丰富的文化资源，具备相当高的市场价值挖掘潜力，目前各个国家文化公园正在努力探索文化创意设计与市场营销的有效路径，优先以开拓国内市场、拉动国内市场需求为目标，提升文化创意产品的市场供给能力。目前国家文化公园常见的文化服务内容以线下演艺服务为主，通常与各地方旅游景区相结合，成为文化旅游综合服务的一部分。以长江国家文化公园建设为例，早在2016年，武汉就依托长江推出大型沉浸式演艺项目《知音号》，同年重庆市推出长江流域首个大型山水实景演艺《烽烟三国》。如果能充分融合各地区民俗及文化，利用数字技术创造出一系列线上文化产品，将能迅速对接国际文化市场，创造更大的需求潜力。目前各公园文化服务的供给能力受到技术水平的制约，开展线上业务的能力有待提高，暂时无法满足国际市场的现有需求；文化服务的独立性略差，不太容易形成独立的创收体系，需要进一步研究价值链延伸的具体路径。

文化博物馆市场是国家文化公园建设规划中重点关注和培育的市场，目前大部分地区已经初步完成国家文化博物馆建设，能对国家文化公园的历史、文化等进行较为全面的呈现。以中国大运河博物馆（以下简称中运博）为例，从建设方案出台到正式建成，历时近三年，该博物馆于2021年6月对公众开放。中运博通过"大运河——中国的世界文化遗产""因运而生——大运河街肆印象""运河上的舟楫""世界知名运河与运河城市""中国大运河史诗图卷"等专题展，向游客呈现出大运河的历史全貌，共同鉴赏大运河的璀璨文化。[①]国家文化公园文博市场的国际需求量较为乐观，基于国际游客对国家文化公园历史、文化和自然风貌的兴趣，在博物馆设施建设完善、展示功能齐全的前提下，国际博物馆市场将获得最大程度扩张。另一方面，博物馆与旅游业在产业链上具有一定的纵向联系，国际旅游市场的拓展情况将对博物馆市场尤其是线下市场产生不可忽视的影响。

研学市场的国际需求量受国际旅游市场的影响，其受众范围比旅游市场更小。在研学项目建设初期，研学行进路线相对固定，自由选择的空间较小，难以满足个性化需求；国际服务体系还未完全形成，人才数量稀缺，服务质量不易提高；宣传力度还不足，国际资源的集聚能力较弱，创新速度较慢。因此在国家文化公园的国际研学市场上，虽然拥有一定的增长潜力，但短期内，市场供给和需求都可能处于较低水平，难以形成有效的市场匹配，还需要政府和市场进行积极调控和推动。另外，由于研学项目建设需要消耗大量的资金和社会资源，对高端人才的需求量非常大，盈利情况现阶段也不明朗，对企业而言是巨大的挑战。

数字文化公园市场与博物馆市场具有诸多相似性，其需求群体也高度重合，但技术要求存在明显差异，盈利形式和空间也存在差别。国际市场上，国家文化公园的数字化呈现能为国外游客提供全新的观展体验，并能在很大程度上满足顾客的线上需求，弥补线下旅游市场和博物馆市场的职能空缺，因此具有较强的功能性。数字文化公园市场是国内外供需对接的理想渠道，在品

---

① 《文化带建设范例｜中国大运河博物馆：国家文化公园内的创意实践》，大运河传播，https://baijiahao.baidu.com/s?id=1709764724358726986，2021-09-02。

牌和文化宣传方面能发挥突出作用，但该市场的建设难度较大，运营和维护成本较高，专业人才缺口也较明显，对各个国家文化公园的国际化建设提出较大挑战。

（二）文化产品市场

文化产品是文化市场和文化贸易中不可或缺的重要组成部分，也是国家文化公园国际化发展服务市场和对接国际市场需求的重要内容。对国家文化公园而言，目前文化产品市场的主要内容是基于各公园的文化禀赋设计制造出的各类文化创意产品，如手工艺品、便携食品、传统服饰、小型展品等，充分融合各地区民俗及文化，对游客构成较强的吸引力。目前各个国家文化公园正在努力探索文化创意设计与市场营销的有效路径，优先以开拓国内市场、拉动国内市场需求为目标，提升文化创意产品的市场供给能力。如赣州市兴国县人民政府推出动漫作品《长征先锋》的同时，设计出一系列周边文化创意商品，如包含动漫插图的长征日历、特殊设计的长征先锋酒、特殊授权的红色校服、长征主题童鞋、长征主题玩具等[①]；四川广汉三星堆博物馆以摇滚乐队组合为创作思路，推出了一款以三星堆面具文物为创作原型的盲盒玩具，敦煌研究院推出以壁画为创作原型的"天龙八部"盲盒，河南博物院推出的考古盲盒附带迷你"钻探工具"等。

从国际视角而言，我国文化创意产品的国际需求量较大，并且呈现逐年增长的态势，众多包含中国元素的日用品、工艺品等开始大规模出现在国际市场中。虽然文化创意市场的国际需求潜力较大，但目前我国国家文化公园还未形成较强的市场供给能力，短时间内无法有效匹配国际市场的需求，主要原因有以下五点：文化创意设计能力不强，对传统文化的创新转化思路存在一定的局限性；海外营销容易受文化距离影响，且渠道没有完全打开，市场对接能力较弱；文化产业发展不够成熟，民营企业数量和市场运营经验不足，产业链生态不完善；民间资本较为分散，没有形成集聚效应；创新研发能力较弱，提供的产

---

① 《〈长征先锋〉红色文创大赏！创意呈现红色长征精神》，模范兴国官网，http://xingguo.yun.jxntv.cn/p/70738.html，2021-03-24。

品和服务亟需更新换代。总而言之，目前国家文化公园的文化创意市场发展较慢，仅依靠市场，难以满足快速增长的国际市场需求，需要政府和市场双向投入，合力推动。

四、推进对外文化贸易高质量发展的需求

国家文化公园作为中国特色社会主义文化标志性成果，通过国际化发展也是在为全球文化市场提供独具中国特色的文化产品和服务，这是中国文化贸易高质量发展的必然要求。2022年7月，商务部等27个部门联合印发了《关于推进对外文化贸易高质量发展的意见》，这是继2014年国务院印发的《关于加快发展对外文化贸易的意见》（以下简称《意见》）后，对外文化贸易领域中的又一份重要指导性文件。该《意见》围绕深化中国文化领域改革开放、激活创新发展新动能、激发市场主体发展活力等方面，提出了积极探索高水平开放路径、大力发展数字文化贸易、健全文化贸易合作机制、提升便利化水平等多项具体任务举措，为中国对外文化贸易高质量发展提供了重要的政策支撑。

首先，推进国家文化公园国际化发展建设，以优秀文化内容供给吸引全球游客。建设具有全球价值、精良制作、符合国际消费市场需求、主题多元的沉浸式载体，增强国家文化公园的国际辨识度。通过促进境外消费模式，推动国家文化公园国际化、市场化发展。境外消费产品及服务提供者的竞争力的提高，不仅可以促进自身成本下降，也有利于整体利益扩大。消费者的消费偏好是其进行境外消费的主要推动力，境外消费需求具有多元性、衍生性以及猎奇性的特征。因此，推进国家文化公园的境外消费模式，能够有效联通国内外消费市场，以全面开放激发文化贸易高质量发展。融合中外，贯通东西，加强国家文化公园的国际表达，把丰富而独具特色的文化资源转化为具有全球交易价值的标志性产品。

其次，以开放的姿态积极推进国家文化公园建设的中外互学互鉴，适度扩大优质文化产品和服务进口。在《关于推进对外文化贸易高质量发展的意见》中强调以开放的态度，促发展、促创新，深化文化领域体制机制改革开放，激发

市场内生动力。文化贸易高质量发展需要出口与进口相协调,在积极推进中华优秀文化产品与服务惠及全球的同时,也以更加开放包容的姿态引进全球优质的文化产品与服务。文化贸易的双向互动是实现中外文化交流与文明互鉴的重要选择。在国家文化公园的国际化发展建设中,同时也要围绕满足人民日益增长的文化需求,有序扩大出版物、电影、电视剧、网络视听、体育、演艺和文化艺术等领域的优质文化产品和服务进口。

再者,重视数字技术在国家文化公园建设中的适度性应用,培育对外文化贸易高质量发展的新优势。特别是文化服务中天然带有数字基因,如动漫、网络游戏、影视、虚拟偶像等,随着互联网、大数据、云计算、区块链、人工智能、智慧管理等新兴数字科技的广泛应用,以及NFT、元宇宙等新兴概念层出不穷,已经逐渐成为激发全球文化经济增长的新动能。利用国家文化公园国际化发展的重要契机,促进中华特有的文化资源与数字技术适度融合,用好数字媒介,激活国家文化公园的数字化潜能,更多元、更生动地呈现出国家文化公园的独特与完美,最大限度释放出中华文化的核心价值,使全球用户更加广泛地触达国家文化公园。

第五节　国家文化公园国际化发展的产业基础

国家文化公园国际化的产业基础以对接市场需求和市场化发展为主要表现形式,通过资源流动和市场化配置的机制来实现。资源的投入与产出受国家和地方政府的宏观调控以及市场自发调节的影响,在循环流动中不断巩固国家文化公园的产业基础,为其国际化发展提供重要推动力。

一、国家文化公园国际化的资源投入

国家文化公园国际化建设中,将投入多种类型资源,本部分重点研究和讨论用于产业基础建设的生产性资源。

（一）投入目标

国家文化公园国际化建设对投入资源的数量和质量要求较高，需要从国家层面进行指导和调控，因此需要明确资源投入目标以进行全方位支撑，这些投入目标则以国家文化公园的建设目标和建设任务为总指引。

各个国家文化公园的发展规划已经对各公园的建设目标和建设任务提出具体要求，如《长征国家文化公园建设保护规划》要求以保护好长征文物、讲好长征故事、传承好长征精神、利用好长征资源、带动好长征沿线发展为总体建设目标，到2035年，全面形成体现国家意志、反映国家水准、代表国家形象、享有国际美誉的长征国家文化公园保护展示传承体系；《长城国家文化公园建设保护规划》要求以长城沿线一系列主题明确、内涵清晰、影响突出的长城文物和文化资源为主干，生动呈现长城作为中华文化的独特创造和价值理念，探索新时代长城文物和文化资源保护传承利用新路。

在建设目标和重点任务的指引下，各个国家文化公园的资源投入也拥有明确的方向，主要有以下具体任务：一是加强基础设施建设，如道路交通维护、网络线路铺设等；二是加强自然资源开发和利用，如土地开发、修建水库等，并注重环境保护建设；三是直接用于发展本地产业，分为基础产业和数字产业，以应对国际化市场的需要。

（二）资源类型

国家文化公园投入的生产性资源主要包括资金资源、土地资源、人力资源和技术资源四类。国家文化公园国际化进程中，这四类资源在投入产出机制的运行和影响下共同促进基础产业和相关产业的发展。

资金资源。资金资源主要指产业资本，是产业发展最具活力和最关键的资源。根据投入来源，资金资源可以分为地方资金、中央政府拨款、国内其他地区商业投入和慈善资金四种类型。其中中央政府拨款是我国中央部门针对五大国家文化公园建设方案和各地实际情况进行评估，分配给各地方政府的专项资金，用于支持公园建设和国际化发展，数额一般较大，对国家文化公园建设的支持最为明显。2022年3月，国家发展改革委组织实施文化保护传承利用工程，安排中央预算内投资64.9亿元，支持国家文化公园、国家重点文物保护和考古发掘、国家公园等重要自然遗产保护展示、重大旅游基础设施、重点公共文化设施等288个项目的建设。①

地方资金是指各地区用于国家文化公园国际化发展的自有资金，主要分为地方政府财政资金、本地企业资金、民间资本等。国内其他地区商业投入是其他地方企业基于盈利、合作、占有市场或扩大影响力等商业目的，向本地区进行的商业投资，对于地方政府而言，这部分资金几乎无法定向使用，但却具有极高的市场活力。地方资金和国内其他地区商业投入是地方政府和国内市场在进行反复评估后投入的资金，是对国家文化公园发展潜力的肯定，在资源循环方面发挥着至关重要的作用。

土地资源。土地资源是产业发展的基础资源。国家文化公园建设以文化旅游产业为核心，同时要起到带动地区经济发展的作用，其土地资源需要用于自然环境治理、文化遗产保护、旅游服务建设、其他产业发展、居民生活等方面，因此具有非常宝贵的使用价值。

各地方政府围绕国家文化公园建设，提出了诸多国土空间规划方案。以杭州大运河国家文化公园建设为例，2022年5月，《大运河国家文化公园（临平段）核心区城市设计及概念设计方案》出台，预计充分对大运河两岸土地进行数字化升级，推动文化旅游产业与数字技术深度融合，形成旅游服务、会展服务、娱乐服务、公共文化服务综合发展的数字商业景区。对中西部地区而言，土地资源利用应重点发挥保障民生和推动就业的功能，与此同时，通过调整地区经济结构，引导国家文化公园相关产业建设，以契合国家文化公园建设方案的核心理念。

人力资源。人力资源是国家文化公园建设的动力来源之一，是国际化高质量发展的必备要素。国家文化公园建设是系统性工程，需要加强技术、传统手艺、管理等人才队伍建设，强化人才支持。目前国家对于高端复合型人才培

---

① 《64.9亿元！国家文化公园等重点项目获中央预算内投资支持》，聊城市文化和旅游局，http://wlj.liaocheng.gov.cn/xygl/xygk/202203/t20220318_3879145.html，2022-03-18。

养的支持力度在持续加大,2022年4月,中共中央政治局召开会议,审议《国家"十四五"期间人才发展规划》,要求要全面加强党对人才工作的领导,牢固确立人才引领发展的战略地位,全方位培养引进用好人才。保障国家文化公园建设的多样化人才需要,合理有序地推动国家文化公园的建设和国际化发展。

技术资源。国家文化公园的技术资源主要用于数字产业发展,通过数字化、智能化为公园建设提供创新空间、营销渠道、服务途径和监管保障等。国家文化公园东部地区的技术资源一般较为成熟,已经积累成熟的发展经验,通过合理的商业运作,可以完成自我更新和充分发挥市场创新、惠及民生的作用。中西部地区的技术资源相对不足,需要通过引进数字技术领域的高质量人才和加大投资力度来推动地区数字化技术发展,部分地区已经取得一系列改革成效。贵州省政府协同北京冬奥会开幕式视效总制作团队黑弓(Blackbow),规划建设"地球的红飘带"贵州长征数字科技艺术馆。该艺术馆通过领先的科技展演成果和艺术表现形式,结合行进式展演、剧场式观演、沉浸式体验等多种形态,展现长征的完整叙事。[①]成熟先进的技术资源是国家文化公园国际化的必备资源要素,目前国内的资源总量较少,分配难度还较大,需要中央和各地区加大人才队伍建设和基础设施建设力度,促进技术创新与进步。

二、国家文化公园国际化的产出效益

国家文化公园各类资源投入的产出重点是进一步巩固产业基础,加强基础产业和相关产业与国家文化公园国际化的互联互动、协同发展。具体而言,各类资源投入之后的产出效益主要包括带动基础产业发展和激发新型数字化产业活力这两个方面。

(一)带动基础产业发展

基础产业是支持地区经济和民生发展的基础性产业,大多在国家文化公

---

① 《长征数字科技艺术馆用"文化+科技"讲述长征故事》,文旅中国,https://baijiahao.baidu.com/s?id=1728807811532985175&wfr=spider&for=pc,2022-03-31。

园建设开始前就已经存在，以第一产业、第二产业和传统服务业为主，这些产业在稳定民生、提高整体生活水平方面有重要作用，在部分中西部地区的重要性更显著。在国家文化公园国际化背景下，对地区经济发展起主导作用的第一、第二产业主要是农业、林业、工业和建筑业。这些产业对于国家文化公园国际化的作用主要体现在以下两个方面：第一，对地方人民的基本生活和社会经济民生的发展起到保障作用，如提供生活物资、增加劳动就业岗位、解决土地与住房问题、建设完善局域网等。第二，对国家文化公园建设形成的产业链起到润滑、细分和延伸作用，各大国家文化公园推动形成的产业链主要是以文化和旅游业为核心向外和向下延伸的多条服务产业链，如文化展览、餐饮住宿、旅游购物、娱乐活动、运输服务等，第一、第二产业需要为这些服务业提供充足的硬件设施与技术支持，以切实提高服务质量和拓展服务范围。

农业是大部分地区经济发展和民生保障的基本线，在国家文化公园国际化中，农业的发展任务是在保障农产品高质量、高水平供给的条件下，与国家文化公园建设融合，形成新型农业文化，成为乡村振兴工作中突出的产业内容。河北在长城国家文化公园建设过程中，就强调了要主动融入农业供给侧结构性改革，立足农村一、二、三产业融合和全域旅游发展要求，促进乡村旅游产业聚集与产业链延伸，培育乡村休闲度假、乡土文创等高端业态，增强乡村旅游产业创新力和竞争力，从而不断为乡村振兴赋能。[1]

林业是国家文化公园众多建设区段中不可回避的民生问题。林业拥有众多丰富的自然资源，是环境保护成效的直接显现。林业文化遗产，是包括重要林果物种资源和生物多样性、林业经营管理技术与知识、森林生态文化以及包括林地在内的土地利用景观等多个要素组成的传统林业生产系统。林业文化遗产蕴含着丰富的生态智慧和可持续发展思想，对保护野生动植物、维持当地居民食物与生计安全、维护生态系统服务功能与区域生态安全、传承民族文化和促进林区社会和谐均具有重要作用。应重视林业文化遗产的发掘与保护，并

---

[1]《推进河北长城国家文化公园建设与乡村振兴协调发展》，人民资讯，https://baijiahao.baidu.com/s?id=1707384948987267268&wfr=spider&for=pc，2021-08-07。

将其作为生态产品价值转换的重要抓手，不断拓展林业的生态与文化功能，逐步建立起以生态产业化和产业生态化为主体的生态经济体系。①

传统服务产业则是以文化旅游产业为核心、不断向外延伸形成的服务产业链。各地在国家文化公园分段建设过程中，致力于在旅游服务中加入当地文化内容，凸显公园文化的特殊性。以长征国家文化公园建设为契机，贵州把打造红色经典景区和培育精品线路融入其中，启动"红军路""红军村"保护建设工作，举办"重走长征路"系列主题文旅活动，推出贵州省红色文化旅游十大精品线路，以及"最美红军线路""最美红军村落"等，为长征国家文化公园建设和旅游市场复苏营造了良好氛围，有力推动了贵州红色文旅提质升级。②国家文化公园的文化旅游产业发展已经具备较好的基础，当前阶段，如何转变创新思路、提升国际影响力，是国际化建设的关键。

（二）激发数字产业活力

资源投入的另一任务是激发数字产业的活力，不断提高国家文化公园数字技术应用和创新能力，为地方产业持续赋能，促进产业改革与转型，以更好地发挥价值创造功能。数字产业通过将数字技术应用在别的产业领域，形成依托网络和数据存在的新兴服务业，并由此培育出更多新业态。国家文化公园的数字产业重点对文化和旅游内容进行创新升级，通过线上云旅游、云展览、数字媒体等形式，实现文化资源数字呈现和线上旅游服务。

国家文化公园数字产业基础是国际化建设的重中之重，通过数字化，国家文化公园的文化和服务资源将能更快实现与国际市场对接，精准匹配国际需求。2022年4月，大运河国家文化公园数字云平台（一期）正式上线运行，平台利用倾斜摄影、三维建模、虚拟现实、GIS、大数据、5G等数字化技术，主要展示大运河历史沿革、文化资源分类与空间布局、文物与文化资源点古今风貌、沿线重点地段720全景、景区虚拟漫游等，突破传统线下展示和体验的时空局

---

① 《国家公园建设应重视发掘保护林业文化遗产》，人民资讯，https://baijiahao.baidu.com/s?id=1719359663407076535&wfr=spider&for=pc，2021-12-17。
② 《贵州：建设长征国家文化公园 推动红色文旅提质升级》，澎湃新闻，https://www.thepaper.cn/newsDetail_forward_17685102，2022-04-18。

限,打造了一条线上数字运河,以全新方式全方位、立体化展示大运河历史文化。① 目前各国家文化公园的数字产业已经有了基础性发展,对进一步提高国际市场服务质量起到较强的技术和经验支持。

---

① 《大运河国家文化公园数字云平台(一期)正式上线运行》,搜狐网,https://www.sohu.com/a/537796813_120991886,2022-04-14。

第四章
CHAPTER 4

国家文化公园国际化发展的全球经验借鉴

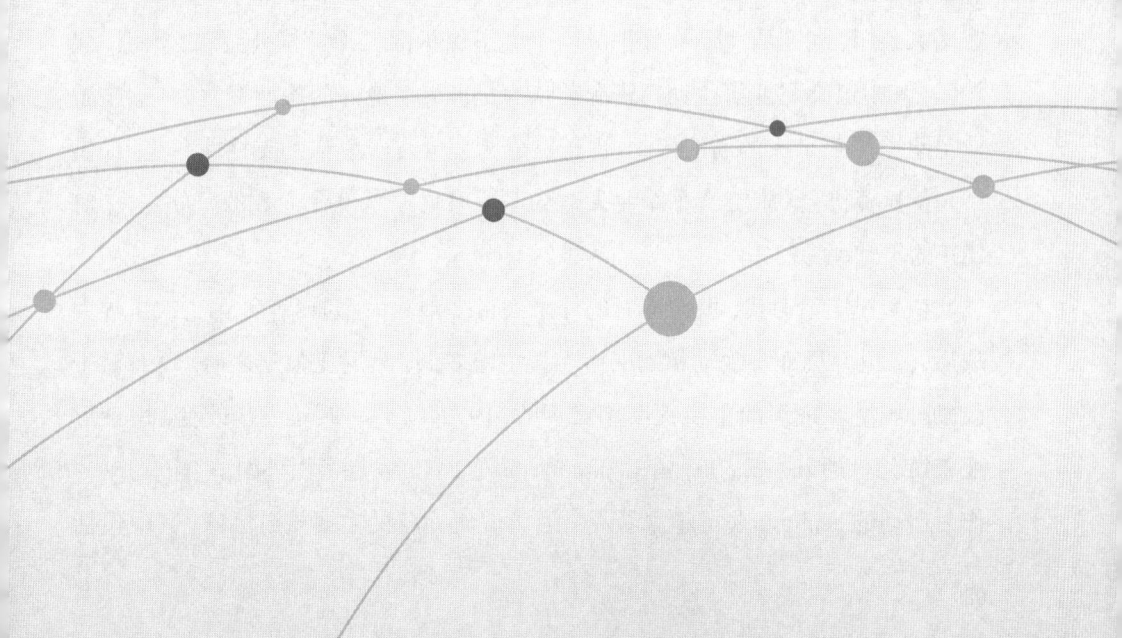

国家文化公园概念的提出在国际上尚属首次，相关建设需要在一定程度上借鉴已有的文化事业和文化产业领域的建设经验，同时我们可以学习世界各国在文化旅游休闲服务的建设过程中的成功经验，特别是在世界范围内具有一定影响力的文化旅游项目，学习其建设思路和经营理念，对于我国的国家文化公园国际化发展具有非常重要的意义和价值。本章将详细介绍多个遍布全球的文化旅游项目案例，通过挖掘其建设特色和成功经验，为国家文化公园的国际化发展提供可供借鉴的经验。

第一节　纪录片赋能国家公园旅游业发展： 非洲坦桑尼亚野生动物保护区

一、统筹完善的管理机构

坦桑尼亚旅游资源丰富，是非洲最受游客青睐的旅游目的地之一。坦桑尼亚三分之一国土为国家公园、动物和森林保护区，共有塞伦盖蒂、恩戈罗等15个国家公园、50个野生动物保护区、1个生态保护区、2个海洋公园和2个海洋保护区，其中坦桑尼亚野生动物资源被认为是世界上最好的旅游资源之一。旅游业是坦桑尼亚最大的创汇行业，也正在成为坦桑尼亚新兴的支柱性产业，提供了大量投资机会。旅游产业就业人数约占坦桑尼亚总就业人数的三分之一，对GDP的贡献率为13%。

在殖民统治时代，坦桑尼亚的外来人员多数是大型狩猎者，第二次世界大战后，来坦桑尼亚参观动植物的游客日益增多。坦桑尼亚独立之后，政府对于鼓励外国游客来坦的重视程度相对不足。1977年，这一政策发生改变，坦桑尼亚旅游公司（Tanzania Travel Company，简称TTC）发起吸引外国游客的运动。作为运动的一部分，公司建立了两个酒店设施完备的主要旅游区域，其中包括由乞力马扎罗山、塞林盖地国家公园、赛露野生动物保留区、恩戈荣戈若火山口保护区、马尼亚拉湖国家公园和另外由20个较小的公园和保留区组成的北部著名旅游区域。在这些区域，游客可以享受狩猎、钓鱼、观赏野生动物和摄影的乐趣。1993年，坦桑尼亚旅游局（Tanzania Tourist Board，简称TTB）取代坦桑尼亚旅游公司后，被赋予将坦桑尼亚变成更吸引人、更具竞争力的旅游目的地的使命。政府鼓励对私人公司和投资者开放旅游业，有助于使已有的旅游基础设施恢复活力，吸引国际连锁酒店进入坦桑尼亚。随着旅游业发挥的重要性日益提高，坦桑尼亚政府于1991年通过了第一项旅游政策以促进旅游业的发展。

坦桑尼亚的国家公园归坦桑尼亚国家公园管理局（TANZANIA NATIONAL PARKS AUTHORITY，以下简称TANAPA）管辖，该局是自然资源和旅游部下属国有单位。坦桑尼亚国家公园管理局的职责是管理国内所有划定为国家公园的区域，确保保护与使用的良好平衡。TANAPA辖下的国家公园包括：塞林盖地国家公园（Serengeti National Park）、阿鲁沙国家公园（Arusha National Park）、乞力马扎罗国家公园（Kilimanjaro National Park）、马尼亚拉湖国家公园（Lake Manyara National Park）、塔兰吉雷国家公园（Tarangire National Park）、米库米国家公园（Mikumi National Park）、汝阿哈国家公园（Ruaha National Park）、吾尊戈瓦山国家公园（Udzungwa Mountains National Park）、萨阿达尼国家公园（Saadani National Park）、乞土楼国家公园（Kitulo National Park）、卡塔维国家公园（Katavi National Park）、冈贝河国家公园（Gombe Stream National Park）、马哈雷山国家公园（Mahale Mountains National Park）和汝邦多国家公园（Rubondo National Park）。①

二、坦桑尼亚野生动物旅游资源开发活动

坦桑尼亚国家公园管理局下辖15个国家公园。这些国家公园不仅提供了

---

① 《坦桑尼亚旅游业》，中华人民共和国驻坦桑尼亚联合共和国大使馆经济商务处官网，http://tz.mofcom.gov.cn/article/ztdy/200812/20081205953273.shtml，2008-12-16。

欣赏各类野生动物的旅游活动，还有其他丰富的游览内容，包括观鸟、划船、山顶自行车、游泳、漂流、钓鱼、爬山、热气球、潜水、游猎等，使游客们可以收获不一样的游览经历。

（一）野生动物观光

坦桑尼亚拥有独特的野生动物群和保护良好的野生动物居住点，政府对于野生动物的保护及管理有较多投入，保证游客在这一旅游活动中能获得前所未有与众不同的崭新体验。坐落于坦桑尼亚的塞伦盖提、曼亚拉胡、塔拉吉雷国家公园及恩戈罗火山保护区是世界一流的野生动物观光和摄影游猎地。入境坦桑尼亚的游客大部分会将他们的游览活动安排在观光野生动物这一项目上。参与野生动物观光的游客主要来自美国、英国、意大利和德国，也包括来自其他国家如亚洲和大洋洲的游客人群。相比于肯尼亚等地提供的较为大众化的旅游产品，坦桑尼亚的相关旅游产品完全不同。坦桑尼亚政府鼓励发展低密度、高质量的旅游产品，其目的在于使游客能更好地接触大自然，亲身体会其魅力。

（二）狩猎活动

很多前往坦桑尼亚的游客都愿意亲身体验一下独有的狩猎活动，费用一般每天500美元到1500美元。虽然坦桑尼亚允许游客进行这样的狩猎旅游活动，但是政府对于游客行为有着严格的控制及要求，同时也针对此类旅游活动出台了一系列的法案，用于保护野生动物的安全及数量，如1974年颁布的野生动物保护法案，2000年颁布的野生动物狩猎法令。通过这些野生动物保护法案，游客在坦桑尼亚进行的游猎活动将会受到制约，如限制猎取野生动物的数量及狩猎的场地。坦桑尼亚政府也在进一步考虑如何改变此类旅游活动的性质，从而符合国际法规的要求，比如可以把狩猎旅游活动作为一种运动活动进行，而不是以杀戮和谋利为目的。在满足游客的游览需求的同时，降低对野生动物的伤害，而纪录片拍摄有利于实现在满足人们对野生动物的好奇心的基础上，保护野生动物及其生存环境。

三、纪录片对当地国家公园旅游业发展的影响

坦桑尼亚具备丰富独特的旅游资源和自然地理景观,吸引了众多纪录片拍摄者的目光。2019年7月,由英国导演约翰·唐纳制作,BBC和优酷联合打造的纪录片《塞伦盖蒂》上线。该系列纪录片深入塞伦盖蒂内人迹罕至的角落,追踪最具代表性的非洲草原动物,成功捕捉到戏剧般的动物生活日常和情感时刻,通过讲述非洲草原上动物家族们的传奇成长故事,带领观众走进真实又富含戏剧性的动物世界。

2017年9月,由美国导演布莱特·摩根指导的纪录片《珍》(Jane)在多伦多电影节首映。影片主角是世界上拥有极高声誉的动物学家珍·古道尔,她在二十多岁时前往非洲坦桑尼亚贡贝溪国家公园的原始森林,为了观察黑猩猩,在那里度过了三十八年的野外生涯,后来常年奔走于世界各地,呼吁人们保护野生动物、保护地球环境。导演布莱特·摩根从时长100多个小时从未公布过的珍·古道尔在野外考察和访谈的影像资料中选材剪辑,以第一人称视角,讲述了珍·古道尔年轻时在非洲研究黑猩猩的故事。影片将人类的命运与动物交织在一起,大大强化了人与自然的关系。

2013年8月,由中央电视台纪录频道、英国广播公司、美国探索频道、法国国家电视集团联合摄制的大型原生态纪录片《非洲》播出。作为世界第二大洲的非洲大陆,拥有着富饶的野生动物和自然风光。纪录片的镜头跟随主持人一起穿越神奇的非洲大陆,探索那些从未被发现、记录的生物物种和壮观的非洲奇迹。这部纪录片囊括了非洲的野生生物和风景地貌,引领观众进入地球上仅存的荒野之地,每一集都仿佛亲密接触、亲眼感受遥远的奇妙野生世界,亲身体验那片真正的未开发的冒险之地,吸引了众多野生动物爱好者和冒险者前往非洲一探究竟。

近年来,随着"一带一路"倡议的发展,我国也拍摄了许多关于非洲题材的纪录片,如《非洲十年》(2011)、《去你的撒哈拉》(2016)等,除去展示当地独特的自然地理风光外,这两部纪录片也具有一定的文化消费引导性质。纪录

片以主持人出镜的方式带领观众深入非洲，走进非洲民众的生活，所展现的内容带有明显的当地特色，从而满足国内观众对非洲的猎奇心理。透过镜头，观众可以看到非洲部落中奇异的饮食习俗、迥异的着装风格以及婚丧嫁娶的特有民俗等大量远离现代文明的社会风情，满足了观众对于非洲大陆神秘、原始的审美期待，进一步吸引了海外游客对当地的向往。

作为国家文化产业的重要组成部分，纪录片具有真实性、纪实性的特征，在记录社会变迁、文化发展以及展现自然风光等方面发挥了重要作用。复旦大学吕新雨教授将纪录片定义为"以影像媒介的纪实方式，在多视野的文化价值坐标中寻求立足点，对社会环境、自然环境与人的生存关系进行观察和描述，以实现对人的生存意义的探寻和关怀的文体形式"。纪录片凭借低文化折扣率的影像语言，在跨文化传播与交流方面发挥着独特的作用。[1]作为展示世界的一面镜子，纪录片与旅游业的互动发展值得关注。

纪录片的旅游学价值是指，拍摄景地的旅游资源经由影像途径通过电视、网络等传播媒介播出后，观众产生的强烈的去该拍摄景地旅游的愿望与动机的心理效应。[2]作为一种宣传文化的产品，纪录片的制作要求内容充实有深度，画面生动形象，既注重叙述内容的表达，又注重情感的传递。深入挖掘和继承地方传统文化，使文化价值与旅游效益能最大程度地结合起来，有利于形成传承与弘扬的良性循环。因此，纪录片在弘扬地方旅游文化的功能上，比一般的广告宣传片更具深度和广度。一部优秀的纪录片可以大大提升旅游地的知名度与影响力，是一种有效提升旅游景点知名度的旅游促销手段，把人们吸引到纪录片所展现的地方去旅游和观光。由此，可以提高旅游景区的吸引力，强化观众对景区的感性认识，让观众在观看的过程中产生共鸣，增强观众对于旅游目的地的直观感受。针对坦桑尼亚等非洲地区野生动物和自然环境的这些制作精良的纪录片，不仅正面直观地展示了非洲历史变迁、人文风貌和自然

---

[1] 赵明远：《谈跨文化传播视域下藏族题材纪录片对西藏旅游的影响》，《新媒体研究》2018年第23期。
[2] 吉平、王洁松：《论风景人文类电视纪录片的旅游学价值——以〈再说长江〉为例》，《新闻知识》2011年第6期。

风光,使得观众得以近距离、客观、真实、多元地了解非洲、感受非洲,也间接宣传了当地独特的旅游资源,激发更多旅游兴趣,刺激旅游消费。

四、坦桑尼亚野生动物保护区的国际化借鉴

(一)充分利用多媒体技术服务国家公园的国际化传播

国家文化公园的国际化传播过程中,国家文化公园理念的对外宣传是前期工作的要点之一。从传播学视角来看,以图像、声音、视频等为代表的多媒体技术在国际传播过程中效果明显好于单一的文字叙述,坦桑尼亚国家公园的纪录片宣传模式就验证了这一点。我国的国家文化公园大多拥有丰富的生态资源,环境优美,公园建设者也可自制或合作制作各类公益、非公益视听作品,主动对外投放,展现公园独特的自然资源,吸引国际游客、冒险家以及各类专家学者的目光,从而达到对外宣传的目的。

(二)提出符合绿色发展观的国际生态环境保护理念

生态环境保护是目前国际社会的热点话题之一,我国国家文化公园的建设本身就与这一话题相契合,在国际化过程中,积极营造国家文化公园的绿色发展观,并以此为话题进行国际化宣传推广,吸引国际生态环境保护支持者甚至相关组织机构的注意,进而推动一系列合作交流,由此可以达到双重目标:推动国家文化公园的生态环境保护工作与国际标准接轨,以及提升国际文化传播效能。

第二节 水利工程带动文旅消费:
阿斯旺国家公园与胡佛大坝建设

国家文化公园是充分利用我国文化资源、展示国家文化优秀内涵、为全球文化发展提供创新思路的文化战略建设。国家文化公园通过推动长江、黄河、大运河流域的知名水利工程建设,如三峡工程、都江堰等,将国家文化公园塑

造成面向全球的新文化形象。本节总结世界著名水利工程对各国文化价值深化发展的经验，研究其对经济发展、文旅消费和生态文明建设的作用，为我国国家文化公园中水利工程项目的国际化建设提供思路。

一、阿斯旺大坝与阿斯旺国家公园

阿斯旺大坝坐落在拥有丰富历史文化的尼罗河之上，是世界最著名的水利工程之一。阿斯旺低坝于1882年在英国的监管下开始修建，于1902年完工，并在1902年至1912年、1929年至1933年进行了各种翻修。但鉴于当时的技术水平和经济能力，低坝不足以控制持续的洪水。在苏联的支持与帮助下，埃及政府耗时十一年，修建了举世闻名的阿斯旺高坝。水坝的建成对埃及的社会发展起了巨大的作用，其南面五百多公里河段上形成的纳赛尔湖为埃及合理利用水源提供了保障，满足了埃及一半的电力需求，并阻止了尼罗河每年的泛滥。随着阿斯旺大坝提供的水库蓄水量大幅增加，洪水可以得到更好的控制。灌溉工程和水电设施为埃及和埃塞俄比亚提供了大量淡水和电能，解决了两国经济和社会发展急需的淡水和能源供给的问题。

阿斯旺美丽迷人的土地是中东的标志，以温暖的气候和罕见的植物岛为特色，努比亚村庄和岛屿上的一些人以农业和手工制品作为生活物资来源。大坝建设蓄水以后，大坝后面的湖泊淹没了埃及努比亚人的家园，数万人被迫离开原来生活的土地。阿斯旺大坝及综合水利工程完成后，很多努比亚人已经在这片土地上找到新的工作机会，除了在阿斯旺的主要城市就业外，也在周围的岛屿提供社区服务和旅游服务。

阿斯旺在数千年前一直是法老王的墓地。在1964年一期工程结束后，由于大坝蓄水，库区的努比亚古迹被淹没。为抢救水库区内的埃及文物及古迹，1960年在联合国教科文组织协助下，国内展开了历时8年的大规模考古抢救工作。很多原来的寺庙和其他有价值的古迹被搬到较高的岸边，按原貌安置。为了抢救努比亚文化，政府还进行了大量的考古和挖掘工作，收集了大量历史文物，很多可移动的历史文物被存放于纽约大都会艺术博物馆等世界四大博物馆内。

1989年埃及政府在淹没区域建设了阿斯旺国家公园。这座国家公园的面积几乎覆盖了全部库区，主要包括在尼罗河截流形成的纳赛尔湖（水库）以及湖上的几座岛屿。阿斯旺国家公园覆盖了一段250公里长的干枯河谷。这条干枯河谷曾经是贝卡斯游牧原住民的栖息地，该地区属于埃及环境署管理的自然保护区，1993年被联合国教科文组织认定为生物圈保护区。

阿斯旺国家公园包括尼罗河新建的高坝以北3公里处的萨鲁加、哈扎尔、阿斯邦那提岛。岛上建有植物园，以保存水坝建设中淹没区域的植物物种，几十年内繁衍成型的生态林地吸引了大量鸟类来此栖息。在库区的努比亚历史文化遗址被淹没以后，努比亚库区移民在水库岸边建设了新的聚居地，他们也成为公园的重要利益相关者。这些人保持了传统的生活习惯，成为国家公园生态旅游的重要组成部分，他们的生活区也是来访游客的休息地。

二、美国胡佛大坝水利工程

美国胡佛大坝也是世界知名的水利工程之一，于1931年开始建造，1936年完工。该工程被评为美国现代土木工程七大奇迹之一。胡佛大坝的建立对于防洪、城市供水、土地灌溉以及水力发电等方面都发挥了重要作用，创造了巨大的社会价值和经济价值，为开发和建设美国西部做出了贡献。此外，美国的大古力水电站是美国第一、世界第三大水电站[1]，该水电站基于大古力水坝而建。胡佛大坝和大古力水坝都修建于美国社会经济发展的关键时期，对于美国精神传承和增强民族自信心都具有超越水利工程本身的重要文化意义。胡佛大坝改变了美国西部地区的发展命运，推动美国度过了经济萧条时期，成为美国发展的文化记忆。水利工程的西部开发是美国勇于开拓的"西部牛仔"精神某种层面的延续。大古力水电站利用水力发电，成了人类文明进一步发展的象征。修建于美国科罗拉多河上的胡佛重力式拱坝，在世界大坝的建造工程历史

---

[1] 罗美洁：《三峡工程与国外水利工程的文化比较——以胡佛、大古力、阿斯旺、伊泰普为例》，《三峡论坛》2014年第2期。

上也具有里程碑意义。

三、水利工程带动文旅发展的经验借鉴

美国在开发水利旅游资源时，会深化其景区文化内涵，运用现代科技手段展示其特有的水文化。美国在水力资源的旅游度假和休闲游憩等方面也有着先进的经验。在自然风景优美的水库地区开发度假娱乐功能，在江河沿岸适合休闲游憩的地区建设公园。在游客观光游玩的过程中，胡佛大坝以陈列馆的形式向游客展示大坝的历史、文物以及大坝建造前美国西部的环境。同时，胡佛大坝旅游区配备了每30分钟一次的专业免费导游，为游客讲解大坝的布局、建造和运行等情况。丰富多样的旅游活动为水利旅游资源的建设增加了吸引力。在强化对国家公园内涵理解的同时，美国也十分重视游客满意度的提升。通过完善相关旅游服务设施以及配备高水平专业化景区服务人员，进一步提升国际游客的旅游体验，这些努力都值得我国国家文化公园开发旅游资源时吸收借鉴。

自古以来，我国人民围绕黄河、长江以及大运河建设了许多具有悠久历史的水利工程，这与我国建设国家文化公园的内涵不谋而合；在中华民族的治水历史中诞生了伟大的大禹治水精神、都江堰精神、红旗渠精神、九八抗洪精神、大三峡精神以及南水北调精神等宝贵的精神财富，[1]这些优秀的中华文化都可以支撑国家文化公园建设，成为国家文化公园国际化的优秀文化遗产资源。在推进国家文化公园国际化过程中，可以借鉴国际水利工程将文化价值转化为经济利益的成功经验，深化地方水利工程的历史文化内涵，与我国民族精神品质相融合，并配套建设观光展览及旅游设施，推出学习、娱乐一体化旅游服务。在建设的过程中，丰富国家文化公园水利旅游活动形式，完善基础设施，重视游客的体验感，优化服务质量，提高专业人员素质，从而让国内外游客深刻沉浸体会文化的情感共鸣。

---

[1] 王强：《基于"中华优秀传统文化"思政教育资源的"水利工程施工"教育教学改革探索——评〈水利工程施工〉》，《灌溉排水学报》2022年第2期。

第三节　环境治理促进国际合作：西班牙国家公园

一、西班牙国家公园现状和管理法律

目前西班牙全国共有16个国家公园，其中11个位于伊比利亚半岛上，4个位于加那利群岛上，剩下一个公园位于巴利阿里群岛。这16个国家公园是具有巨大生态价值的保护区，其中一些国家公园属于欧洲规模最大的自然保护区，不仅被联合国教科文组织列入世界自然遗产名录，也被列入生物圈保护区和湿地公约。

西班牙国家公园目前由2014年12月3日西班牙政府颁布的关于国家公园的第30/2014号法律（BOE，2014年12月4日第293号）管理（Ley de Parques Nacionales，2014）。国际合作最积极的形式之一是知识和经验的交流，国家行政总局通过国家公园自治机构向那些可能有兴趣了解保护区管理创新方案的各方提供了双语版的第30/2014号法律。

（一）各自治区直接管理

西班牙一直是制定保护区保护政策的先行者。1916年，西班牙成为第一个为创建国家公园制定框架法律的国家，建立了保护国家公园自然空间的法律制度。经过一个世纪的变革，国家公园不仅在数量和面积上有所增长，也对管理模式和工具进行调整：将保护作为优先目标，以公众使用和享受为前提，并提高对其自然和文化价值的科学认识。沿着这些思路，基于丰富的经验和积累的知识，西班牙实施了一种开创性的管理模式，通过双管齐下的方式进行管理：由自治区直接管理每个公园，国家行政总局通过国家公园自治机构管理公园网络并协调整个系统。这一模式提高了所有利益相关者的参与度。

（二）多样价值保护

西班牙国家公园的主要目的为保护其自然价值和社会价值，包括广泛的社会认可价值及杰出的美学、文化、教育和科学价值。西班牙国家公园保护受到

国家优先关注，政府宣布国家公园保护是国家的普遍利益。西班牙国家公园保护法律制度始于1916年，随着社会的发展和国家行政组织的变化，经历了各种修改，从始至终以保证子孙后代能够享受这一自然遗产为根本目标。

（三）公众参与管理

西班牙2014年颁布的国家公园法律中规定国家公园的保护不仅要成为自然保护的典范，也要成为参与性管理的法规典范。西班牙国家公园保护应对社会更加开放，对协作、协调和合作原则的应用更加开放。国家公园的管理必须优先考虑受影响的城市、部门和团体，对居住在国家公园领域内的当地居民提供特别支持。

国家公园保护中将权利人纳入受国家公园本身保护的对象，并承认他们从事商业活动的能力，特别是那些与公众服务或乡村旅游有关的活动，以及他们在国家工程中从事的协助性工作。该法律规定了领地发展行为，如在国家公园的社会经济影响领域提供技术、经济和财政援助，由公共行政部门在其职权范围内，根据预算情况实施。同样，公共管理部门也可以通过协调的方式制定上述领域的发展计划。特别是，国家行政总局在自治区的参与下，可以制定试点计划，旨在可持续地激活经济，同时在网络中产生示范性的社会效应，以及减少国家公园负面影响的行动方案。该法还保护历史上由国家公园的所有者、使用者或当地居民主导，与管理相适应或必要的传统利用和活动。为此，公共管理部门制定具体方案，保护传统活动并将其纳入国家公园的一般性活动中。此外，部门还计划开发"西班牙国家公园"品牌，作为这些地区产品的认证标识。

二、西班牙国家公园网络的规划与管理

国家公园网络是由国家公园地区、基本监管框架和运作系统组成的大系统。国家公园网络的主要目标是加强对西班牙国家公园的自然系统的保护和管理，使其成为留给后代的遗产。

（一）国家公园规划、保护和协调

国家公园分区。国家公园的分区是根据资源的价值、脆弱性以及容纳不同用途能力时，对空间进行分类，以确保国家公园空间的使用与自然系统的保护相适应。按照保护程度的高低、人的存在和干预程度从低到高的顺序，国家公园分别规划了保护区、限制使用区域、中等使用面积区、特殊用途区和传统聚居区等。

国家公园保护的基本准则。国家公园保护的一般准则包括：通过适当的管理政策来保护公园的自然和文化遗产；在国家公园开展的所有行动都需要优先考虑保护其自然与文化、物质与非物质价值；将促进国家公园内或其飞地内现有的领土和物权纳入公共遗产；与所有者和其他受影响的权利人建立合作框架，以促进实现公园的目标。

国家公园保护尤其重视对于自然和文化资源的保护，以对自然产生的最小干扰为基准进行认证；国家公园中生物多样性、地理多样性将得到有效的维护，并遵循国际自然保护联盟制定的指导方针，由专业人员进行监督；国家公园内的文化资源将通过适当的研究、处理和保护计划进行保护，根据各个地区的法规，促进其成为当地重要的历史文化遗产（物质文化遗产或者非物质文化遗产），并对其进行一定的编目和管理工作。

国家公园保护中的工程开发。法律规定国家公园内每个地区的用途都包含在使用和管理的计划中，由于对自然有影响的活动与国家公园的目标不相容，因此，对一些娱乐休闲活动有着非常严格的限制。此外，依据法律对于是否批准一些造林、伐木等活动有着严格判断。

国家公园保护关于基础设施和设备的管理中，规定需要与国家公园的自然、文化功能相兼容，适应环境，避免人工元素与自然价值之间的冲突；基础设施和设备应该优化能源效率，使用可再生能源，减少温室气体的排放；所有的设施、车辆和设备都将以环保的方式进行管理、使用和维护，尽量减少能源和不可再生资源的消耗；公园内所有的道路，无论是否可以作为路径通道，都被视为独特的元素，方便游客参观。公园内道路的建设应该与自然环境相适应,解决交通过剩的方案应该为限制或者减少交通,而不是扩大现有的道路;园区内具有历史价值、美学价值的建筑物或者基础设施都应受到与保护公园一样的保护力度。

有关保护游客的措施也被列入到了国家公园保护法规中,国家公园应该有接待游客的能力;游客中心、基础设施和服务等必须减少对环境的影响,以符合国家公园的目标的方式让游客对国家公园进行理解和欣赏;要在自然资源保护的基础上,向具有社会经济影响力地区的居民宣传和培训国家文化公园中自然遗产的潜力,向公民传播国家公园价值观,鼓励他们参与决策;在国家公园中进行的电影拍摄、电视制作等需要观众不在场,对于任何特殊活动的授权,都需要发起人支付保证金或保险合同,行政当局则可以控制保险费率,补偿因办理许可证和监督授权活动而产生的费用。

(二)国际合作规划

为了保证西班牙国家公园网络目标的成功实施,西班牙国家行政管理总局制定了国家公园网络的具体计划。其中,有关国际合作的计划主要内容有:

①指导国家公园的对外建设,协调每个公园的独立行动,并成为国际机构的对话者。

②促进和保持对国家公园的国际认可,并赋予它们相关的国际保护地位。自治区国家公园管理局应向网络理事会提交申请国际荣誉的建议,作为其强制性报告。

③制定多年行动方案,在其他国家传播和推广国家公园网络的形象、价值和保护模式,由自治区国家公园管理局主席在网络理事会报告后批准。

④制定与其他国家自然保护区的交流和结对方案。

⑤确定和发展边境国家公园管理的协调和合作关系框架,以保证遵守所获得的国际承诺。

⑥根据西班牙合作立法,加强该网络与其他国家公园和第三国同等规模网络的国际合作计划。

⑦与西班牙国际合作与发展署进行技术合作,设计、制定、执行和监测保

护项目,并参与接受合作的国家在保护区和可持续性方面的业务规划。

⑧确保在与网络国家公园有关的国际保护网络和组织中持续存在,并支持履行《生物多样性公约》,制定关于保护区的倡议。

三、西班牙国家公园国际合作项目[①]

西班牙国家公园法案和西班牙国家公园网络规划中都特别设立了"国际存在"的章节,在该章节里,西班牙重视国际公园的国际存在,通过一系列措施促进西班牙国家公园的国际化合作。

(一)国际合作权力机构

西班牙国家行政总局指导国家公园的对外活动,指导西班牙国家公园网络的协调、规划和推广等。西班牙国家行政总局在国际机构担任对话者,负责在其他国家传播和推广西班牙国家公园的形象、价值和保护模式。西班牙国家行政总局在国家代表机构中行使权力,在西班牙国家公园网络理事会提出报告后,西班牙国家行政总局负责制定由国家公园自治机构主席批准的、多年期的国家公园国际行动方案。

(二)国际合作方式

国家公园自治机构(OAPN)通过两种方式实施国际合作计划:一种是通过双边合作的方式,实施实物捐赠;另一种方式是多边合作的方式,通过向国际组织自愿提供捐款,合作方包括国际组织教科文组织(UNESCO)、联合国粮农组织(FAO)、中美洲环境与发展委员会(CCAD)、安第斯共同体(CAN),伊比利亚-美洲总秘书处(SEGIB)和国际自然保护联盟(UICN)。

自愿捐款包括由OAPN向一个国际组织分配资金以实施一个项目。一旦资金分配得到部长会议的批准,就会签署一份协议书,其中规定了《维也纳公约》的目标,描述了要开展的活动,建立了一个监督委员会并规定了其职能,规

---

① 西班牙国家公园国际合作项目是西班牙国家公园自治机构下属的分支项目,项目包括国际合作法律基础规定、国际合伙人、国际合作行动、国际合作出版物等。参见西班牙政府生态转型与人口挑战部门官网中国家公园自治机构的页面: https://www.miteco.gob.es/es/parques-nacionales-oapn/proyectos-de-cooperacion/。

定了实施的时间框架，并确定了各方的义务。

谅解备忘录（MOU）是两个国家之间关于共同感兴趣的活动的协议，旨在建立一个相互协作的行动框架。这些协议是由两国的保护区管理部门签署的。谅解备忘录可能包含政治承诺，但从不包含法律义务。签署这些协议的费用由每个签署实体的正常年度预算承担，并且必须尊重每个签署实体各自的国家立法。

（三）在全球范围内发挥作用

西班牙国家公园在全球范围内对自然资源的保护做出了贡献，因此必须在国际舞台上进行整合并发挥积极作用。国家行政总局将确保国家公园在国外的有效国际存在。为此，采取了以下行动：一是建立协作、合作、经验交流的工具，并与其他类似的国际网络制定联合方案；二是实施一项国际合作计划，以支持巩固第三国，特别是拉丁美洲的国家公园；三是确保参与有关自然环境保护和可持续利用的国际网络、组织和机构。

（四）人员培养

近年来，作为双边合作行动的一部分，OAPN一直在不同国家开设课程，目的是支持与保护区有关的专业人员的培训。这种支持基于两个方面：一方面，为培训过程的设计和实施提供技术咨询；另一方面，为课程的后勤工作提供资金，即材料制作、交通、参与者和演讲者的住宿和饮食、实地考察和教师费用。

（五）案例

2016年11月16日，在马拉喀什联合国气候变化大会（COP22）期间，水和森林及防治荒漠化高级委员会（摩洛哥王国）、农业、渔业、食品和环境部（西班牙王国）以及安达卢西亚地区政府环境和区域规划部（西班牙王国）之间签署了谅解备忘录，以协调地中海洲际生物圈保护区的管理。

友好协议是两个保护区之间的协议，其主要目的是为保护区的管理机构之间的相互合作建立一个框架。在友好协议的框架内，组织了课程、技术人员交流关于共同感兴趣的主题的联合生物多样性保护计划和相互培训行动。

2017年6月，西班牙内华达山脉（Sierra Nevada）国家公园与秘鲁瓦斯卡兰（Huascarán）和哥伦比亚圣玛塔内华达山脉（Sierra Nevada Santa Marta）在西班牙内华达山脉国家公园签署了友好协议。这三个国家公园与联合国教科文组织的生物圈保护区相吻合或被纳入各自的生物圈保护区。这三个国家的政府以及安达卢西亚自治区一起签署了这项友好协议，目的在于加强合作，为保护生物多样性和自然资源的可持续利用做出贡献。

四、西班牙国家公园建设的经验借鉴

西班牙国家公园建设过程中，充分利用本国和外国的友好合作关系，积极开展国家公园的生态保护国际合作，确保本国参与有关自然环境保护的国际组织和机构，有利于加强国际合作、国际经验互鉴、助力保护国内生态环境。西班牙国家公园的案例验证了国际合作与环境治理之间的联系，通过国际合作交流获得治理经验的方式值得深入学习。

相较于西班牙国家公园，我国国家文化公园在国际化发展之初急需建立完备的发展体系，国际合作应成为其中的重要组成部分。特别是在环境保护和生态治理体系建设等方面，在对外交流合作过程中，可以通过相关工作的精准对接，加强与相关国际组织或机构的联系与合作，通过建立与各国国家公园间的深入交流机制，以及参与国际生态保护组织、联合国教科文组织等国际机构的合作活动，积极参与到国际生态保护的项目中，不断加强和巩固国家文化公园在世界公园体系中的独特地位，充分利用国际组织的影响力推广中国国家文化公园。

第四节　民族保护与协同管理并行：
澳大利亚土著保护区建设

在国家公园建设中，澳大利亚对于公园文化和自然遗产的保护有独到见

解。政府考虑本地土著数量较多的现实，配合土著权益保障的国家战略，大规模完善土著保护体系，并在国家公园建设中深入贯彻落实，保护特殊文化和自然遗产，推动公园治理可持续进行。

一、澳大利亚国家公园发展现状

澳大利亚国家公园建设历史相当早，19世纪，政府就开始重视自然景观保护，推动自然保护风景区建设。1836年，塔斯马尼亚被宣布为自然风景保护区；1879年，世界上第一个由人工建造的国家公园在悉尼南部宣布建立，1954年以后改称皇家国家公园；1892年，政府宣布在悉尼北部建立库令芥蔡斯国家公园。到1916年，澳大利亚6个州都已经拥有了自己的国家公园。

目前澳大利亚的国家公园在森林、海洋、奇特自然景观等方面采取了积极保护措施，对动植物多样性尤其重视。国家遗产名录是澳大利亚重要的自然文化遗产保护方式，该名录包含有助于塑造澳大利亚国家形象的自然、历史及土著遗址。截至2011年，名录一共纳入了34处国家遗产。同时，澳大利亚还积极申请世界遗产，澳大利亚现在共有17个遗址被列入世界遗产名录。截至2010年，澳大利亚共有550个国家公园，200个海洋保护区，6000个保育区，逾11%的澳洲大陆受到保护，总面积超过90万平方公里。[①]

为了保护国家公园内的自然遗产，澳大利亚出台了诸多规则条文，法律体系较为完善。澳大利亚的保护区立法主要是国家与州两个层次。首先，联邦议会制定一些基本的法律。例如，1974年通过《环境保护法》，1975年通过《国家公园和野生动植物保护法案》和《澳大利亚遗产委员会法案》等。各州议会根据联邦立法制定符合自身实际情况的法律。例如，昆士兰州1982年通过《昆士兰海洋公园法》、1992年通过《自然保护法》等；新南威尔士州1974年通过《国家公园与野生生物法》等。经过不断的发展完善，澳大利亚逐步形成了比较健全的遗产保护法律体系。

---

① 汤自军：《自然文化遗产产权制度的国外启示——以澳大利亚为例》，《中国集体经济》2011年第28期。

澳大利亚国家公园的建设资金主要来源于政府拨款、动植物保护组织捐赠以及个人捐款，其中各级政府的资金支持占比较大。澳大利亚国家公园属于国家公益性项目，不以营利为目的，因此门票等公园收入仅占少数。政府负责公园服务建设、环境保护、科学研究、员工工资等主要开支，同时拥有较高的建设指挥权和管理权，对特许经营的企业和个人具备直接的管辖职能。

澳大利亚国家公园的建设方案需要经过公民的认同方可实施。规划草案需要在政府公报上公布，由民众提出修改意见，经过修改后，再将新草案以同样的流程进行处理，反复数次，直到形成最终意见，并上报国会处理。政府通过这套审核程序，巩固了民众的公园管理权，加强了民众的参与意识，一定程度上避免了政府部门滥用职权的现象发生。

二、特殊管理模式

澳大利亚国家公园主要有两大功能，一是在自然环境保护的同时推动国家自然旅游业发展，二是为当地原住民改善赖以生存的环境，其中后者与澳大利亚的基本国情和发展历史有显著关系。1787年开始，欧洲向澳大利亚输出大批移民，给当地原住民的生存环境造成巨大影响，使人口数量急剧下降。到2014年，澳大利亚土著约有67万人，占全国总人口的比重只有3%左右。20世纪中叶，澳大利亚开始重新审视土著人，通过修改宪法等方式逐步给予土著人与其他公民相同的待遇，并归还殖民时期掠夺的土地，保障土著人的正当权益。在国家公园建设过程中，澳大利亚政府将保护土著居民作为建设的重要目标之一，以呼应目前的民族政策和人权保护政策。

在土著保护方面，澳大利亚政府选择了一条特殊路径，即政府将公园土地的所有权归还原住民，并与当地原住民形成联合管理机构，共同参与国家公园治理。以乌鲁鲁—卡塔丘塔国家公园为例，政府于1985年将公园的永久产权正式归还给原住民阿古南族，原住民将土地以租赁形式交给国家。国家公园管理局和乌鲁鲁—卡塔丘塔管理委员会共同负责公园土地规划和管理，管理委员会中三分之二的成员为阿古南族土著；原住民成立社区组织，参与国家公园管理，提供管理意见和政策咨询。①在这种模式下，国家公园同时扮演了土著自然保护区和联合治理区的双重角色，在给予土著生存保障的同时，也强化了他们独立自治的权限。

利用共同管理机制，澳大利亚国家公园持续推进原住民和自然保护工作，显著加快了国家公园建设的进展。土著居民在新的国际公园管理框架下，主要从事以下工作：直接参与公园规划的决策和评定，包括旅游设施建设、项目资金分配等；通过直接与游客接触、公园监管，对自然保护区建设和旅游项目提出改进方案；参与景区的旅游服务工作，为世界各地的游客提供特色服务；将民族文化、民族理念等融入国家公园管理体系中，向外界展示国家公园特殊的自然文化。

2021年9月，澳大利亚昆士兰州将包括"戴恩树热带雨林"在内的4个国家公园归还给当地土著民族，由昆士兰政府和东部的库库雅兰吉人共同管理，同时还将新建一个自然保护区。至此，昆士兰州已有380万公顷的土地归还给土著民族，其中230万公顷由土著人和护林员共同管理，参与管理的土著种族数量达到32个。②实践证明，在政府与土著居民共同管理下，国家公园自然资源保护的功能更为显著，公园旅游服务更容易凸显自然、原始的特色，同时加强了土著民族的保护工作，为原住民争取到了大量权利。

三、协同管理促进民族保护的经验总结

（一）构建多元协同治理体系

澳大利亚国家公园的管理模式，为我国国家文化公园管理模式的设立提供了可供借鉴的样本。我国国家文化公园建设可以积极引入更为多元的协同治理体系，将政府、企业和协会三股力量集中在同一平台上，共同就国家文化公园的建设议题进行讨论，提出具体的建设方案。在市场培育、外资引进和对外

---

① 王利强、汪民：《澳大利亚原住民参与遗产保护管理的经验与启示——以乌鲁鲁-卡塔丘塔国家公园为例》，《华中建筑》2020年第11期。
② 《澳媒：澳大利亚一州宣布将热带雨林等4个国家公园归还土著人》，搜狐网，https://www.sohu.com/a/492906398_162522，2021-09-30。

宣传方面，政府应尽可能倾听企业和协会的意见，参与中心决策治理。在将具体任务交付市场的同时，注意配合企业开展实际工作，共同发现并完善公园建设中存在的不足与漏洞，加快完善公园自然保护体系，形成具有强大竞争力的国际品牌。

（二）提高民众参与度

国家文化公园建设的成效需要有民众参与，民众的关切是政府工作中的重要内容，特别是本地居民可以更加深入地融入国家文化公园建设中。政府一方面需要加强对本地居民生活的保障，将该项任务纳入国家文化公园建设的议程中，倾听民众声音，提高他们参与公园建设的主动性和积极性；另一方面，政府可以在更高水平上将国家文化公园的部分治理权交给本地居民，让民众参与到协同管理国家文化公园的事务中，积极发挥地方民众的积极性和创造性，同时也有利于减轻国家文化公园建设过程中可能带来的对本地居民生活的影响。

（三）创新文化融合路径

各个国家文化公园的建设规划对文化遗产保护都相当重视，提出通过与其他产业融合的方式传承和传播传统文化。目前各公园在文化融合方面已经做出较大努力，但创新思路还未完全打开，可采用的路径较少，文化融合工作进展较慢。政府应加强文化融合的创新力度，不再拘泥于常见的文化旅游融合、文化创意设计等，将关注点放在文化服务领域，创造性地使用数字技术，进行成果转化；提高普通民众尤其是公园原住民的主动性，共同协商推出更具地方特色的文化产品。

第五节　协作型管理运营：日本国立公园的规划和管理体制

一、日本国立公园发展及特征

1911年，日本议会收到了"将日光设为皇家公园的请愿书"，此后，该呼声越来越强烈。1931年，日本制定了《国立公园法》，并据此法于1934年3月16日将濑户内海、云仙、雾岛指定为日本最早的国立公园。

1957年，日本全面修改《国立公园法》，制定了《自然公园法》，确立了现行的包含国立公园、国定公园、都道府县立自然公园在内的自然公园体系。为了加强对日本美丽风景的保护和合理利用，日本建立了一系列制度，对国立公园进行精细化管理，并一直延续至今。北起北海道，南至冲绳、小笠原群岛，一共有国立公园34处。

日本人口密度较大，土地利用需求量极大，很难像美国和澳大利亚那样将国立公园的土地全部划归公园专用。因此，日本的国立公园采用了无关土地所有权的"地域制自然公园制度"，公园内部也包含了很多私有土地。由于国立公园内有大量住民，农、林等产业也有所发展，因此，国立公园的管理是在与生产、生活相协调的同时进行的。无论自然保护还是土地使用都牵涉众多的利益相关者，因此，通过多主体合作实现"协作型管理运营"就显得尤为重要。图4-1为截至2017年8月8日国立公园土地所有权面积比例，其中，国有土地的绝大部分为林野厅管辖的国家森林。

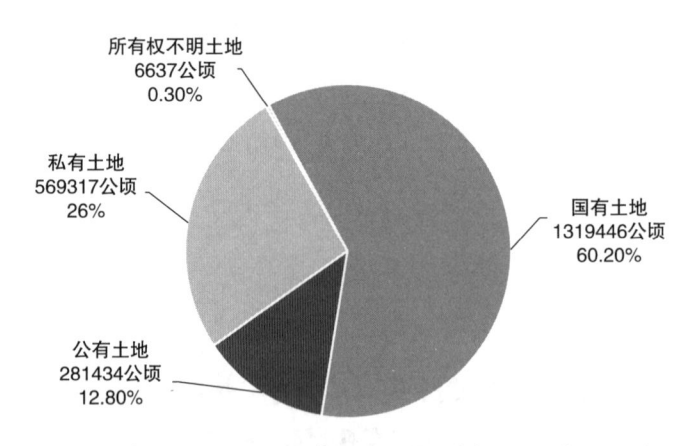

图4-1　日本国立公园土地所有权面积比例（截至2017年8月8日）

资料来源：根据日本环境省官网资料整理，https://www.env.go.jp/park/about/index.html

二、日本国立公园的定义和法律依据

日本国立公园是由环境大臣依据《自然公园法》指定、由国家直接管理的自然公园。其主要宗旨是为了保护日本的代表性自然风景区而限制人为开发，同时为方便风景观赏提供必要的信息及设施。

表4-1 日本国立、国定、都道府县立自然公园的比较

	国立公园	国定公园	都道府县立自然公园
指定者	环境大臣	环境大臣	都道府县知事
指定条件	在同一风景类型中，既能代表日本，又能享誉世界	类似于国立公园的景观	都道府县的代表性景观
法律依据	《自然公园法》	《自然公园法》	都道府县地方条例
行政管理责任人	环境省	都道府县	都道府县

资料来源：根据日本环境省官网资料整理，https://www.env.go.jp/park/about/history.html

三、日本国立公园的规划制度及管理体系

为了合理保护和利用国立公园，日本每个国立公园都制定了相应的公园规划。根据这些规划，可以确定国立公园内管制程度的强弱（土地类型）和设施的配置等事项。日本国立公园的规划大致可分为管制规划和工作规划两大类。

（一）管制规划

管制规划通过限制公园内行为来防止无秩序开发和过度使用，从而达到保护自然景观的目的。结合自然环境和使用状况，将国立公园的土地划分为特别保护地区、第1~3类特别地区、海域公园地区、普通地区等6种类型，被管制行为的种类和规模则根据土地类型而定。为防止对自然环境造成破坏或妨碍正常使用，部分地区通过限制准入的时间和人数等措施，实现对国立公园自然环境的保护和合理利用。

（二）工作规划

工作规划主要分为设施规划和生态系统维持恢复工作规划，以实现公园景观或景观要素的保护、使用方面的安全保障、合理利用的促进以及生态系统

的维持或恢复等为目标。除国立公园外，国定公园和都道府县立自然公园也同样有公园规划，但都道府县立自然公园没有管制规划中的特别保护地区和海域公园地区制度。

1. 设施规划

公园的合理利用、荒废自然环境的恢复以及危险防御等事项都涉及一些必要设施的规划，根据这些规划进行设施的建设和完善。道路、公厕、植被复原设施等公共事业设施多由国家或地方自治团体负责建设，而住宿等商业设施多由民间建设。

2. 生态系统维持恢复工作规划

本地动物的行为和外来生物入侵会对生态系统造成破坏。当这些危害可以预见或实际发生时，就需要采取一些适当的措施，如捕杀鹿和长棘海星、驱除外来生物、保护植被和珊瑚群等。通过这些预防性、适应性的措施来维持和恢复优美的自然环境，这就是生态系统维持恢复工作规划的具体内容。

国立公园的规划体系和相关术语的注解分别见图4-2和表4-2。

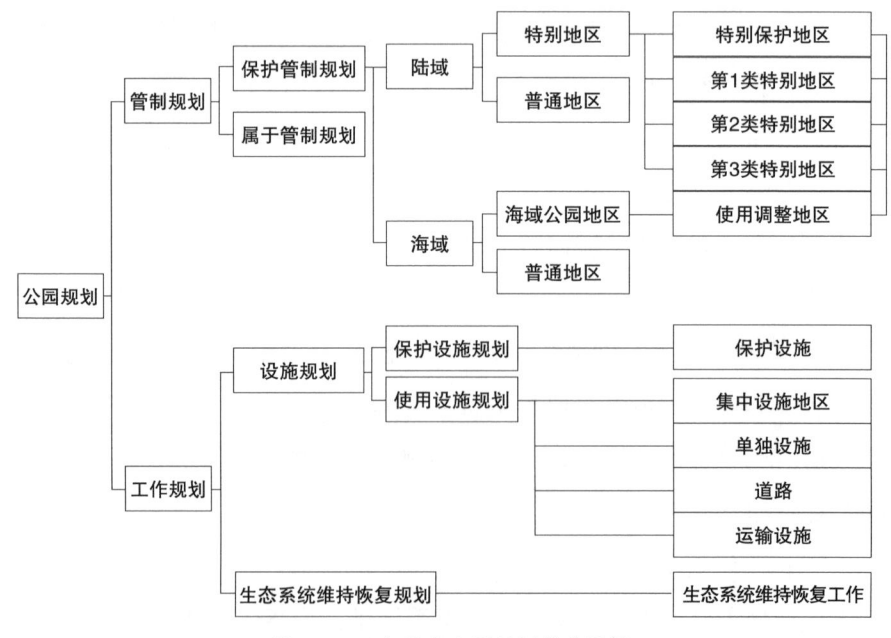

图4-2　日本国立公园规划体系图解

资料来源：作者自行整理

日本国立公园由环境省直接管理，具体负责的部门为环境省自然环境局下设的国立公园课。国立公园课在全国共设11个国立公园管理事务所及75处国立公园管理员事务所，总揽国立公园的管理工作。执行层面，国立公园的管理涉及使用等多方面的内容，这些工作的开展仰赖于各种工作人员的努力和协作。由于日本国立公园采用地区性自然公园制度，因此可以说地区方面的环境保护和运营管理等活动支撑着国立公园管理运行的基础。

1. 管理员

环境省设有负责国立公园管理和野生动植物保护的管理员（自然保护官）一职，属于国家公务员，全国共有300人左右。其工作职责包括：

（1）各类许可相关的工作。根据国立公园相关法规的规定和要求，对公园内受限的开发活动等行为进行审查并发放许可证，以防止这些行为对公园的自然环境造成破坏，保护栖息于其中的各类动植物。

（2）公园建设相关工作。根据国立公园自然环境的变化，定期调整公园的相关规划，并形成调查报告和计划方案。

（3）调查和巡逻。包括调查公园使用情况及自然环境和动植物的保护情况，确认是否有违反自然公园法的行为发生，巡查人行道等设施的安全状况等。

2. 助理管理员

国立公园管理员（自然保护官）的辅助职位，主要负责国立公园的巡逻、调查、自然观察等野外现场工作。当自然保护地区的现场工作出现人手不足的情况时，环境省会特别聘用机动管理员，以加强国立公园的现场管理工作。

3. 公园志愿者

国立公园广泛地邀请普通群众参与公园内的自然观察会、美化清扫、自然调查、设施的简单维护修理等活动，以进一步充实公园的管理工作。国立公园以促进自然保护的普及和启发为目的，将自发参与到这些活动的人们登记为公园志愿者。目前，这些志愿者分散在日本25个国立公园内，并根据各地区不同的特点开展相应的活动。截至2012年，日本国家公园登记在册的志愿者人数为

1569名。

4. 自然公园指导员

受环境省委托的志愿者，以国立公园的保护和合理利用为目的，进行动植物保护、美化清扫、来访人员指导（事故预防等方面）、信息咨询等工作，目前全国约有2800人。该职位最初是由原厚生省于1957年开始委托的国立公园临时指导员，后于1966年改称为自然公园指导员。

5. 公园管理组织

公园管理组织是指以进一步推进民间团体和个人自发参与自然风景区的保护和管理为宗旨，且具备一定能力的一般社团法人、一般财团法人或非营利组织。其主要职责包括：基于景观保护协议的自然景观土地管理、公园里的维修设施与其他维护和管理、收集和提供信息或材料、促进适当使用所需的建议和指导等。国立公园管理团体由环境大臣指定，国定公园管理团体由都道府县知事指定。

表4-2 日本现有国立公园管理组织统计

组织名称	指定日期	对应国立公园（地区）
公益财团法人 阿苏Green Stock	2003年12月2日	阿苏九重国立公园 （阿苏地区）
一般财团法人 自然公园财团	2005年7月14日	知床国立公园（知床地区） 其他14处公园的18处地区
公益财团法人 知床财团	2007年11月15日	知床国立公园 （全域）
特定非营利活动法人 浅间山麓国际自然学校	2008年3月11日	上信越高原国立公园 （浅间地区）
特定非营利活动法人 たきどうん	2009年5月27日	西表石垣国立公园 （竹富岛地区）
特定非营利活动法人 环白山保护利用管理协会	2021年12月16日	白山国立公园 （全域）

四、日本国立公园的经验借鉴

（一）尝试建立协作型管理运营机制

我国国家文化公园的用地与日本国立公园类似，与人们的生产生活用地相重叠。因此，在国家文化公园的建设进程中，可以借鉴日本国立公园的"地域制自然公园制度"，通过多主体合作实现对国立公园的"协作型管理运营"。比如，可以统筹协调国家文化公园所在地区相关的政府部门、管理机构，在当地居民以及第三方社会组织的配合下，使公园的管理工作在与生产、生活相协调的同时得以顺利进行。

（二）建设国际化法律保障体系

日本在20世纪30年代就落实了国立公园的立法，并且形成了一套成熟的管理体系和特色鲜明的公园规划制度，使日本国立公园的管理工作能够持续有序地运行。当下我国建设国家文化公园的当务之急是加快推进国家文化公园的立法工作，可以参考日本的国立公园制度，尽快建立一套行之有效的国家文化公园管理体系，以加速并正确引导国际化建设。另外，还需要着力储备专业的管理人才，并制定志愿者等辅助工作人员的机制，以匹配国家文化公园国际化过程中的管理工作。

第六节　成熟的志愿者服务体系：美国国家公园

美国早期建立的国家公园反映的是美国社会对荒野，尤其是荒野景观所具有的多元价值的认可与推崇，以及为了"人民"而保护景观资源的民主、平等思想，这是美国国家公园的原始底色。

一、美国国家公园的发展历史概述

自1872年建立黄石国家公园以来，经过逾百年的发展，美国的国家公园体系发展逐渐完善，越来越多的国家将美国的国家公园体制作为借鉴的范本。国家公园是美国最宝贵的历史遗产之一，它是美国人的公共财产，管理国家公园的目的是让后代能够享受这些自然资源。美国国家公园管理体制中有一项特殊的"退出"机制，这项机制防止国家公园系统各形态及内部各单元一经设置就永远不变,它保证了管理方法因资源与管理环境的变化能够适时调整,使得美国国家公园体制具备反馈和调节能力。

以黄石国家公园为例,该公园由美国国家公园管理局负责管理。1872年3月1日它被正式命名为保护野生动物和自然资源的国家公园,于1978年被列入《世界遗产名录》中的世界自然遗产。它也是世界上第一个国家公园。当时,在美国社会精英眼中,国家公园所保存的荒野景观能够媲美甚至超越欧洲古老文化。黄石公园还具有重要的教育功能,在公园中会有讲解员对公园自然和文化特点进行介绍与讲解,为游客提供愉快的旅游经历,在保护公园的基础上将自然和文化知识传递给游客。每年会有数以千计关于公园方面的书面咨询、电话咨询、传真等被转入黄石公园的全体员工手中,主要讲解任务则由讲解员完成,目的是优化游客体验及保护公园资源。讲解团队一般由22名正式员工和大约60名季节性的临时员工构成,还有一个讲解专家在网站上开展对景点的"真实"游览、互动地图、详细介绍黄石公园的活动,大大提高了该网站的访问次数和受欢迎程度,还将公园的服务范围向非传统的、各种类型的公众拓展。

美国国家公园体系发展分为六个阶段。第一阶段为萌芽阶段(1832—1916年)。19世纪初,美国艺术家、探险家等有识之士开始意识到西部大开发将对原始自然环境造成巨大威胁,同时颇有实力的铁路公司也发现了西部荒野作为旅游资源开发的潜在价值。19世纪末,美国公众又开始关注史前废墟和印第安文明的保护问题,1906年,美国通过了《古迹法》授权总统以文告形式设立国家纪念地,为自然和文化遗产保护打开了便利之门。

第二阶段为成型阶段(1916—1933年)。截至1916年8月,美国内政部共辖14个国家公园和21个国家纪念地,但没有专门机构管理它们,保护力度十分薄弱。这种情况下,马瑟①筹建了国家公园局,并制定了以景观保护和适度旅游开发为双重任务的基本政策,同时在美国东部大力拓展历史文化资源保护方面的

---

① 史蒂芬·马瑟(Stephen Tyng Mather, 1867—1930)是20世纪前期美国国家公园建设最为重要的领导者之一,被誉为美国的"国家公园局之父"。

工作。至此，美国国家公园运动在美国全境开展。

第三阶段为发展阶段（1933—1936年）。1933年，富兰克林·罗斯福总统签署法令，将国防部、林业局等所属的国家公园和纪念地以及国家首都公园划归国家公园局管理。随着罗斯福新政的展开，众多年轻人在国家公园和州立公园内完成了大量保护性和建设性工程项目。其间，政府通过的《历史地段法》和《公园、风景路和休闲地法》进一步加大了国家公园局在历史文化资源和休闲地管理方面的力度。

第四阶段为停滞与再发展阶段（1946—1963年）。战后，针对国家公园的游客大增、旅游服务设施严重不足的情况，国家公园局启动了"66计划"，从1956年起，用10年时间，花费10亿美元彻底改善国家公园的基础设施和旅游服务设施条件。该计划在满足游客需求方面是成功的，但在生态环境保护方面考虑不足，被保护主义者们批评为过度开发。

第五阶段为注重生态保护阶段（1964—1985年）。20世纪60年代以前，美国国家公园局对资源的生态价值没有充分认识，因此在公园动植物管理中犯了很多严重的错误，如在公园内随意引进外来物种等。在学术界和环保组织的压力下，国家公园局在资源管理方面的政策终于向保护生态系统方面做出了缓慢但重要的调整，如不再对观赏型野生动物进行人工喂养、逐步消灭外来物种。

第六阶段为教育拓展与合作阶段（1985年至今）。国家公园的教育功能在1985年以后得到了进一步强化，在教育硬件设施方面进行了较大规模的完善，优先考虑人员配备、资金安排等。这些工作使国家公园体系成为进行科学、历史、环境和爱国主义教育的重要场所。里根政府以后，政府不断缩小国家公园局的人员和资金规模，国家公园局开始注重和其他政府机构、基金会、公司和其他私人组织开展合作。

二、美国志愿者服务体系支持国家公园发展

美国国家公园的建设离不开志愿者的贡献，经过100多年的发展，美国已形成了一套完善的国家公园志愿服务体系。国家公园园内除各类正式工作人员

外，还有非正式员工。美国国家公园的道路维修、垃圾清理、植被修复、动物保护等大量劳动，单靠国家管理局员工无法完成，国家管理局通过多种宣传手段号召全民参与公园管理，实现志愿服务。他们被统称为国家公园志愿者，无偿参与国家公园保护工作。志愿者服务是美国国家公园建设与管理的重要传统，所有年龄段的志愿者根据个人专业知识和时间安排，完成国家公园管理局的志愿者项目。美国国家公园志愿者来自世界各地，协助保护美国自然和文化遗产，以期为后代保留使用权利。

（一）机制和框架

1864年，加利福尼亚州建立了美国加州第一个国家公园——约塞米蒂国家公园，那些保护和支持公园的公民成为国家公园志愿者组织形成的推动者。1871年，约翰·缪尔在约塞米蒂峡谷附近生活和工作时写下："我要解说岩石，了解洪水、暴风和雪崩的语言。我要熟知冰川和野园，尽我所能贴近地球之心。"以约翰·缪尔为代表的一个群体，把个体对大自然的理解和领悟与他人分享，是美国早期志愿者服务的雏形。1916年国家公园管理局成立之后，有效调整教育措施以引起游客的潜在兴趣和愿望，公园游客连年持续增长，公园解说逐渐兴起。20世纪60年代，随着环境意识的增强，环境解说开始流行，1969年美国国会通过《公园志愿者法》，鼓励普通民众参与国家公园部分管理事务，立法的支持、国家志愿者文化的宣传以及个人服务意识的提高，使越来越多不受雇于美国国家公园管理局的美国公民，作为补充服务人员为国家公园做贡献。

（二）国际志愿者招募工作

在志愿者的招募中，美国国家公园欢迎在美国学习和生活的热爱自然和文化资源的国际志愿者。国家公园管理局的使命是维护和保护美国自然和文化资源，认为这一保护任务应与世界各国联合完成。所有国家公园的国际志愿者必须会讲英语且满18岁；有资金支付所有旅行和志愿者项目期间发生的其他费用；遵守美国政府的签证规定和政策；在美国有医疗保险；志愿者义务结束后必须回国。

(三)国家公园志愿者服务的支持工作

美国国家公园志愿者服务得到国家的许多支持,其中宣传支持和立法支持尤为重要。宣传支持的方式多样且富有创意,如国家公园管理局为鼓励新一代年轻人离开屏幕贡献免费劳动力,推出"拯救公园"游戏,希望年轻人玩游戏同时了解公园环境以及志愿者工作的重要性。该游戏由美国运通出资25万美元请非营利机构Games for Change开发。截至2016年末,每下载一次"拯救公园"游戏,美国运通公司会为国家公园捐助1美元,5万美元封顶。在立法支持方面,《加利福尼亚州政府志愿者法案》于1978年通过立法机构确认成立,为加利福尼亚州所有国家公园志愿者的服务价值提供证明。

三、美国国家公园建设的启示

(一)完善志愿者引导和管理工作

美国国家公园志愿者服务项目有效实现了引导公众热爱国家公园,将国家公园作为国家象征、国民骄傲这一目标,推动国民参与国家公园管理。我国可以借鉴这一方式,让公众参与融入国家文化公园建设中来,但是我国志愿者服务尚处于起步阶段,志愿者的来源管理、服务机制、立法问题等都需要去探索。我们需要重视志愿者在国家文化公园建设中的定位和向公众普及文化的作用,推动志愿者服务相关立法和法律工作建设,积极宣传推广志愿者服务,让高素质人群自发进入到国家文化公园志愿服务中来。另外,为了适应国际化发展,国家文化公园可以积极吸纳国际志愿者,通过与国际志愿者组织对接,并采取有针对性的激励和管理措施,让国际志愿者成为国家文化公园国际化发展的重要推动力量。

(二)全面加强志愿者工作的法律保障

趋于完善的法律保障是志愿活动发展的重要因素。美国通过综合全面的法律对志愿者活动提供尽可能完备的支持和保障。美国最早在1973年就制定了志愿服务法来保障志愿服务的有序进行,建立了由总统任命的国家志愿服务顾问委员会。到目前为止,美国修订的志愿者法律法规已经基本完备。在此基础上，政策的优惠与倾斜也都充分显现出国家对志愿服务的支持与保障。比如，在美国各个州都设有志愿服务的专门机构，每年都有专项基金对志愿服务进行保障，并对参加志愿服务的人进行有程序的绩效评估，对于大学生志愿群体进行一定的表彰和奖励，并且对志愿服务的大学生提供加分政策。目前我国国家文化公园在志愿工作方面缺少权威的、统一的法律条文，应加紧完善相关工作，对接国际深入研究并参考先进国家的相关法律，结合中国国家文化公园发展的实际，不断完善志愿者服务相关法律法规，形成具有国际视野又适应中国发展的志愿者服务制度。

第七节　小镇集聚吸引国际游客：英国国家公园

英国国家公园中通过小镇集群、协同化发展，提升国家公园吸引力。英国总共有15个"国家公园"（峰区、湖区在列）、47个"法定自然美景保护区"（科茨沃尔德地区在列），面积加起来达到了英国国土总面积的25%。这些国家层面给予规划保障的"国家公园"和"法定自然美景保护区"，是英国人实现休闲娱乐的空间载体。英国以此为基底建设的户外休闲旅游区，是旅游小镇集群规划的世界典范。旅游区采取自上而下的统一规划模式，指导各个小镇差异定位、协同发展，并通过户外统一规划和服务，实现全域旅游。

英国的每一个"国家公园"和"法定自然美景保护区"，都是英国人钟爱的户外运动大区域。这些区域非常注重户外服务体系的统一规划，同时又因地制宜，在不同区域打造不同户外运动路线和不同类型的户外运动，共同营造户外运动大本营。全域整合的步行风景路系统，是英国户外休闲旅游区的最大特色。公园将所有步行路线进行整合梳理，结合境内自然美景和历史人文资源，形成涵盖不同景点、分为多种难度的步行游览体系，同时串联各个小镇。

一、小镇让湖区国家公园更添魅力

英国的湖区国家公园是整个英格兰地区面积最大的国家公园,是英国15个国家公园之一,位于英格兰西北部沿海的坎布里亚郡(Cumbria County),范围横跨了郡内南莱克兰、伊甸、阿勒代尔、科普兰四个县的部分地区,总面积约2292平方公里。公园范围内有16个大小不一的冰川湖泊以及诸多山峰,融合了森林、田野、山地、湖泊等最具英国特点的自然景色,湖区的面积正好占到英国国土面积的1%。在湖区曾有不少英国著名诗人、作家在此长年生活、创作。湖区国家公园具有丰富的旅游景点、室内外活动和人文历史,适合各个年龄层次的家庭成员。

(一)从乡村荒野到国家公园

湖区公园经历了从乡村荒野到国家公园的过程。形成初期,英国湖区是一个以农业和畜牧业为主的乡村地区。在18世纪末,人们开始对工业革命带来的工业化、城市化进行反思,湖区特有的自然荒野和乡村景观所形成的独特审美意象吸引了人们的关注。到19世纪,铁路的发展将湖区与各大城市的联系变得更为便捷,进一步促使湖区建设成为一个著名的旅游目的地。1949年,英国颁布了《国家公园与乡村通道法》,确定建立国家公园以保护和强化自然景观,并为公众提供享受自然和休闲娱乐的机会。1951年,湖区被划定为国家公园。政府开始意识到需要可持续地发展湖区,避免过度的商业、工业开发对湖区的生态环境、景观风貌造成破坏。1996年,湖区成立了国家公园管理局。该机构具有规划编制、审批和实施的职能,并围绕着可持续发展这一主题,编制了多轮国家公园规划。如今的湖区国家公园依靠丰富的自然景观、历史遗迹等自然人文资源,通过提供多样化的住宿、户外活动选择,成为每年吸引1900万人次游客、产生12.4亿英镑旅游收益的著名旅游目的地。

(二)注重湖区可持续发展的规划愿景

2017年,湖区国家公园申报成功成为世界遗产。2018年,湖区国家公园管理局对湖区进行了全面的评估,认为湖区面临着可持续发展的挑战:经济方面，由于湖区的产业单一，易受到外部条件变化的影响；社会方面，住房尤其是保障性住房、公共设施的供应不足，数字基础设施覆盖度不高；环境方面，全球气候变化对湖区的生态、景观保护带来不利影响，且湖区的环境容量已无法满足日益增长的本地发展需求。

为了应对以上发展挑战，2021年，湖区国家公园管理局和湖区国家公园合作机构（Lake District National Park Partnership, LDNPP）共同编制了《湖区国家公园本地规划（2020—2035）》。规划提出"通过本地居民、游客以及在湖区的企业和组织共同协作，形成经济繁荣、世界级的旅游目的地和充满活力的本地社区，同时保护壮丽的景观、野生动植物和文化遗产，使湖区成为可持续发展行动的典型地区"的目标愿景，其中包括将湖区塑造成为提供不可替代的灵感来源的景观，其对人类和野生动物产生的收益得到重视和改善，确保自然和文化资源可持续发展。

二、诺森伯兰国家公园

诺森伯兰国家公园（Northumberland National Park）整合全域道路，打造了73条步行风景路，全长900多公里，公园非常注重公共服务的一体化规划，通过统一的交通组织、统一的服务节点设置，真正使户外休闲旅游区成为一个整体。公园除了有美丽的野地，还有不少著名的历史遗迹。罗马时代的哈德良长城（Hadrian's Wall）城墙有一段在此，属于联合国教科文组织世界遗产。

（一）哈德良长城的历史：罗马帝国的兴亡见证者

在公元2世纪，古罗马帝国为了防御北方蛮族入侵修建了长达数千公里的长城，分布在英国、德国至黑海、红海，经北非至大西洋的广阔边界上。现在我们能够看到的比较完整的就是位于苏格兰与英格兰交界的哈德良这一段长城，由罗马帝国皇帝哈德良，在距今1900年前下令修建。哈德良长城全长120公里，约4.5米高，2.5~3米宽，在城墙上还设有木栅，建在离斯坦格特和泰恩山峪以北几公里的地方。这座长城的修筑耗时6年，不仅能够有效地防止外敌的袭击，而且对其他部族起到战略威慑作用。

（二）文化遗产展示方式的创新

2004年的相关研究数据表明，前往哈德良长城的游客数量曾一度骤减，主要原因包括各个遗址点的展示内容过于雷同，缺少亮点，游客缺少对城墙整体的感知等。2006年，哈德良遗产有限公司主持修编哈德良长城管理规划，明确提出拟定一个全新的阐释框架，用于指导世界遗产地的发展，主要有罗马帝国的西北边境和自然文化景观两个主题。

从管理的角度出发，该阐释框架是宏观层面的指导性文件，用于整合现有规划，策划遗址开展的各项展示、公共参与和志愿者活动，避免内容的单一重复。从游客体验的角度出发，该阐释框架是促进参观者与当地居民或是利益相关者交流、激起思考和获得新知的工具，同时还具有通过旅游带动地方经济效益最大化的作用。

三、英国国家公园建设的启示

在建设我国国家文化公园时，我们应该同时注重历史文化遗产的展示和保护，国家文化公园不仅是参观游览的景区，也是不同文化背景居民的实际居住场所，将人文和自然有机结合，可以让国家文化公园的内涵更加丰富，形式更加生动、鲜活。

（一）以城乡为单位强化旅游发展

英国的国家公园不仅拥有风景优美的自然景观资源，同时往往也与英国独特的乡村文化资源结合，形成极具特色的国家公园理念。以英国湖区国家公园（Lake District National Park）为例，湖区国家公园以小镇集群规划为特色——统一规划、协同发展，让每一个小镇都成为一个旅游据点，让每一个小镇都以一种最原本、最能展现当地文化的方式让游客停留下来，让小镇本身成为旅游目的地。我国可以参考英国的小镇集群发展模式，将国家文化公园的建设规划进一步细化，以城乡为单位，考虑自身经济发展情况及各类资源要素水平，进行特色旅游服务建设，并由市级或省级单位进行统一指导、协调和包装，进行对外宣传。同时采取基础设施统一建设管理的模式，对旅游资源进行系统整合,形成整体但不失特色的旅游服务体系。

（二）培养遗产地居民的认同感和主权感

哈德良长城地区是英国政府开辟进行徒步旅行以及了解罗马时期历史文化的重要场所。哈德良长城地区通过多种途径,把历史文化遗产的保护利用和社区发展紧密联系起来,从社会、经济和文化的角度培养社区居民对世界遗产的认同感和主权感,使社区参与遗产保护具有可持续的动力。我国遗产景区对退耕还林后的当地居民,主要从就业安置、经济水平改善方面,鼓励居民参与遗产保护,而缺乏多种措施培养居民的认同感和主权感,社区参与水平还不足。遗产景区应推动居民参与丰富多样的文化活动,并在遗产旅游发展中开发更多的地方产品,调整利益流向,增强居民对文化遗产保护的认同感和主权感。

第八节　电影节推动国际传播：加拿大国家公园

班夫国家公园（Banff National Park）是加拿大第一个国家公园,建于1885年,位于落基山脉北段加拿大阿尔伯塔省,全天开放,主要景点有露易斯湖、梦莲湖。公园建有现代化旅馆、汽车旅馆和林中野营地,高山还架设有悬空索道,从山下一直通向山顶。峰顶建有楼阁和观望台,游人可凭栏远眺周围景色。班夫国家公园作为"落基山脉国家公园群"的一部分,于1984年列入《世界遗产名录》。班夫国家公园是世界上最重要的保护区之一,也是世界上最受欢迎的旅客观光点之一。长期以来,班夫一直被认为是加拿大国家公园体系中"皇冠上的宝石",凭借壮丽的落基山脉景观、丰富的野生生物资源和独具特色的休闲服务,班夫每年能吸引上百万的国内外游客。

一、旅游开发和环境保护保持平衡

在班夫国家公园游览时,不少人感受最深的并非风景名胜,而是这里高超的管理艺术。通过实地考察和与当地环保人士交流，人们深切地感受到班夫公园的自然美和人文美。当地居民安居乐业，游客兴致高昂，自然环境和野生动物都受到很好的保护，一派田园牧歌式的安详，堪称人与自然和谐共存的典范。

班夫国家公园创立的原动力缘于人与人之间的冲突。在100多年前，随着欧洲文明在北美新大陆的扩张，土著居民的生活遭到毁灭性的打击，为争夺自然资源发生的冲突无休无止。为了避免两败俱伤的争斗，落基山开启了"国家公园"这一理念的先河，让联邦政府接管了这片土地，剥离了人与自然资源之间的利益关系，新移民与土著居民之间的冲突得到缓解，逐步达到和睦相处、相互依存的理想状况。

人与自然环境的关系也经历了漫长的发展过程才逐步理顺。国家公园建立后，游客不断增加，对环境造成一定的破坏。为此，班夫国家公园做出了一系列明文规定，将环境保护放在一切工作的首位，任何旅游经营活动和商业发展都不能给当地的生态环境造成破坏。

二、班夫山地国际电影节

（一）班夫山地国际电影节简介

班夫国家公园不仅在生态保护上非常卓著，同时也深受户外探险爱好者的喜爱，因此也诞生了以班夫命名的户外纪录片电影节——班夫山地电影节，2011年已经开始在国内大型院线公映，深受国内户外爱好者的喜爱，电影节鼓励更多的年轻人走近大自然，坚定自己的信念，追求梦想。

班夫山地国际电影节是全球最著名的户外运动电影节，同时还是一个纪录影片电影节和独立电影节。1976年，班夫山地电影节诞生于美丽的加拿大班夫山地文化中心。如今，它已然成为班夫国家公园最为显著的文化标签，甚至很多人是通过电影节知道了班夫国家公园这个美丽的探险、旅行目的地的。1986年，班夫把山地电影节推广到了全球，启动了世界巡回展映（Banff Mountain Film Festival World Tour）项目。截至2010年，全球巡回展映的国家和地区达到

37个，电影类型也由探险类不断地扩展到了极限运动、自然探索和人文纪录等。班夫山地电影节对于世界的户外爱好者、极限运动爱好者、探险家和环保者来说，无疑是一场嘉年华，人们也把这场精彩的纪录片电影节誉为"户外电影的奥斯卡"。

2010年，几经周折后，班夫山地电影节中国巡展的首次展映正式在北京拉开序幕，班夫从此走进中国大陆，这意味着中国的户外迷也有机会和全球顶尖的户外文化活动共同狂欢。从2010年走进中国至今，虽然只有短短十几年时间，也仅在大陆进行了几次规模不算很大的全国巡展，但班夫电影节所到之处，都受到了户外运动人士、爱好者和观众的大力追捧。在中国，班夫已经慢慢地成为一种户外文化的符号，相邀参与班夫山地电影节已成为户外人士聚会的新方式。

（二）山地电影节运营模式

班夫中心是一个具有官助民办非营利性质的艺术创新中心，由班夫中心董事会、班夫中心基金会、班夫中心执行团队组成。班夫中心基金会负责资金的管理并且授予董事会对资金的使用权，班夫中心执行团队对董事会负责。班夫中心有众多的项目，而班夫山地电影节只是众多项目中的一个。

班夫山地电影节整年的活动由售票处、山地图书管理处、山地电影管理处、世界山地电影巡展管理处、山地图片管理处、市场中心以及媒体运营中心等机构共同运营。电影节的资金主要来自四部分，分别为门票收入、赞助收入、班夫中心董事会划拨的专项经费以及加盟的版权费用。班夫山地电影节的资金均用作其日常的运营，不作为商业的收入。班夫山地电影节的门票收入主要来自活动期间举办的各项活动，各项活动根据其精彩以及重要的程度分为多个价位票，从免费票到60美元共7个价位，覆盖102场活动。

班夫中心董事会划拨的专项经费也是其资金收入的重要来源，班夫中心每年都会在固定的时期向班夫中心基金会提交预算，而班夫中心基金会根据其财务状况决定是否通过其预算，班夫中心董事会也根据财务状况向班夫山地电影节划拨经费。

商业赞助是活动成功举办的重要因素。班夫山地电影节的部分奖项的物质奖励均是由商业公司提供。版权收入也是一个重要的部分，如班夫中国、班夫澳大利亚等均要向班夫电影节交纳一定的版权费用。

（三）班夫电影节的盈利属性

在加拿大，班夫是一个非政府的公益组织，但这个项目本身是盈利的，加拿大公益组织75%的资金来源就来自于此类项目。班夫电影节具有很强的公益属性，但并不代表完全免费，电影节活动的持续进行需要较高的市场认可度进行支撑，电影有稳定的消费者群体，可以获取一定的收入，能够激励更多的创作者拍摄山地电影，使山地电影的拍摄与发行成为一个良性的循环，支撑班夫电影节持续进行。

三、加拿大国家公园建设的启示

（一）国家文化公园应平衡人类活动和生态环境

加拿大在管理国家公园时的一个重要战略思考是：怎样定义国家公园，怎样管理生态系统，怎样既发展旅游业又不破坏环境，如何把难以调和的矛盾转化成相辅相成的合作关系。加拿大国家公园的创立有效地阻断了地方行政和利益集团以牺牲自然环境而获利的任何途径，动用国家力量及强制手段来遏制人类对自然生态的破坏，压缩"三不管"的灰色地带，明确地方、省府和联邦三级政府之间的责权利，并利用最先进的环保科技维持公园的可持续发展，最大限度地保护国家不可再生的珍贵资源。

（二）国家文化公园与文化产业结合形成协同效应

国家文化公园与其他文化产业相结合，像国际电影节、国际艺术节等形式，不仅可以提升我国文化公园的国际影响力，还能够带来经济收益，以解决前期建设与后期运营的资金保障问题。以国际性文化项目带动吸引公众接触并参与国家文化公园建设，推动国家文化公园的大众化发展。目前我国国家文化公园建设主要覆盖的文化产业是文化旅游产业和演艺产业，探索通过市场链接相关产业，特别是与数字文化产业进行对接，最大限度提升产业协同效应。

第九节　生态旅游提升国际声誉：巴拿马国家公园

一、巴拿马国家公园生态旅游概况

巴拿马共和国共有90个自然保护区，其中16个为国家公园，位于巴拿马运河保护流域内的国家公园共有6个，分别为查格雷斯国家公园（Parque nacional Chagres）、索伯拉尼亚国家公园（Parque nacional Soberanía）、波托贝洛国家公园（Parque nacional Portobelo）、坎帕纳丘陵国家公园（Parque nacional Altos de Campana）、卡米诺克鲁斯国家公园（Parque nacional Camino de Cruces）和大都会自然公园（Parque natural metropolitano）。创建于1966年的坎帕纳丘陵国家公园是巴拿马最早的国家公园，公园有着丰富的动植物等自然资源，具有很大的保护意义。巴拿马国家公园建立的主要目标是保护巴拿马国内的自然资源，通过提高项目保护区及其缓冲区的管理效率和生物多样性的整合，保护全球重要的生物多样性。

二、流域内主要公园特色

（一）查格雷斯国家公园①

1. 公园历史背景

查格雷斯国家公园是巴拿马最重要的查格雷斯河所在地，于1985年建成。查格雷斯河为巴拿马种族和文化的多样性奠定了基础，具有很重要的文化历史意义。巴拿马国家环境部在2021年确认查格雷斯国家公园已成为该国最大和最重要的保护区之一。查格雷斯国家公园占地131260.77公顷，是一个自然和文化财富汇聚的地区，见证了在1519年巴拿马老城成立后不久作为过境国的演变。在查格雷斯国家公园内有一条建于1519年的卡米诺–雷亚尔（Camino

---

① 《查格雷斯国家公园：塑造巴拿马的文化和自然历史》，巴拿马环境部网站，https://www.miambiente.gob.pa/parque-nacional-chagres-formador-de-la-historia-cultural-y-natural-de-panama/，2021-10-11。

Real)之路，在西班牙殖民时代作为商业路线连接了加勒比海和太平洋，为西班牙王室运输黄金和白银等货物。公园内有一条博克龙河（Río Boquerón），横跨博克龙河的国王桥（Puente del Rey）建于殖民时期，目的是将商品在南美洲和西班牙之间互相运送。

2. 公园建设

查格雷斯国家公园的存在是当地居民的生活需要，其建设对于当地社区的生活及发展有着非常大的意义。查格雷斯国家公园为巴拿马运河提供了四成的水资源需求，保证巴拿马运河的正常运行，而且还提供了巴拿马和科隆等城市消耗的大部分饮用水以及电力供应。查格雷斯国家公园的成熟森林占整个巴拿马运河水文流域的88.6%。

公园目前有13个社区组织，每个社区组织都重点在各种环境项目中进行工作，例如，养蜂、游客管理、观鸟、农林业和其他与生态旅游相关的项目。当地的土著城镇致力于文化和自然旅游活动，让参观者了解当地社区的历史，并向参观者展示如何在本土文化中保证环境的可持续性发展。

查格雷斯国家公园是直接影响巴拿马人日常生活的生态瑰宝，促进了巴拿马居民和自然之间的和谐共处，创造了巴拿马国家自然资源的经济价值，带来了其他可持续性旅游服务活动，例如，捕鱼、生态旅游、交通服务、租赁服务等。目前，查格雷斯国家公园社区组织MiAmbiente正在开展两个社区项目，其中一个与查格雷斯基金会合作，旨在加强和提高查格雷斯国家公园社区的治理；另一个是在不同的国家公园开发一系列社区项目，旨在将各个社区变成MiAmbiente的保护盟友，同时重视经济和社会回报。

（二）索伯拉尼亚国家公园

1. 公园简介

索伯拉尼亚国家公园位于巴拿马运河东岸，是其分水岭的一部分。公园涉及巴拿马和科隆省，是该国最容易到达的保护区之一，距离巴拿马城25公里。该公园距离巴拿马城仅20分钟路程，距离科隆40分钟路程。公园有1300多种植物和525种鸟类。此外，还鉴定出105种哺乳动物、79种爬行动物和55种两栖动物等,索伯拉尼亚国家公园业已成为重要的野生动物保护区。

2. 历史背景

索伯拉尼亚国家公园内动植物的多样性具有重大的历史文化价值,其代表是鹅卵石皇家克鲁塞斯之路(Camino Real de Cruces)和文塔-克鲁塞斯(Venta de Cruces)镇遗址。鹅卵石皇家克鲁塞斯之路在殖民时期被用来运输来自秘鲁、下加利福尼亚和智利的商品和财宝,是一条连接大西洋和太平洋的交通路线。文塔-克鲁塞斯(Venta de Cruces)镇遗址是历史上冒险家和征服者的休息地,是皇家克鲁塞斯之路的一个重要转运中心。该公园根据1980年5月27日第13号行政法令创建,由巴拿马环境部负责管理、监督。该法令目标如下:

a)留存和保护该地区的自然和文化价值。b)保护遗产资源。c)开展环境教育和公共娱乐活动。d)为研究和科学活动提供服务。

此外,法令第五条规定,禁止占用被宣布为"Soberanía"国家公园的区域,禁止在其中发展农业活动、放牧、狩猎、伐木、焚烧、收获和破坏可再生自然和文化资源的活动,也禁止商业活动。

3. 公园建设

索伯拉尼亚公园十分重视内部建设。园内有六条自然步道,分别为管道路——著名的鸟类保护区;种植园路,因1915年美国政府管理的香蕉和可可农场在此经营而得名;埃尔查科(El Charco)自然小径;十字雷尔路(Camino Real de Cruces),大约有10.5公里,位于查格雷斯河畔的文塔德克鲁塞斯老城遗址和马登高速公路之间,是16世纪西班牙人用来在太平洋和大西洋之间运输商品和货物的路线;森林精灵步道(Sendero Espíritu del Bosque),全长1.7公里,由巴拿马国家环境局、Ganexa艺术大学和科罗拉多州立大学组成团队共同布局;骑行路线,专门用于骑行山地自行车,长约17.5公里。通过这些步道,游客可以与热带雨林的多样生物亲密接触,欣赏保护区的自然景观。

三、巴拿马国家公园发展的经验借鉴

（一）重视旅游服务国际化建设

在我国国家文化公园建设进程中，许多生态旅游相关服务已纳入其中，但这些服务能否达到国际标准，并为国际游客提供满意服务，显然仍有不足。我国国家文化公园的国际化建设至少需要在以下方面进一步加强：不能忽略交通的重要性，在国家文化公园建设中要综合宏观考虑当地的交通条件，提高目的地的可达性，巴拿马运河流域内的国家公园建设中不可缺少的一部分就是交通的建设，一些具有文化意义和生态重要性的地方往往位于偏僻地区，需要重点完善公路、铁路等交通设施；加强旅游景区的引导工作，需要进一步加强指示牌和景区地图的功能性建设，增加偏远地区的风险提示标志，保障外国游客的人身安全；进一步提高多语种服务质量，除了培训多语种服务人才外，应重视在基础设施的细节方面增加多语种标识，尤其是安全提示和规则提示，以强化对外国游客的服务工作。

（二）优先保障本地居民权利

巴拿马国家公园优先保障居民的生存权利，促进居民承担义务。巴拿马国家公园建设中重视保护历史文化资源，不破坏土著人的生存环境和生活习惯，保障民族特性和民族特权。我国国家文化公园建设中也应该重点保障当地居民应有的权利，促进当地居民参与到国家文化公园的建设和发展过程中，通过多方合力共同促进国家文化公园的健康发展，同时本地居民的积极融入有利于国家文化公园地区循环经济的开展，不仅可以有力地促进本地区经济发展，提高本地区居民生活质量，同时可以直接带动国家文化公园高质量建设，形成国家文化公园与本地社会生态良性互动的发展局面。

第五章
CHAPTER 5

国家文化公园国际化战略的
多维度分析

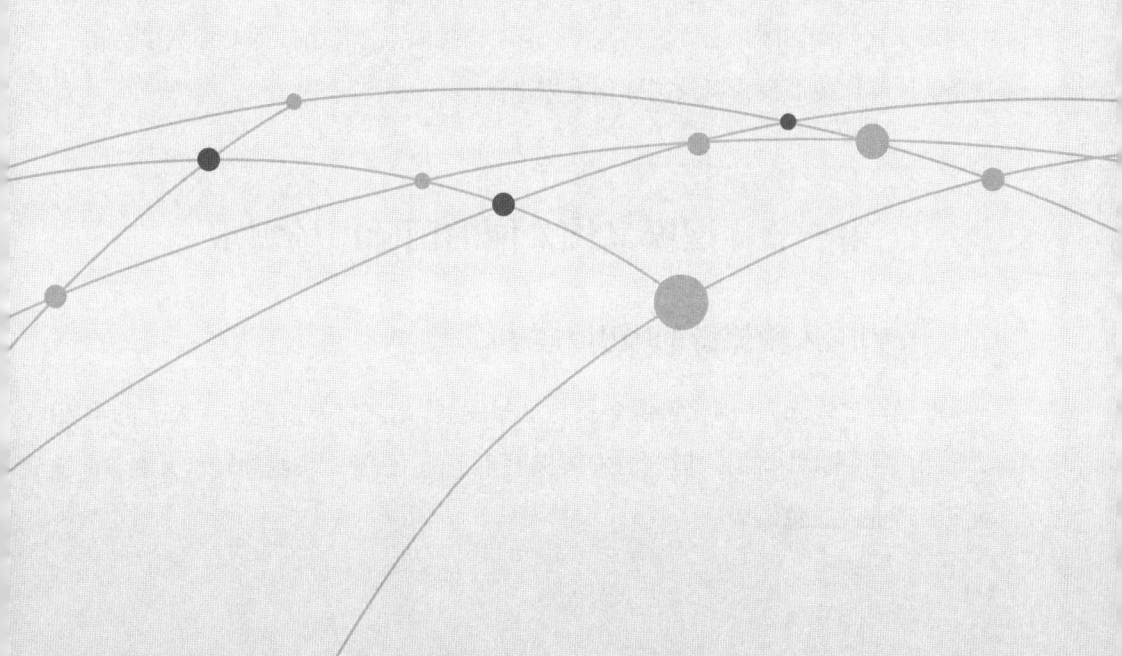

国家文化公园不同于传统意义上的自然景观公园、城市规划公园、主题休闲公园等，国家文化公园承载着更多的人文、历史等民族文化情景，国家文化公园的国际化发展不仅要满足旅游休闲的基本功能，也要在市场化的同时承担起整个国家形象和民族文化资源的对外传播功能。

国家文化公园的国际化发展是一项极具挑战性的工作，具体内容包括：推动中国优秀文化遗产的传承与保护；提供支撑服务国家公共文化事业发展的平台；打造以国家文化公园为核心的文化产业创新发展；实现基于国家文化公园的对外文化交流与合作；构建符合市场化需要的对外文化贸易体系等。实现国家文化公园的高质量国际化发展，需要结合国家文化公园的独特定位及自身优势，同时积极借鉴国际先进的国家公园建设与管理思路，打造能够体现我国经济发展和文化特色，符合国际先进理念的国家文化公园标准国际化发展之路。

本章重点分析并阐释国家文化公园国际化战略的路径选择，主要包含推动形成国家文化公园入境旅游的强大吸引力，文化服务赋能国家文化公园国际化发展，加强国家文化公园管理人才的国际化培养，以培育知名文旅企业，推动国家文化公园国际化品牌发展战略，探索构建国家文化公园的对外叙事话语体系的国际化传播模式以及国际化支撑平台。

第一节　国家文化公园的国际市场需求

一、中国入境旅游的吸引力分析

改革开放以来，中国旅游服务贸易迅猛发展，对经济发展起到了极大的推动作用。但目前，中国出入境旅游发展极度不平衡，旅游市场亟须转型升级，带动旅游产业高质量发展。

（一）入境旅游人次持平，亚洲为主要客源市场

据文化和旅游部统计数据显示，2018年，中国国内旅游人数高达55.39亿人次，比2017年同期增长10.8%。出入境旅游总人数2.91亿人次，同比增长7.8%。其中，入境旅游人数达14120万人次，同比增长1.23%，出境旅游人数14972万人次，同比增长14.72%，出境旅游人数9年来首次超过入境旅游人数。2010—2018年，中国出境旅游人数增速明显，共增长9233万人次，平均增长率约为12.9%，每年同比增长均大于入境旅游；入境旅游人数浮动较小，9年来共增长744万人次，平均增长率约为0.7%，且在2012—2014年呈现下降趋势，2015年后有所回缓，但增速较缓慢。

2009—2018年，中国入境游客结构较稳定，以亚洲入境游客为主，所占比例达60%以上，是欧美入境游客人数的两倍。2018年，中国入境旅游前十七位客源国家为：缅甸、越南、韩国、日本、美国、俄罗斯、蒙古、马来西亚、菲律宾、新加坡、印度、加拿大、泰国、澳大利亚、印度尼西亚、德国、英国（其中缅甸、越南、俄罗斯、蒙古、印度含边民旅华人数），其中共有11个亚洲国家。根据世界旅游组织（UNWTO）发布的《2018年旅游亮点报告》显示，2017年世界旅游出境旅游消费排行前十名的国家中，共有7个是欧美国家，欧美仍然是世界

	2010年	2011年	2012年	2013年	2014年	2015年	2016年	2017年	2018年
入境旅游人次（万人次）	13376	13542	13241	12908	12850	13382	13844	13948	14120
出境旅游人次（万人次）	5739	7025	8318	9819	10728	11689	12203	13051	14972

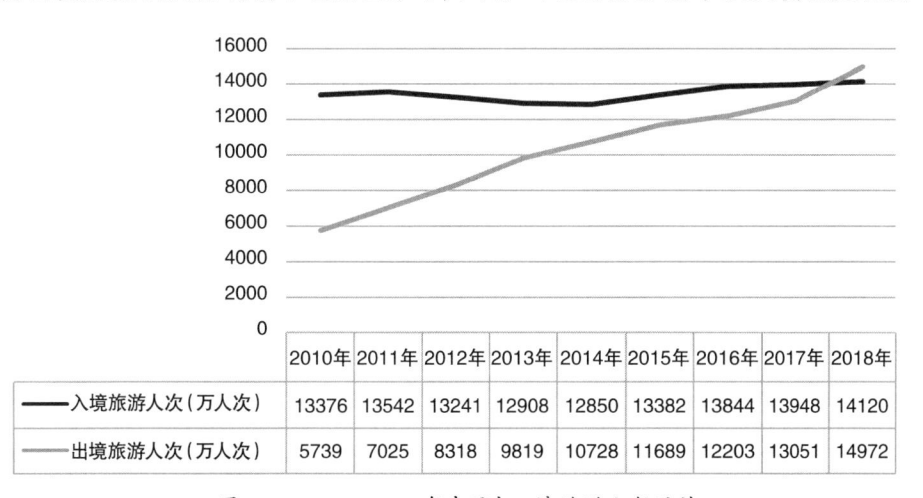

图5-1　2010—2018年中国出入境旅游人数统计

数据来源：2018年文化和旅游发展统计公报

图5-2　2010—2018年中国出入境旅游增长率统计

数据来源：2018年文化和旅游发展统计公报

上最大的出境游客源地，出境游客人数占比65%。但目前中国的入境游客主要以亚洲游客为主，对欧美中高消费能力人群的吸引力较弱，未来要重点关注欧美游客的旅游偏好，吸引更多欧美中高消费能力人群进入中国，带动中国旅游市场的蓬勃发展。

（二）入境消费呈现初级消费结构

2010—2018年，中国入境旅游收入与旅游总收入呈稳步上升的趋势，但入境旅游收入在旅游总收入中的占比却呈下降趋势，由2010年的19.75%下降到2018年的14.09%，入境旅游贡献率有待提升。2018年，中国国际旅游收入达1271亿美元，其中，外国游客人均消费仅2465美元，远低于国内旅游人均消费。据中国国内旅游人均消费及入境旅游人均消费统计，2010—2018年国内旅游人均消费快速发展远大于入境旅游人均消费，入境旅游人均消费发展缓慢。2018年，国内旅游人均消费约为7748美元，入境旅游人均消费900.16美元，国内旅游人均消费是入境旅游人均消费的8.6倍。由以上数据可见，中国旅游市场仍主要面向境内游客，外向性不足，需进一步完善境外消费生态环境，提升旅游产品及服务附加值。

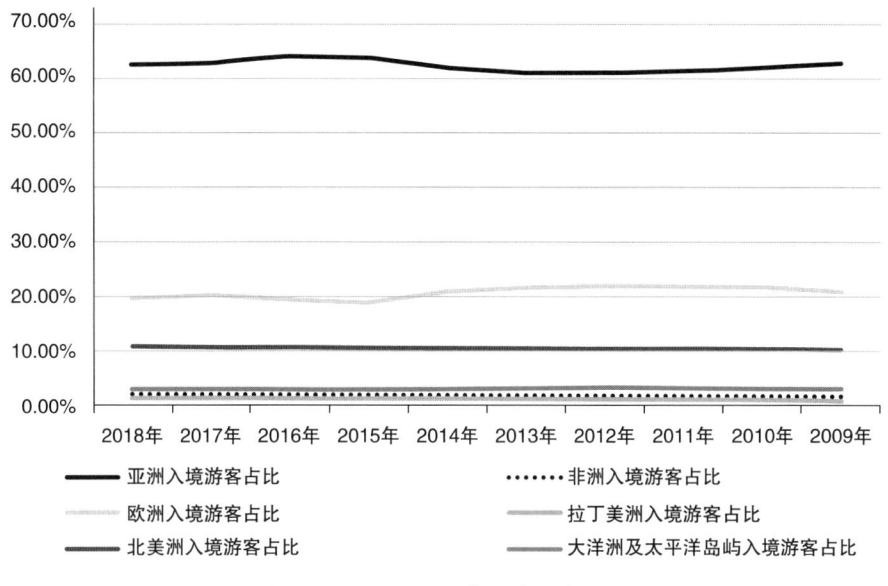

图5-3 2009—2018年入境游客统计

数据来源：国家统计局

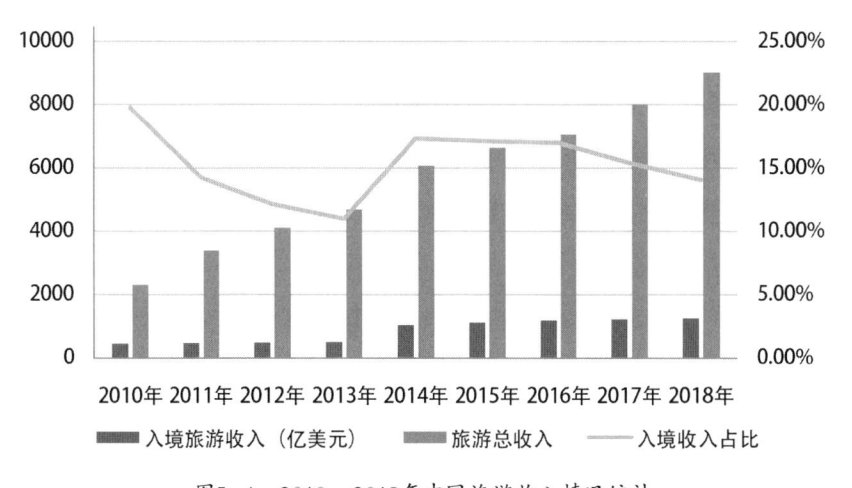

图5-4 2010—2018年中国旅游收入情况统计

数据来源：2018年文化和旅游发展统计公报

图5-5 2010—2018年中国国内旅游及入境旅游人均消费情况统计

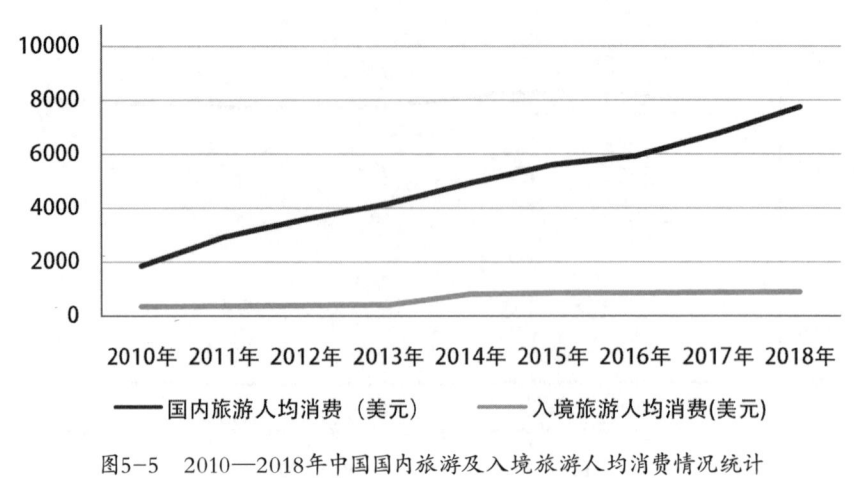

数据来源：根据2018年文化和旅游发展统计公报计算得出

其次，根据国家统计局公布的中国国际外汇收入数据，在2015—2018年，中国国际旅游外汇收入持续增长。同时，以中国2017年国际旅游外汇收入构成为例，交通（长途交通及市内交通）为外汇收入主体，占比约40%，购物占比约19%，住宿占比约10%，餐饮占比约8%，娱乐占比约6%，游览占比约4%，通讯占比约2%，其他占比10%。由此可见，旅游六要素中"吃""住""行"三大基本要素，仍是国际旅游外汇主要收入来源，这三者总占比约58%，而涉及文化消费因素的"游""娱""购"占比约29%，仅为"吃""住""行"的一半。硬性消费占据主体，软性消费不足，国际旅客在华消费结构有待改善与优化，中国旅游市场亟须创新发展模式，吸引境外高收入、高消费能力的游客入境消费。

表5-1 2015—2018年中国国际旅游外汇收入统计

年份	2018年	2017年	2016年	2015年
国际旅游外汇收入(亿美元)	1271.03	1234.17	1200	1136.5

数据来源：国家统计局

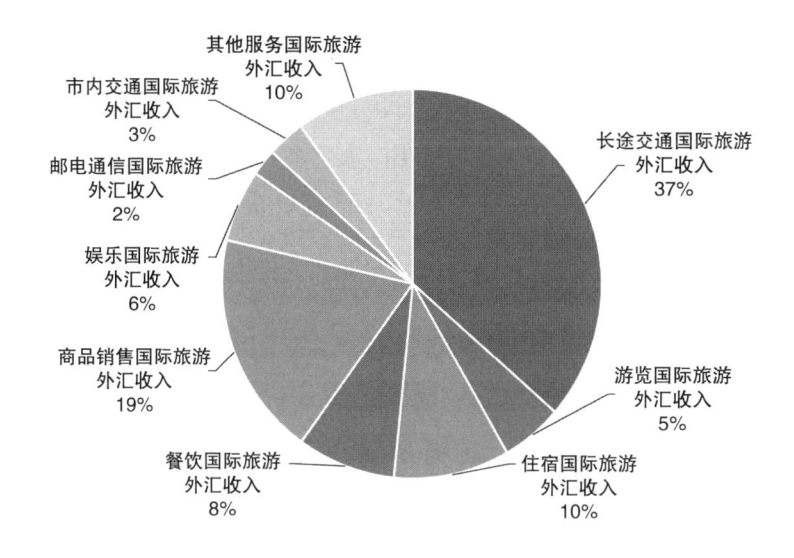

图5-6　2017年中国国际旅游外汇收入统计

数据来源：国家统计局

（三）中国旅游服务贸易逆差严重

根据商务部统计数据，2009—2018年，中国旅游服务贸易总额显著提升，2014年以来其对我国服务贸易的贡献率稳定维持在40%左右，2016年更是达

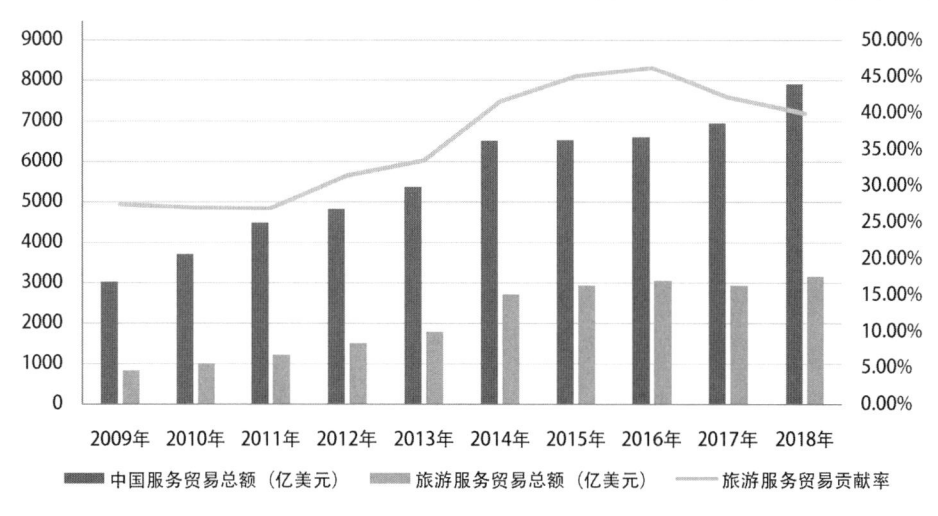

图5-7　2009—2018年中国服务贸易及旅游服务贸易总额统计

数据来源：商务部公共商务信息服务

到46%。2018年，中国旅游服务贸易进出口总额为3163亿美元，居各类服务贸易进出口之首。但与此同时中国旅游服务贸易逆差自2009年起急剧上升，自2014年起旅游服务进出口逆差始终占据服务贸易进出口总逆差的85%以上，2018年中国服务贸易逆差高达2582亿美元，其中旅游服务贸易逆差达到2373.8亿美元，是中国服务贸易逆差的主要来源，占据整体服务贸易逆差的92%。

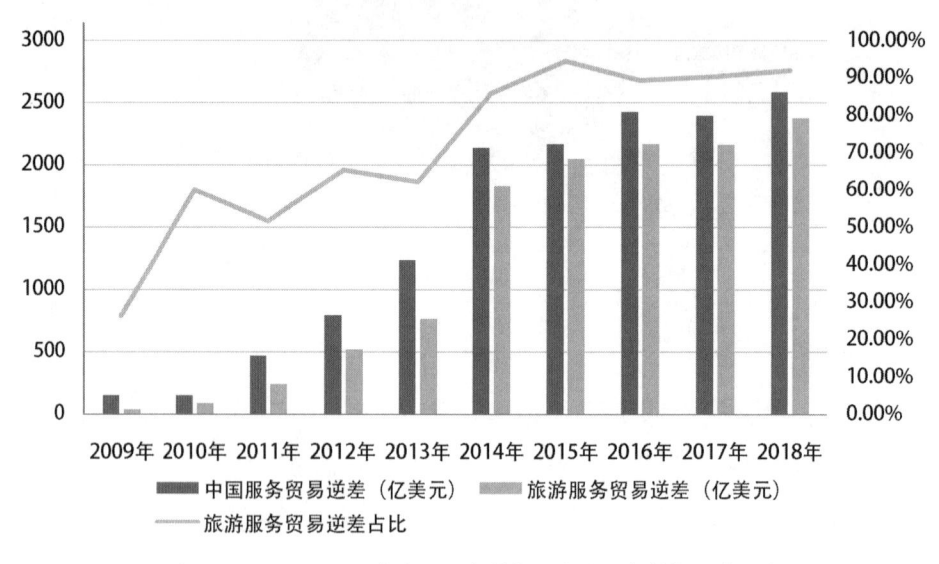

图5-8　2009—2018年中国服务贸易及旅游服务贸易逆差统计

数据来源：商务部公共商务信息服务

相较于我国旅游服务贸易进口及总额占比的稳步提升，中国旅游服务贸易出口发展较缓慢，这与中国近年来综合国力稳步快速发展的现实存在一定程度的不匹配。从图5-9可以看出，1991年之前中国旅游服务贸易出口对世界旅游服务贸易出口的贡献率一直在1%以内，1992年之后在平稳增长中略有波动，在2008年以后开始呈现小幅的下降趋势，2016年对世界旅游服务贸易出口的贡献率为3.69%，而这期间我国旅游服务贸易进口及总额占比反而大幅度上升，2016年其贡献率达21.81%。

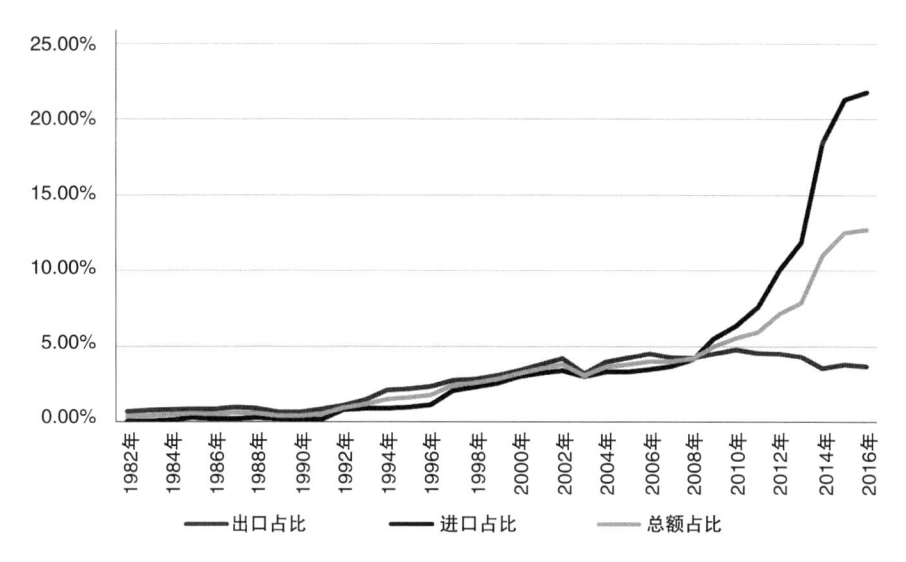

图5-9　1982—2016年中国旅游服务贸易对世界旅游服务贸易贡献率

数据来源：世界贸易组织数据库（WTO STATISTICS）

（四）入境旅游消费供给能力不足

入境旅游市场的发展需要较强对外开放性，而中国旅游服务贸易尤其是旅游服务出口国际竞争力还处于中低水平，入境旅游消费供给能力仍存在一些不足，如缺乏国际化、特色化的旅游产品，缺乏高水平、高质量的旅游服务以及缺乏具备国际竞争力的旅游市场主体和国际认知力的旅游品牌等。因此，未来中国亟需以高质量的服务供给吸引外国游客入境消费。

中国旅游产品多属于资源依赖型，在将其加工、利用、改造成为高附加值国际化的旅游产品和服务方面存在很大不足。旅游产品设计缺失国际化视野，品质有待提升，针对性、外向型不强，尤其是所提供的产品及服务并不能满足入境消费者需求。旅游入境消费是将旅游产品与服务直接作用于消费者的过程。随着旅游不断发展和进步，入境消费者的品牌意识不断增强。然而我国虽然是旅游文化资源大国，但是旅游产品及服务的供给缺乏品牌意识，具有国际化水准的旅游品牌更是凤毛麟角。旅游服务能力不足，旅游服务的国际化水平较低，旅游服务品质不高等都是长期制约我国旅游入境消费的主要问题。

具备国际竞争力的旅游市场主体缺乏。以2007—2016年中国旅行社及星级饭店为例，十年间旅行社数量不断上升，星级饭店数量递减。虽然旅行社数量不断增加，但入境消费的国际游客量却没有显著增加，相反出境游客量及国内旅游游客量在不断上升；其次，据2007—2016年中国旅游业统计公报数据统计显示，2007—2016年十年间中国旅行社招徕及经旅行社接待的入境游客数量几乎持平。这一方面反映了近些年中国境内有愿望及有能力出境旅游的人数日益增多，出境游热度持续增长，另一方面也反映了旅游市场主体面向的主要还是国内消费者及出境旅游业务，国际市场深耕不足，外向型缺失，将国际游客"引进来"这一方面仍有所缺乏。

二、以新业态提升国家文化公园入境旅游吸引力

中国作为世界第二大经济体，又是"一带一路"倡议的提出国，其综合实力的发展、硬实力的全面提升在全世界有目共睹。而在软实力方面的短板也不容忽视，在文化和旅游深度融合全面开放的时代背景下，国家文化公园要以文化为灵魂，以旅游为渠道，以市场为纽带，为带动旅游入境消费、丰富旅游入境消

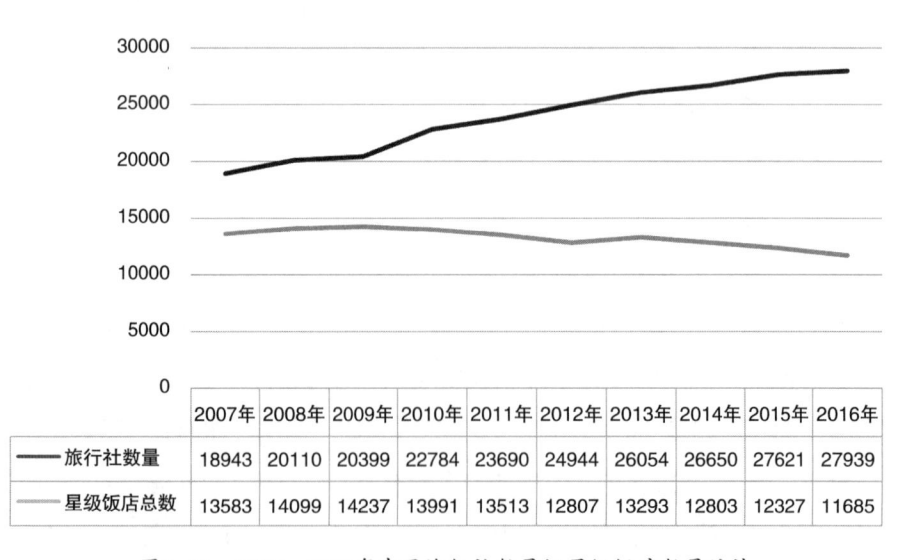

	2007年	2008年	2009年	2010年	2011年	2012年	2013年	2014年	2015年	2016年
旅行社数量	18943	20110	20399	22784	23690	24944	26054	26650	27621	27939
星级饭店总数	13583	14099	14237	13991	13513	12807	13293	12803	12327	11685

图5-10　2007—2016年中国旅行社数量级星级饭店数量统计

数据来源：国家统计局

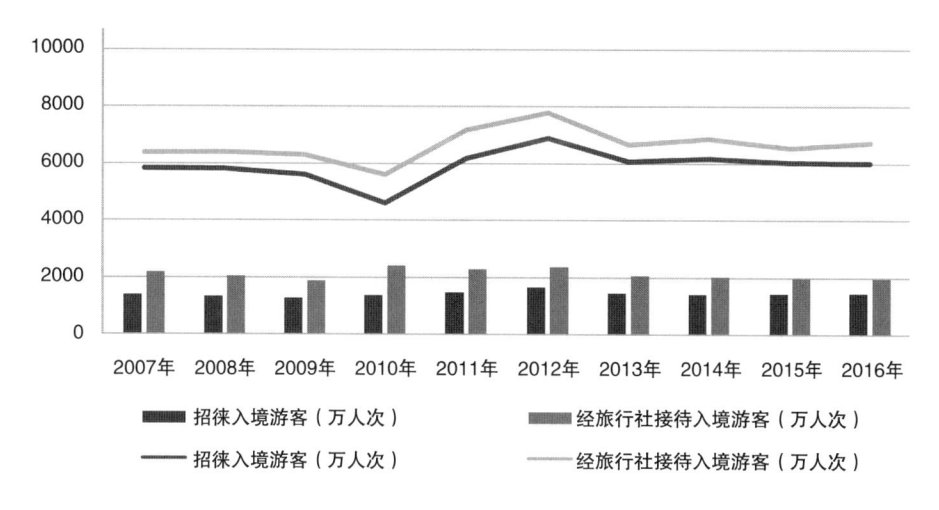

图5-11 2007—2016年中国旅行社招徕入境游客及接待入境游客人数统计

数据来源：2007—2016年中国旅游业统计公报

费的层次、扩大旅游入境消费的广度、提升旅游入境消费服务的质量、吸引旅游入境消费人群、培育国家文化公园旅游入境消费市场，构建国家文化公园特有的旅游消费生态。通过创新发展国家文化公园入境消费模式，实现国家文化公园价值理念的有效传播。

（一）深研境外消费者需求，提升境外消费主体获得感

推动旅游出口就要明确目标群体，精准定位，深研国际旅游消费需求，一方面持续夯实亚洲旅游入境消费基础，另一方面深入拓展欧美市场，进一步激发"一带一路"沿线国家人们到中国旅游的意愿。了解潜在市场的真实需求，引导旅游入境和激发旅游入境，其核心是设计出有中国特色、有时代气息、有丰富选择性的旅游产品与服务。让入境游客在国家文化公园中深刻感受与体会我国的创新发展以及中国人民的文化自信。同时关注在华工作、学习、生活的外籍人士，将其作为对外传播中华文化的重要群体。从"吃、住、行、游、购、娱"六个方面着手，将中国特色文化元素融入旅游，提升旅游产品及服务附加值，保持旅游产品及服务的吸引力与活力，创新发展"旅游+"多模式旅游主题，充分满足境外消费者的多元化需求，最大限度提升消费者的获得感和愉

悦感。

（二）创新性延伸旅游产业链，扩大境外消费的延展效应

国家文化公园旅游入境消费模式应充分考虑旅游产品及服务特色化延伸，结合有效国际化营销模式，"讲好中国故事"，推动中国旅游产业国际化发展。进一步创新性延展旅游产业链，在旅游规划开发与产品生产等供给环节与时俱进，在销售与消费等环节进行特色化规划和能动性引领。中国旅游文化资源丰富而深厚，但普遍缺乏创造性转化、创新性发展。充分利用国家文化公园国际化程度高以及具有强烈粉丝效应的话题，发挥其自身的价值优势，发展特色国家文化公园入境游模式，扩大境外消费的延展效应，以特色化活动推动形成国家文化公园入境游新业态，从而带动区域发展、产业升级和城市转型。

（三）提升旅游产品与服务品质，增强口碑效应

入境旅游进行消费的不仅是现实性可交易的产品与服务，还有贯穿整个消费过程中的消费体验感，强调的是人与人之间的交流与沟通。境外游客入境消费，是与中国智慧对话，与中国经验对接，与中国成就互动的过程，中国国家文化公园中的旅游产品与服务提供者要增加旅游产品及服务的设计投入，以"旅游+创意中国""旅游+数字中国""旅游+艺术中国"等高品质产品，推动中国旅游服务精细化、精准化、特色化发展，不断提升游客入境消费体验感，增强"中国旅游"口碑效应，构建具有国际认知力的中国特色旅游产品、旅游服务品牌，带动旅游入境消费可持续发展。

倒逼文化和旅游的深度融合，实现文化产业和旅游产业的高质量发展。文化和旅游深度融合全面开放成为新时代全新的政治建设、文化建设、经济和社会建设的实践命题，文化需求是旅游活动的重要动因，文化资源是旅游发展的核心资源，文化创意是提升旅游产品质量的重要途径，文化的生产、传播和消费与旅游活动密切相关。在经济全球化迅速发展的背景下，国家文化公园入境游更需要注重创新消费模式和业态多元化，在开放中推动消费业态与消费模式创新，催生"旅游+"产业融合新业态，促进旅游入境消费升级，倒逼文化和旅游的深度融合，形成既富含中国文化特色，又具有高度识别性的国际化品牌，

实现旅游产业和文化产业的高质量发展。

第二节 多元市场主体的差异化定位

市场主体是国家文化公园国际化过程中的重要组成，也是面对国际化需求提供高质量服务体验的关键环节。政府、企业、社会组织、高校和科研院所、个人等多元主体在国家文化公园国际化需求中各有不同的市场定位，各个市场主体间相互协作、相互补充、相互促进。政府、企业和社会组织等多元主体之间应相互合作，各多元主体发挥不同的作用，功能上互补，配合上默契，从而有效利用各方资源，协同推进国家文化公园的国际化战略的发展目标。

一、政府

构建国家文化公园的国际化战略，首先要明确政府在多元主体中具有主导地位。对于国家文化公园的国内建设，政府应起到引领作用，上级政府应负责宏观政策的制定和指导，基层政府负责执行落实。我国国家文化公园的建设涉及省市众多、范围较广，需要政府牵头，整体上进行战略部署，连接搭建不同城市间国家文化公园与整体目标的建设桥梁。对于国家文化公园的国际化，也应以政府引导为主，政府作为打开国家文化公园国际知名度的关键力量，应积极促进各国政府间的合作交流，为开拓国家文化公园的国际市场打下基础。国家文化公园的国际建设离不开国际旅游产业。开发国家文化公园的国际旅游产业，需要在政府政策和资金的支持下，吸引其他主体参与投入这一产业中来。建设国家文化公园国际品牌，是打造以国家文化公园为核心的文化产业创新发展中的重要内容。建设国家文化公园国际品牌，需要依靠政府成立推广基金，在政府的引导与支持下，召集社会其他主体参与到国家文化公园品牌建设的投资中来。只有政府主导才能谋求国家文化公园的长远发展和利益，同时规范其他主体行为，最有效地发挥各方力量。

二、企业

企业是国家文化公园国际化战略的维护者。企业是营利性的社会经济组织，在国家文化公园的国际化过程中承担着重要责任。企业不仅是国家文化公园产业的财富创造者，也是国家文化公园治理和建设的参与者，还是国家文化公园国际化战略的推动者。国家文化公园的国际化内涵包括推动中国优秀文化遗产的传承与保护、提供支撑服务国家公共文化事业发展的平台、打造以国家文化公园为核心的文化产业创新发展、实现基于国家文化公园的对外文化交流与合作、实现符合市场化需要的对外文化贸易体系。盈利虽然是企业的主要目的，但企业也同时肩负着服务国家、服务社会、服务公众的责任。企业能够从事政府不便或不能从事的工作，为国家文化公园的管理提供专业性支持，丰富国家文化公园国际化产业链条，做好国家间、政府和公众之间的服务纽带。在国家文化公园国际化建设的过程中，互联网公司的参与能够为政府和国家文化公园带来最新的技术支持；人力资源公司的参与能带来管理人才的输送；文化企业的参与能带动国家文化公园文化遗产资源更好地传播和营利。以营利为目的的企业的参与更容易激发国家文化公园国际化的活力。

三、非营利社会组织

社会组织是指在政府和企业之外，为社会某个领域提供公益性、非营利性服务的组织机构。社会组织是推动国家文化公园国际化建设的重要载体。我国社会组织大多来自民间，为解决某一领域的社会问题或提供非营利性服务而发起形成。因此社会组织对民众需求和群众生活了解较为透彻，与民众关系更加密切，能够有针对性地、直接地、有效地解决某些特殊问题。社会组织能够增进群众对政府政策方针的理解，也能提高政府与社会互动的效果。社会组织在国家文化公园建设和国际化推进过程中，能够更有效地在民间传播中发挥重要作用。社会组织更容易建立民间的文化交流，更快速、有效地打破文化壁垒。国家文化公园具有公益性和文化遗产的双重属性。社会组织通过开展公益性活动、加强媒体报道、拓宽宣传渠道等方式进行国家文化公园的国际化宣传，并在一定程度上指导民众参与到国家文化公园国际化的进程中。社会组织是文化传播和公益服务的重要媒介与平台，民间文化交流是两国文化沟通的重要桥梁。因此，社会组织在国家文化公园国际化战略中，承担着重要的链接作用。

四、高校和科研院所

高校和科研院所是国家文化公园国际化路径构建和成果转化的重要平台。在国家文化公园国际化建设的进程中，高校和科研院所在人才、创新和科研成果等方面具有明显的优势。推动国家文化公园国际化发展，应物尽其用、人尽其才，让高校和科研院所充分发挥战略成果孵化培育的功能，为国家文化公园国际化建设的形成、发展和改进做出重要贡献。国家文化公园作为国家重要的建设工程，能够为文化产业的创新发展和对外文化贸易与交流提供新路径。高校和科研院所作为成果研发和成果实现的主体力量，应投入研发，输送人才，贡献科研力量，协助其他主体共同实现国家文化公园国际化战略。

五、个人

个人是政府宏观战略的执行者，也是战略成果的反馈主体。个人参与是国家文化公园国际化建设的一道基础线。公众的参与决定了国家文化公园国际化发展的成败。公众拥有基层的信息和资源，需要将这些信息反馈给其他主体，以便于其他主体制定决策、规划路径。国家文化公园的建设离不开个人的管理与配合。志愿服务体系的建设需要个人的配合、国家文化公园国际产业的发展需要个人消费的带动、国家文化遗产的传承与国际化传播需要民众的文化认同。公众作为国家文化公园国际化运营中的重要角色，应保持和政府、企业、社会组织的密切交流，发挥自身的价值。政府应借助有效的管理体系尽可能让更多的公众参与到国家文化公园的服务和治理中，提高国家文化公园国际化水平。民众作为国家的主人、实践的主体，参与到国家文化公园的国际化建设和决策中，有助于及时发现存在的问题，推动国际化战略的顺利实施，使得国家文化公园的国际化建设能够满足大多数人的利益，提高国内国际对我国国家文化公园和文化遗产的认同感，更好地协调各界纠纷。

第三节 国家文化公园服务国际化

根据国家文化公园所面对的文化服务市场，可以分别从旅游服务、数字化服务、文博服务以及研学旅游服务这几个方面提升国家文化公园对外文化服务的国际化水平。

一、旅游服务

充分激发国家文化公园的文化创意活力，在旅游服务国际化的供给上，坚持以人为本的理念，把提升目标受众的旅游舒适度与体验感作为重点，不断提升国家文化公园旅游服务国际化水准。2021年，文化和旅游部颁发了《文化和旅游部关于加强旅游服务质量监管提升旅游服务质量的指导意见》，其中提及要以四个坚持（坚持以人民为中心，坚持系统理念，坚持创新发展，坚持深化改革）为基本原则，落实旅游服务质量主体责任，培育优质旅游服务品牌，夯实旅游服务质量基础，加强旅游人才队伍建设，加快推进旅游信用体系建设以及加强行业旅游服务质量监管等共六大类29条指导性意见。除此以外，在国家文化公园旅游服务国际化的发展过程中，还应不断推动旅游服务设施现代化，同时实现服务手段智慧化。

其次，针对海外的国家文化公园目标受众而言，国家文化公园的旅游服务吸引力是影响其在东道国消费的重要因素，因此旅游服务供给方应针对目标受众需求的多元性和差异性，不断提升旅游服务的品质。为实现这一目标，旅游服务提供商必须事先进行一系列的市场调研、资源开发、基础设施建设以及人员培训等,以期达到较高的服务水准,形成规范的管理与良好的声誉。在旅游交通服务层面充分考虑交通方式的便利性、安全性以及快捷性。最终以多产业融合丰富旅游服务内容,延长服务体验,从而提升旅游服务受众的体验感及获得感,进一步推动国家文化公园旅游服务的高质量发展及可持续发展。

二、数字服务

为了提高国家文化公园数字服务水平,既要明确国家文化公园数字化服务的重点领域及其定位,又要做好相应的国家文化公园数字服务规划。有针对性地发展国家文化公园特色数字服务内容,重视国家文化公园的数字服务品牌打造,全面提升数字服务内容开发、创新及运营能力。在此基础上,首先不断提升国家文化公园硬件设施水平,加强国家文化公园通信信息网络基础设施建设,加快推进数字信息技术基础设施建设,着力推进5G、IPV6、云计算、大数据、人工智能等数字技术在国家文化公园信息基础设施建设中的应用部署。实现相关园区服务数字化、智能化改造,探索建设国家文化公园相关区域数据专用数字化设施。其次,营造国家文化公园数字服务发展国际化环境。打造区域内数字服务集聚区,构建国家文化公园数字服务平台,建设海外推介、信息共享、项目对接的数字服务促进平台。最后,还需要建设并完善国家文化公园数字服务管理模式和监管方式。数字服务对于我国文旅领域的应用来说,仍然处于初级发展阶段,其管理模式和监管方式有待进一步优化与升级。探索建立国家文化公园数字服务监管与完善机制,在此基础上实现多种数字服务贸易的综合性管理,形成具有国家文化公园特色的数字服务监管体系,严格进行数字服务安全性评估,加强数字服务风险管控,保障国家文化公园数字服务规范化运营。

三、文博服务

文博服务作为国家文化公园文化服务中的重要部分,是国家文化公园遗产及文化展示的重要场所,也是国家文化公园受众群体最为关注的领域之一。因此，在完善五大国家文化公园文化博物馆的基础设施建设、确保其展示功能齐全的基础上，实现与其他服务的有效联动。首先，将文博服务与旅游服务充分融合，文博的创新发展需要旅游业助力，需要用足用活地方文博旅游资源（王克敌，2020），充分挖掘文博资源潜力。根据实际旅游服务需求，创新文博展览服务形式，创造性推出具有地方特色的国家文化公园文博活动。其次，以数字服务形式带动文博服务升级，实现国家文化公园中相应文物与展览的数字化智能展示，在条件允许的情况下打造线上数字博物馆，同时还可以通过实时直播等形式，打破时空限制，提升文博服务体验感。此外，以研学旅游服务升级倒逼文博服务的提升，文博服务一定程度上为研学旅游服务提供坚实的历史、知识及文化底蕴基础，因此可以根据研学旅游服务设计，不断丰富与提升文博服务内容，设计更有国家文化公园特征的文化创意产品，以高质量的服务水准实现其社会效益与经济效益的统一。

四、研学旅游服务

研学旅游服务相对于其他服务而言，其国际化的受众群体相对较小，虽然我国的研学历史发展较早，但当前研学旅游仍然不能满足市场发展的需求，研学旅游服务能力仍不足（陈东军等，2022）。但可以看到的是，我国目前"三长两河"国家文化公园的建设具有较大的研学旅游发展潜力，因此要加大对研学旅游服务的政策及资金扶持力度，有针对性地提升国家文化公园研学旅游服务质量。区别于传统的以观光考察自然景观和人文遗传为目的的旅行模式，研学旅行是满足在地理空间上进行游历活动的同时，由旅游部门、教育部门、学校或培训机构等多部门共同组织协调，有学习目标和计划安排，通过统一组织旅行、集中食宿的方式开展旅行体验和研究性学习，将理论与实践有机结合的教育模式。研学旅行往往设定明确的研学主题和研学目标，旅行活动和集体生活则成为达到研学目的的主要形式和重要组成。

（一）建设基于国家文化公园的国际研学旅行基地

研学旅行作为一种将旅行活动和教育学习集于一身的服务形式，研学目的地是其中不可或缺的重要一环。国家文化公园作为地理意义上的旅行活动承载空间,自身往往拥有着无可比拟的自然景观和人文历史资源优势,是研学旅行活动开展的极佳场所。以黄河国家文化公园为例,其丰富的河流及地质资源景观,以及作为中华文明发源地的历史文化资源,不仅可以有效地吸引国际游客来此游历,同时更是中华优秀传统文化极佳的传播载体。同时,由于国家文化公园地理空间面积较大,在国家文化公园中开展研学旅行活动可以设计更多的路线和方案,因此,在国家文化公园中开展研学旅行活动,拥有更大的经营空间和市场潜力。以国家文化公园为核心,建立针对国际市场的研学旅行基地,无论是可行性还是市场前景,都极具吸引力。国际研学旅行市场的开拓,首先,需要精准对接海外市场需求,如,可以邀请有国际资质的对象国市场主体,以观光考察和实地体验的形式访问国家文化公园。其次,及时调整和改进现阶段存在的问题,特别是在国际对接过程中发现的不符合国际研学旅行市场规范的地方,完善国际研学旅行基地的建设工作。最后通过国际商务谈判等形式,在国际主流社交媒体加大宣传力度,提升国家文化公园研学旅游服务的国际知名度,及时有效地建立针对国际研学旅行市场的国际商务网络,为国际游客的到来打通路径,实现国际研学旅行市场的产业链衔接。

(二)提升国际研学旅行服务供给水平

以国家文化公园为核心打造的国际研学旅行基地,需要对研学旅行整体框架和基地内服务供给水平,都提出更高的要求。首先,需要对研学旅行服务进行国际化宣传,以及为国际旅行提供完善的支持服务,特别是国际游客落地中国后,再通过国内交通到达国际研学旅行基地,其中所涉及的交通、食宿等问题,都需要得到妥善解决。而在国际研学旅行活动开展过程中,基地内的各项配套服务更是重中之重。包括基地内研学旅行活动开展的生活保障及安全服务、国际化语言支持服务、教育培训及讲解服务等,都需要满足国际研学旅行服务的相应标准。只有达到较高的国际服务标准,才能形成以国家文化公园为核心的国际研学旅行服务的优质口碑,以促进国际研学旅行市场的良性发展。在构建国家文化公园对外叙事话语体系以及国际化传播的过程中,积极对接海外相应的学校，邀请其进行实地研学服务体验，从而进一步完善与改进国家文化公园研学服务，并与其达成相应的合作关系，定期接收研学团队，逐渐积累国际研学人脉资源。另外，可以积极利用互联网和数字技术，针对国际研学旅行目标客户群体开展网上研学业务，利用便捷的互联网平台，实现国家文化公园的在线宣传和数字研学活动的开展。

（三）建设国际研学旅行服务队伍

国际研学旅行活动开展的核心是国际化的教育培训及文化对外传播，在这一过程中，人与人的面对面交流与沟通最为重要。积极引进相应研学服务专业性人才，针对国家文化公园区域特征，选择合适的地点，设计多样化、灵活性的研学行进路线以及多元化的食宿交通方案，并提供可供选择的教育形式。保障国际研学旅行活动的开展，最重要的一环是组建一支专业化、标准化、国际化的高质量服务团队。专业化是指研学旅行活动过程中，从交通食宿，到景区导览，再到知识讲解，都要由专业人员按照相应的规范完成，特别是要避免与国际规范相违背或抵触的事件发生。标准化是指研学旅行活动的各个环节按照统一标准执行，这样既有利于对研学旅行服务的效果进行监督，同时也有利于避免由于人员素质差异带来研学旅行体验的不同且有利于维护国际研学旅行活动口碑的一致。国际化主要针对的是来自于不同国家和文化背景的国际游客，使他们能够便捷、快速地融入研学旅行活动中，国际化同时也要考虑国家文化公园中所蕴含的中华文化的国际化传播问题，使国际游客能够更加自然地理解、接受中国传统文化。

五、投资保障服务

市场化之路是国家文化公园国际化发展的重要途径，建立有效的国家文化公园市场机制，就离不开高效、稳定、健全的投资保障体系。构建多元投资保障体系，是国家文化公园实现市场化发展的必经之路，这其中不仅有投资主体的多元化，也有融资模式的多元化，其最终目的是在市场调节机制的作用下，实现国家文化公园国际化健康、稳定发展，促进国家文化公园国际影响力和国际竞争力的提升。

（一）中央与地方的财政资助目标导向性、精准性

作为国家级公益事业性单位，国家文化公园建设过程中，资金的主要来源是中央政府和地方财政的资助，这部分投资所考虑的市场化因素较少，更多关注的是国家文化公园建设过程中的公民休闲娱乐、文化遗产保护、对外文化传播等属性。因此，资金的投入应该具备明确的产出导向，特别是在国家文化公园的基础设施建设和文化设施建设等回报周期长、回报率低的领域，政府投资应发挥主导作用。同时，为了提高政府投资的效率，应该严格限定投资的使用范围以及投资的考核标准，通过精准化定向投资来保障政府投资的效率和安全。

（二）市场化投融资模式，创新完善国际化发展融资渠道

除了政府投资以外，引入符合市场发展规律的社会资本，构建更加具有活力和效率的多元化市场投融资模式，是国家文化公园国际化发展融资渠道的重要补充。特别是在创意产品开发、市场营销推广、配套服务提供等层面，积极引入灵活高效的社会资本，甚至是境外资本，将使得国家文化公园在国际化发展过程中更加具有国际竞争力。例如，我国已具备较为完整成熟的创意产品开发产业链，在以创新、高效、灵活为特征的创意产品市场开发过程中，以政府为主导的市场行为，往往难以跟上快速变化的市场节奏，而中小微企业以及工作室模式，在国家文化公园创意产品开发过程中往往更具优势和市场发展潜力。而在国家文化公园的国际化推广过程中，更加强调的是海外营销模式匹配目的国受众的需求和感受，这一方面，境外企业往往更具优势，对目的国市场的理解也更加深刻，因此可以通过合资入股或项目制等形式，积极引入境外资本，协助完成国家文化公园国际化推广工作。实际上，在国家文化公园的国际化推广过程中，以政府为主导的融资模式在激烈的国际竞争中并不占优势，而以市场为基础形成的多元化投资模式，往往经历了国际市场的检验，在长期发展中更具韧性。同时，多元化的投融资模式，也有利于减轻财政负担，降低政府资金的投资风险。因此，在国家文化公园国际化发展战略中，积极探索市场化投

融资模式，扩大多元化市场投融资主体，创新国际化发展投融资渠道建设，对于完善、健全国家文化公园国际化发展过程中的资本市场建设，具有非常重要的意义。

（三）设立国家文化公园国际发展基金

基金指的是以兴办或发展某项事业为目标，而专门储备的资金或拨款，基金通常由专业的团队或公司进行资金的管理与维护操作。设立国家文化公园国际发展基金的核心目标，就是有力地促进国家文化公园的对外推广工作，这一过程中涉及的国际化内容建设、对外推广宣传、效果评估分析等都需要由国际发展基金支持。国家文化公园、国际发展基金的资金来源以政府拨款为主，同时接纳来自企业或个人的捐赠，通过在国际发展基金中设立专门的理事会，实现对基金运行过程的管理和监督。以英国国家遗产纪念基金（National Heritage Memorial Fund，简称NHMF）为例，该基金建立于1980年，基金设立的目的是拯救英国那些面临损失风险的最杰出遗产，同时也是为了纪念那些为英国献出生命的人们所留下的宝藏。[①]1980年受托人向英国国家遗产纪念基金一次性捐赠1000万英镑，其后基金每年仍旧获得来自政府和社会的捐赠，而国家遗产纪念基金自身则负责整个基金的运营，以及保证投资的长期利益最大化。每年国家遗产纪念基金都会发布相应的报告，对上一年度资金的运行情况，特别是运营投入、投资收入以及资本构成等详细列支。国家文化公园国际发展基金可以充分借鉴和参考国际上成功的基金运营经验，避免将基金运营看作单一的资金投入，而且要实现市场化的基金运营模式，完善基金自身的造血功能，使得基金在国家文化公园国际化发展过程中扮演长期稳定的角色。

六、配套设施服务

国家文化公园离不开高质量的国际化配套环境建设，从海外游客落地国内

[①] About NHMF, https://www.nhmf.org.uk/about-nhmf, 2022-07-12.

那一刻开始,涉及的交通、住宿、餐饮、游览、购物、娱乐、学习等各个环节都需要提供符合国际标准且舒适便捷的服务,以此才能形成国家文化公园良好的国际口碑,促进国际市场的良性发展。现阶段,我国在公共空间中的国际化服务水准仍有较大提升空间,包括服务标准一致性、公示语环境、国际交易便捷度等方面仍有较大改进空间,具体介绍如下。

(一)规范化的国际基础设施服务环境

基础设施环境主要针对国家文化公园游客的交通、住宿、餐饮等基本保障环境建设,国家文化公园国际化发展过程中,这一部分是国际游客首先面对且体验最为充分的环节。以交通为例,国际游客到达国内机场并落地后,往往需要转乘其他交通工具前往国家文化公园所在地,交通工具乘坐的便捷性、舒适度,引导标识的可读性等都直接影响国际游客的换乘体验。再以住宿为例,国内一线城市基本上可以满足国际游客的住宿需求,但是对于处在内陆地区的国家文化公园来讲,已有的宾馆旅店,特别是民宿接待,往往不能满足国际住宿标准的要求,这都需要国家文化公园所在地政府和企业及早准备,积极通过引入社会资本,满足高品质国际化住宿标准的需求。对于民宿行业来讲,应加大对高端特色民宿的投入,积极吸引一批具备国际沟通能力、文化艺术鉴赏能力以及精品民宿管理能力的个人或企业入驻,以特色国际民宿的形式,吸引更多海外游客的到来。对于餐饮行业来讲,这是最具中国特色,也是最能给海外游客留下深刻印象的基础服务领域,一方面,要加大对餐饮企业的规范化治理,特别是卫生质量和菜品一致性的管理,另一方面,可以通过政府和学术机构牵头,对中华特色菜品进行统一的多语种翻译并推广,既保障了餐饮行业语言服务环境的有效建设,同时也通过餐饮国际化实现对中华优秀传统文化的国际推广。

(二)专业化的景区国际导览服务环境

国家文化公园景区导览服务直接关乎国际游客的游览体验,也是对国家文化公园印象产生最为直接影响的环节,因此,专业化的景区国际导览服务环境建设,将直接影响景区内国际游客的旅游体验。对于景区国际导览服务环境的建设，首先，是友好的景区语言服务环境建设，包括对景区的介绍、知名景点和文化历史事件的翻译等，力求在尽可能满足多语种的前提下准确、直接、有效。其次，是差异化的游览线路规划设计，以英国的国家公园为例，政府或公园管理方通常会对游客提供多条适合于不同群体特点的游览线路，例如，对徒步游客会分成初级、中级、高级等差异化的行进线路，对于骑自行车观赏野生动物的游客则提供其他不同相关线路建议。①对于国家文化公园来讲，每个公园都有自己的自然资源和文化资源特征，因此可以由公园方结合自身特点设计多条各具特色的游览线路，并提供给国际游客以满足个性化和差异化的旅游需求。还有就是科学统一的景区标识建设，各国家文化公园都应该设计有自身特色，且让人印象深刻的公园品牌标识Logo，同时还要统一规范景区内导览标识的设计，包括行进线路、生活辅助设施、急救设施、通信设施等的标识。在各个标识的设计过程中，既要考虑设计图像的艺术性，又要考虑标识内容的清晰可读性，即标识不仅是国家文化公园整体设计水平的体现，也是游览过程中语言服务环境的重要补充。

（三）便捷化的国际购物环境及休闲娱乐教育服务

景区游览是国际游客对国家文化公园感受最为直接的环节，但是从消费视角来看，购物休闲则是最具市场潜力的组成。以国家统计局发布的数据为例，2018年全国旅游业增加值37501亿元，其中增加值占比最大的是旅游购物，增加值为13005亿元，占全部旅游及相关产业比重为31.4%。②2020年受疫情影响，国内旅游业发展受到重创，但是旅游购物仍旧以13116亿元增加值成为旅游业中最重要的占比组成。③因此，可以看出便捷化的国际购物休闲环境，是国家文化公园开拓市场空间、创造经济价值最为有效的组成。一方面，要使国际游客在整个行程中，可以方便地接触到实体购物场所，并且购物场所中可以

---

① National Parks UK, https://www.nationalparks.uk/park/loch-lomond-the-trossachs/, 2022-07-13.
② 《统计局：2018年全国旅游及相关产业增加值41478亿》，中国经济网，https://baijiahao.baidu.com/s?id=1656130038579721478&wfr=spider&for=pc, 2020-01-19。
③ 《2020全国旅游及相关产业增加值占GDP4.01%》，人民资讯，https://baijiahao.baidu.com/s?id=1720451875783736645&wfr=spider&for=pc, 2021-12-29。

提供国际语言导购服务和外币交易服务，这就需要购物场所中，能够提供具备国际沟通能力的专业导购人员或语言翻译服务，以及能对接国际主流信用消费渠道的电子支付平台。另一方面，还需要市场中能够提供更多满足国际消费喜好，打动国际消费者，或者具有我国民族文化特色的高品质文化消费产品，特别是国家文化公园与国内优秀的文化创意企业合作推出的文化衍生品，既可以创造更好的经济价值，也可以实现文化的有效传播。在旅游购物之外，休闲娱乐教育服务也是亟待开拓的国际旅游市场空间。例如在具备国际沟通能力的专业人员引导下，在旅行途中开展针对国际游客的中医按摩、足疗保健、户外拓展、文化遗产课程学习等活动，不仅可以借助服务贸易高附加值的特点，创造更大的市场价值，以及大量的就业空间，同时，休闲娱乐教育等服务贸易中隐含的文化属性，也是对中国传统文化最好的诠释和推广，服务业带来口口相传的优质口碑，正是国家文化公园国际化过程中最有力的宣传样本。

第四节　国家文化公园品牌国际化

在国家文化公园的产业链条上，从文旅产品与服务的创作到生产，再到对外传播与贸易，各个环节都有着种类繁多、数量庞大的参与者，最主要且最活跃的莫过于国家文化公园区域内相关的文旅企业。在国家文化公园国际化发展中，文旅企业是直接或间接地面对受众与消费者的市场主体，是国家文化公园健康有序且持续地运行所必不可少的部分，因此培育国际知名的国家文化公园文旅企业将极大有助于构建国家文化公园国际化品牌。

一、积极培育和发展国家文化公园品牌文旅企业

首先，完善国家文化公园基础设施建设，创新和改善经营模式与业态，加强国家文化公园文旅产业与多领域的深度融合，建立健全文旅企业相应的安全保障体系。明确自身的文旅资源优势，针对自身的特色及方向培育出具有代表

性以及竞争力的文旅企业，助力国家文化公园重点文旅企业向国际化、多元化转变，实现跨越式发展。同时，要把握国家文化公园区域内龙头文旅企业的作用，明确文旅企业的发展前景，找到合适的发展目标，整合文化公园内文旅资源，引导资金流入。

其次，依托政策支持，鼓励公园区域内相关文旅企业在多元化的领域，扩大对外交流以及文旅产品和服务输出，继续发展潜在的一流企业，提升自主品牌价值，全面拉动文旅产品及服务出口。可以联合当地政府相关部门设立专门的文旅基金会以及融资机构，加大对相关科技型和产业型企业的资金支持力度。同时，加强数字技术与文旅产业及其他领域的深度融合，创新文旅企业发展模式，拓展企业发展路径。培育和发展多元化数字文化企业，充分发挥大数据、互联网金融等行业的带动作用，加强在数字领域文旅品牌企业的培育和发展。

最后，要将培育具有国际市场开拓和营销能力的国家文化公园文旅企业作为未来重要的发展目标。积极引导、鼓励、支持各种所有制文化企业开拓国际市场，创造公平的市场环境和良好的政策、法治环境，提升国家文化公园区域内相应文旅企业的创新意识，培育和发展一批实力雄厚的外向型大型国有文化企业，使之成为文化出口的主导力量。通过国际展会、推介会、论坛、海外营销平台等途径，进一步促进国家文化公园的国际交流。同时，开展相应的国际市场调研、咨询和营销，支持建立符合国家文化公园文旅企业对外传播的渠道与平台。

二、打造并完善国家文化公园文旅产业生态

首先，从政策角度出发，按照国家文化公园的区域划分，做好国家文化公园发展总体规划的引领，全力对国家文化公园中的文化资源进行挖掘并进行原创性转化，整合现有相关资源。提升国家文化公园自主品牌价值，实施品牌策略，重视品牌战略在国际竞争中的地位和作用，加大对外开放力度，吸引更多具有竞争力的文旅企业落户国家文化公园，引进战略投资，强化名牌、精品战

略,出台与品牌培育相关政策,为企业的发展提供坚实的后盾。

其次,加大对于国家文化公园内文旅企业的扶持力度,设立一定的国家文化公园文旅扶持资金项目,出台文旅产品及服务出口退税、免税等优惠政策,针对文化出口企业的出口产品和服务类别,使企业享受退税红利,提升文旅企业对外交流及贸易的积极性。同时,加快建设国家文化公园相应区域内针对文旅企业的一站式服务平台,及时关注文旅企业需求,切实为文旅企业解决发展中存在的问题。

再次,加快国家文化公园文旅企业集群化(产业园区)建设,全面构建国家文化公园文旅产业园区生态体系。加速国家文化公园资源整合,提升国家文化公园文旅园区的服务和管理能力,从而提高园区运营效率,以国家文化公园文旅基础设施建设为重点,在不断夯实产业基础的同时兼顾公共需求。加强多产业互动发展,以及各企业、各产业和各平台间的互联互通,最终形成生态化、智慧化的国家文化公园文旅产业园区。

最后,充分打造和完善国家文化公园产业链。积极探索产业创新发展模式,打造多元产业融合发展的生态体系,全面深化供给侧结构性改革,满足市场多样化的产品需求。发展全产业链生态模式,更好地实现生产、服务、加工、销售"四位一体"的融合发展模式。同时,注重创新孵化链条,实现经济效益和社会效益最大化,构建合作共赢的新型产业链条和生态体系。

三、以品牌文旅企业推动国家文化公园国际化合作

首先,建设国家文化公园文旅企业国际合作平台。在国家文化公园丰富文化资源优势的基础上,搭建以资源共享、项目对接、多方合作和文化服务为核心的国际合作平台,实现更加高效的对外传播,扩展国家文化公园国际合作空间。高度结合国家发展战略,利用我国目前现有机会与平台,如国际性文化展会及重大赛事活动等,开展国家文化公园相关行业领域的专题展示、论坛以及洽谈会等,为国家文化公园文旅资源、传统文化遗产展示、交流与对接提供一个国际化、专业化的平台。

其次，建立国家文化公园全球合作伙伴关系网络。例如以"一带一路"沿线国家和地区作为重要合作伙伴国，通过相关企业间的合作不断健全国家文化公园对外合作机制，提升国家文化公园对外交流与传播水平，实现对外相应的资源共享、项目对接以及多方位的合作。同时可以以国际友好城市为契机，通过国家文化公园区域内的重点及关键城市辐射到其所结交的国际友好城市，进一步拓展对外关系网络，以城市与城市之间点对点的合作，进一步带动区域间的乃至国家的合作，形成国家文化公园对外交往所特有的全球化合作伙伴关系。

最后，尝试创建国家文化公园文旅企业国际联盟。通过文献及相关资料的整合可以发现，我国国家文化公园起步较晚，亟需借鉴其他一些国家的文化公园成功的发展模式，如日本、澳大利亚、英国、西班牙、美国、加拿大等发达国家国家公园国际化的发展经验，并以此为契机，创建相应的国家文化公园国际联盟，实现世界各国国家文化公园领域相关的产业资源对接。这样不仅可以推动我国国家文化公园的国际化发展，还可以进一步推动国家间的经济往来与文化交流，实现多维度的互利共赢。

第五节　国家文化公园传播国际化

习近平总书记曾说过，"必须加强顶层设计和研究布局，构建具有鲜明中国特色的战略传播体系"，[①]"要加快构建中国话语和中国叙事体系，用中国理论阐释中国实践，用中国实践升华中国理论，打造融通中外的新概念、新范畴、新表述，更加充分、更加鲜明地展现中国故事及其背后的思想力量和精神力量"。作为具有中国特色的国家文化公园，亟待构建其独特的对外叙事话语体系，助力国家文化公园国际化传播。

---

① 《习近平主持中共中央政治局第三十次集体学习并讲话》，中国政府网，http://www.gov.cn/xinwen/2021-06/01/content_5614684.htm，2021-06-01。

对于任何一个实力强大的国际主体而言,成长为国际体系中实力最为强大、国际影响力最为广泛、国家内外治理制度最有吸引力的大国是其发展转型的重要目标之一(冯峰,2020)。21世纪以来,随着中国融入全球化发展进程的日益加快,中国在国际舞台的影响力和竞争力也显著提升。整体社会生存及生活水准的不断提高,使得当前国际话语权不仅仅取决于物质层面的"硬实力",同时也更取决于意识形态层面的"软实力"。意识形态的国际话语权也成为国际利益得以实现的重要途径之一(吴艳东、廖小丹,2020),对实现民族伟大复兴、创新中国文化传播以及在百年未有之大变局下树立中国形象等方面具有重要的意义(焦亚男,刘强,2020)。

一、明确对外叙事话语体系主流思想引领

当代中国价值观念的国际传播主要存在两个问题:一是缺乏共享的文化系统和文化符号;二是易套用西方的模式,缺乏中国特色。这就导致以下两种情况:要么话语体系的差别使得不同国家对学科的表述会采用不同的方式,影响传播效果;要么照搬西方的模式,无法全面、系统、深刻地阐释当代中国价值观念(项久雨,2016)。而国家文化公园作为传递中国国家形象的重要代表,在构建对外叙事话语体系及讲好中国国家公园特有故事的过程中,最重要的就是在传承中华传统文化特色的基础上,与时俱进,融通中外。

(一)秉持中国特色,传承传统文化

我国国家公园是"根植于我国政治、经济、文化、社会发展实际"的,因此必须立足国家文化公园原始特色,坚守我国社会主义先进文化方向、社会主义核心价值体系和核心价值观,明确新时代国家文化公园国际传播话语体系的文化性质和政治立场。任何一个文明的发展与繁荣都有自己的历史轨迹、文化传统(罗先勇,2019),国家文化公园的建成,当然也离不开其自身的自然禀赋与文化底蕴,如长江、黄河以及大运河国家文化公园依托的就是我国的河域文化,一定程度上长江与黄河孕育了华夏文明,历史悠久,而长征与长城也是我国特定历史的民族精神的象征。每个国家公园都意义非凡,其蕴含的历史及时代

价值极其丰富，应将其转化成为提升国际话语权的有利优势，重视其文化的传承与发展，加强对外叙事话语体系顶层设计，找准定位，书写好各自的国家公园故事，提炼各自代表性的文化核心凝聚力，推动以政府为主导的文化交流与传播，以强烈的文化自信引领国家文化公园国际化传播建设。

（二）与时俱进，融通中外

对外话语是一个国家面向世界的自我陈述。一个国家在世界上的声音能否传得开、形象能否树得起、影响能否打得出，关键在于这个国家的话语能否被国际社会听得懂、听得进、听得信（司显柱，2021）。而如今，国际局势瞬息万变，世界正面临着百年未有之大变局，话语体系在国际社会中也日益成为国家软实力的一部分，因此构建国家文化公园对外传播话语体系，既要注重其对外传播的内容，也要注重对外传播的形式（左凤荣，2019）。作为国际化传播的文化内涵及价值理念的国家文化公园必然需要以一种能够契合当下国内外游览者需求的语言及形式去呈现与讲述其想要传达的故事。所谓"与时俱进，融通中外"，则是要以一种符合时代环境及语境，体现一定的人类共同价值追求，反映一定的时代精神与国家文化公园建设最新成果，以一定世界所能够共同接纳的、通用的表达形式，融合国际化的视野，以开放包容的态度，在政治、经济、文化等国际交往对话过程中对外传递国家文化公园对外叙事话语体系。在构建对外叙事话语体系的同时也要避免与及时发现泛意识形态化，官方话语体系过于凸显及固定思维模式等问题的出现（罗先勇，2019）。

二、构建被国际社会认可的对外叙事话语体系框架

在明确对外叙事话语体系主要精神引领后，最重要的任务之一就是要构建中国特色国家文化公园的对外叙事话语体系框架。在新时代构建有效的对外话语传播体系，需要打造一个由顶层设计、话语实践、受众研究、应急和评估体系等构成的传播系统（刘小燕、赵蓓源，2021）。同样，国家文化公园的对外叙事话语体系也要基于发展实际，确定其内容设计、受众主体以及践行和评估机制。

（一）内容设计

国家文化公园对外叙事话语体系中的内容设计是指在建设国家文化公园的过程中以什么样的内容去对外展示和说明其蕴含的深层次的、精华的以及极具时代意义的中华民族文化。因此，在内容设计上，首先，要明确内容及顶层设计的主体，顶层设计主要是相关机关单位所指定的国家文化公园对外传播所制定的相应的任务、工作方向、方针政策、指导思想等。在进行方案设计时，相关主要单位不仅要进行全方位综合性的实地调研考察，也要广泛征集群众意见，尽可能多地收集相关建设性、创新性的设计理念，充分地将更多的受众群体容纳到设计主体中来，集中发挥群众智慧和力量。其次，内容设计要有一定的针对性、灵活性及可持续性，要针对不同国家文化公园的特征有区别、有选择性地进行体系的设计，例如，当前"三长两河"这五个国家文化公园的对外叙事话语体系是以地域划分进行设计，还是以历史发展这样时间延续的形式去对其进行设计，都需要在进行深入充分了解及调研的基础上最终设计出具有我国国家文化公园特色的对外叙事话语体系，同时还需要具有一定的灵活性，并且能够根据时代背景及语境情景的变化进行适时的调整与改善。

（二）受众主体

对国家文化公园对外叙事话语体系的受众主体有整体的把控是其框架设计的重点和难点，即要厘清国家文化公园对外传播的受众是谁，我们的"故事"是要向哪些人群进行讲述。在当前世界局势的背景下，做好国家文化公园的海外受众群体的调研尤为重要。国家文化公园的受众可以分为国内和海外两大类群体，而目前对外叙事话语体系更多面对的是海外受众，也是我们目前认知较为缺乏的群体范围。因此，可以将海外目标受众群体进行细致分类。首先，可以根据大的区域范围进行划分，确定不同区域如欧美、东南亚等不同区域群体文化消费习惯等；其次，根据年龄、性别、职业、受教育程度等，进行进一步的行为分析，从而根据不同受众群体选择最为合适的对外传播工具及手段，制定针对性的对外传播策略。

（三）践行和评估机制

践行和评估机制也是国家文化公园对外叙事话语体系中不可缺少的一部分，在国家文化公园对外传播的过程中，首先，要明确践行机制，强调对外传播的有效性、凝练性以及其中外贯通的主题和内容，同时形成政产学研的有效联动，从而提升国家文化公园对外叙事话语体系国际化传播效率及影响力。其次，要有多元化传播渠道及传播平台认知，尤其要充分利用国际主流媒体，通过不同形式对国家文化公园对外叙事进行实时推广并获取反馈，做好相应的权威信息的发布，同时对于一些误导性的言论及观点进行实时的回应与纠正，要有相应的传播应急体系及措施的准备。综合而言，在建设国家文化公园的过程中，要针对对外叙事话语体系形成相应的践行与评估各类科学性的指标，从而能够客观真实地了解国家文化公园对外传播中存在的问题，并予以完善，最终让国家文化公园对外叙事话语体系得到进一步的提升。

三、利用国际化IP营销构建并传播价值理念

在品牌传播的语境当中，品牌IP是指企业一系列原创、持续、人格化的价值内容，是品牌资产的内容载体。品牌IP营销的本质就是利用具有上述三大特征的价值内容进行营销，其具体运行逻辑主要是：结合品牌特质，针对目标人群设计创作一系列内容来主动吸引受众的关注，以原创的内容和人格化的表述持续打造品牌记忆点，在碎片化的媒介环境中将散布于各媒介平台上的流量转化为粉丝，在掌握了这一部分消费者流量后，再根据品牌主的需求进行内容再分发，从而实现文化和品牌理念传播的目的。

利用品牌IP进行营销不仅能实现高效率低成本的目标受众引流，还能基于品牌IP进行持续的、系列化的营销延展，进一步实现品牌的商业价值。因此，构建国家文化公园对外叙事话语体系一个重要的目标就是形成具有中国特色的国家文化公园国际化品牌IP，而通过这个国际化品牌IP营销的过程则可以更好地构建与传播国家文化公园对外叙事话语体系的价值理念。

（一）充分推动文化资源IP化

中国是文化资源大国，且地域性特色明显，因此在IP开发与品牌打造上具有巨大的潜力，例如，2018年上海国际授权展就吸引了全球5万多的参展者，参展人数同比增长了46.86%，但我国具有中国特色、高国际竞争力、高附加值的产品及服务品牌仍有所欠缺。因此，未来亟须将我国优质文化资源打造成为具有国际影响力的高水准IP。而国家文化公园国际化建设为我国优质文化资源的创造性转化和创新性发展提供了良好时机，未来我国应深入挖掘与探索其特色化资源，并通过一定形式将其打造成为有代表性的国际化IP。

（二）以优质内容提升情感联结

品牌的核心就是其内容及质量，是产品、企业、行业乃至地区及国家经济的品质象征，因此可以说是一种独特的"标签"，而不只是市场营销与推广的有效形式之一。因此要通过充分体现国家文化公园文化产品及服务创作生产者的创造力、灵感、理念及技能，强调内容及形式等多方面的创新，从而满足消费者日益增长的精神情感需求，而其品牌的构建则是将其经济效益与社会效益相结合相统一的过程。因此，要推动我国国家文化公园国际化品牌的高质量发展，就要深入探究受众群体需求，不断鼓励优质内容的创作，增强品牌内容的核心竞争力。同时，国家文化公园品牌传递的不仅仅是一种国家形象，更是一种理念，理念中积极正向价值观念的传达对于国家文化公园品牌经济效益及社会效益的实现至关重要。

（三）获取反馈信息优化IP

国家文化公园IP的构建与形成其实是众多群体与个人创意及思想集合和转化的过程，代表了国家文化公园相应文化理念的传达，而在真正投入运营时，则会面临众多不确定因素。因此，需要及时、多方面、全方位了解受众群体的反馈及需求，充分收集、整理、归纳、分析、总结反馈信息，不断优化升级品牌IP。

四、营造高质量的国际语言服务环境

语言服务发展水平直接体现了地区的国际化服务程度，以此形成的语言服务环境成为高质量国际化发展的重要基础。国家文化公园国际化发展过程中，需要直接面对为国际游客提供吃、穿、用、行、学等一系列服务，国际语言环境的质量直接影响了国际化服务水准的高低。

（一）语言服务体系建设

语言是人与人之间交流沟通的基本工具，以语言及其衍生品作为工具开展服务的活动是语言服务。在语言服务的基础上，通过在相关领域或产业进行合作，形成在语言服务支持下的体系构建即形成语言服务体系。以国家文化公园国际化发展为例，无论是国家文化公园的对外传播与交流，还是基于国家文化公园的入境旅游消费，抑或是国家文化公园的文化遗产及相关衍生品服务，每个环节都离不开语言服务的支持。同时，在数字技术的支持下，大数据和人工智能技术的发展带来语言服务的改进与升级，智慧语言服务体系的构建，正在成为国家文化公园国际化发展的重要推动力。自然语言处理技术实现对语料资源的深度挖掘，使得在信息技术的加持下，智慧语言服务体系可以更加实时、精准地挖掘国家文化公园国际化发展过程中面临的问题和挑战，特别是在国际舆情研判、文化资源智能推送、贸易市场深度挖掘等领域发挥更大的价值和作用。

（二）加强语言翻译服务

国家文化公园国际化发展面对的对象绝大多数都不是来自汉语文化圈的游客，语言翻译服务在其中的重要性可想而知。要实现高质量的国家文化公园国际化发展，就需要不断加强语言翻译服务在各个环节中的应用。一方面，可以发挥数字技术时效性高、综合成本低的优势，加大机器语言翻译在国家文化公园语言翻译服务中的占比；另一方面，传统的人工语言服务具备面对面交流以及拥有人文关怀和情感关怀的优势，特别是在细分市场领域中仍旧占有一席之地。例如，在以面对面交流为特色的研学旅行活动和高端定制旅游等场景中,具备语言翻译技能的服务人员,在其中仍旧扮演极为重要的角色。但同时,也对提供语言翻译的服务人员提出了更高的要求,专业化的翻译服务人员,不仅要具备高水准的语言翻译能力,同时也要具备一定的情感交流和沟通技巧,以及深厚的文化知识储备。

加强国家文化公园国际化发展过程中的语言翻译服务,既要充分利用新技术发展带来的语言翻译服务领域的创新与变革,又要不断提升传统语言翻译服务人员的综合素养,打造一支以提供高质量、高标准语言翻译服务为己任的高精尖语言翻译服务团队,共同推动国家文化公园语言翻译服务向高水平方向发展。

(三)提升数字技术在语言服务中的作用

语言翻译服务的核心是精准高效的翻译,传统人工语言翻译服务,受限于人力成本、时间成本和资金成本等的限制,往往只能在较小的范围内发挥作用,而在已经无处不在的互联网环境下,人工语言翻译服务的局限性越发明显。近些年,自然语言处理技术取得长足进步,使得基于大数据和人工智能技术的机器语言翻译服务越发成熟,翻译的准确率不断提升。特别是在日常生活中需要广泛使用的语言翻译领域,越来越多的传统语言服务场景正在被机器语言翻译服务所替代。以基于深度学习的机器语言翻译为例,随着机器翻译所使用的语料库资源不断扩大,拥有强大自主学习和高效纠错能力的机器语言翻译服务,已经摆脱原有翻译质量低下的传统认知,如今的信息技术已经可以提供接近专业水准的多语种语言实时翻译服务。并且,随着机器语言翻译服务使用范围越发广泛,其翻译的准确率和有效性仍在不断提升,实际上在越来越多的非专业领域,机器翻译的质量已经可以替代传统的人工翻译服务。在人工智能的加持下,计算机不仅能够提供单一的语言翻译服务,同时在海量数据资源网络的共同作用下,计算机已经可以在很大程度上实现人机智能交互。

长期运营的机器语言翻译服务,还具有标准化程度高、翻译实时性强、边际成本低、可以提供智能推荐等的综合优势。例如,在如今的国际旅行中,数字技术不仅可以提供多语种语言翻译服务,还可以根据用户所处的地理位置信息，以及对自然语言内容的理解，实现互联网资源库的链接，向国际游客提供智慧化的吃穿住行学等内容推荐。

因此，在可以预见的未来，机器语言翻译服务将在国家文化公园国际化发展过程中发挥越来越重要的作用，随着大数据和人工智能技术在国家文化公园语言翻译服务中的深度融合，可以进一步提升国家文化公园国际化发展过程中的语言翻译服务质量。

第六节　国家文化公园人才国际化

当前，由于国家文化公园仍然是一个较为新颖的理念，针对性的管理人才比较匮乏，这也是国家文化公园建设过程中即将面临的主要问题。例如，赵朝霞等（2021）在探索大运河国家文化公园建设人才素养时发现，我国获批非物质文化遗产传承人的申请者年龄普遍偏大，自身文化水平较低，后备人才青黄不接，导致一些非物质保护传承人难以为继，甚至出现人才断层。另外，高校"非遗"人才培养，没有专门"非遗"传承人培养方向，大学生对"非遗"的传承、保护和利用的认知不够。人才服务是国家文化公园国际化发展的核心组成，只有提供高水平、高标准、高素质的国际化服务团队，才能真正有效地提高国家文化公园国际化发展水平。针对国家文化公园不同领域的发展需求，应该进一步加强专业性人才引进与建设，特别是打造具有中国特色的国家文化公园管理文旅创新型人才教育培养模式，并将此模式贯穿于国家文化公园相关产业的人才培养体系当中。国际化人才服务队伍的建设可以围绕国际化管理团队、国际化对外交流传播和市场营销人才、国际化数字产业管理人才、国际志愿者服务队伍等几个方面开展。这几部分人才服务队伍的相互合作、相互配合，是提高整个国家文化公园国际化服务水平的关键。

一、国际化文旅产业管理团队培养

早在2004年我国就设立了相应的文化产业专业,在初期培养文化产业管理专业人才主要需要正确指导思想的理论基础、体现特定的人才定位要求和人才培养目标等要求(方东,2009)。同时,文化产业高层次人才应该是国际型、复合型、实用型以及创新型的人才(欧阳有旺等,2006)。但我国文化人才存在总量偏少、精英不多、结构失衡、分布不均等问题,优秀人才稀缺已经成为制约文化产业发展一大瓶颈(欧阳友权,2012)。因此,针对国家文化公园建设中缺少文旅产业管理相关人才问题,应不断加大专业人才培养的力度,并积极培养与引进具有国际化视野的高质量文旅产业管理人才。

高素质的国家文化公园国际化管理团队成员,需要具备先进的国家公园管理经验以及国际化视野,能够将国际知名的国家公园管理模式,与我国的国家文化公园管理实际相结合,将国际化思维落到实处,切实改善国家文化公园的国际化服务水准。同时,国家文化公园独特的文化资源属性,使得国际化管理团队在实际运营过程中,需要能够将文化资源与国家文化公园有机结合。在国家文化公园国际化管理团队人员的选取上,不仅对管理者的管理水平和国际化视野提出了更高的要求,同时也要求管理者能够对国家文化公园中所蕴藏的优秀的文化资源有更加深刻的理解,能够有效挖掘中华传统文化资源在国际化发展中的独特定位。因此,对于国际化管理团队人员的培养,不仅需要具备专业化的公园管理能力,对文化交流和文化贸易也要有深刻的认识。在具体的团队建设层面,一方面可以积极吸纳具有国际化管理背景的从业人员,另一方面可以积极借鉴高等院校文化贸易交叉学科高质量人才培养模式,将高端复合型人才培养纳入管理人员培养体系当中。

首先,重视文旅跨领域复合型人才培养。政府应牵头,企业积极主导,与高校资源联动,建立政、产、学、研、用有效联动机制,为企业发展储备人才,解决人才需求问题。依托高校以及研究机构,整合资源,构建机制完善、高效的人才培养体系,进一步优化从业人员素质。着力培养语言精通,深入掌握经济学、旅游管理规划等相关知识的文旅产业专有人才，提高文化产业交叉型人才培养能力。其次，构建文旅产业人才引进体系。制定中长期人才需求规划，定期或阶段性发布人才需求目录。开辟高层次人才引进绿色通道，实行待遇差别化政策。不断引进国内外高端文化人才，面向国内外引进文旅产业的战略型人才、产业运营领军人物和高层次文艺专业人才，建立人才培养服务体系。

二、对外交流传播和国际市场营销人才培养

在国家文化公园国际化发展的需求下，对具有专业数字技能、精通语言、跨国工作能力的国际化复合型人才产生了巨大的需求。对外交流传播管理的国际化复合型人才需要运用外语进行日常沟通和交流，懂得当地政治文化、风土人情甚至政策法规，更重要的是具备国际化的思维模式以及全球性的视野，同时要具备专业的知识技能。而目前国际化传播人才的培养面临外语应用型人才匮乏、"传播+外语"综合能力欠缺等问题，要想讲好国家文化公园中所蕴含的"中国故事"，仍然要重视国际化的对外交流传播管理人才的培养。

加强跨文化能力培养。跨文化能力是国际传播人才的核心素质，跨文化传播是讲好中国故事的重要途径，跨文化能力培养对提高国际传播人才质量具有重要意义（陈欣，2020）。国家文化公园的一个重要功能就是向世界展示中国文化，讲述中国故事。首先，要求国家文化公园对外传播交流管理人才要有极大的文化知识储备，不仅是对国家文化公园相关文化的熟知程度，还要对国家文化公园海外目标受众群体及地区的文化有相应的了解，培养国际化全球化多元化的视野与观念，拥有高度的共情能力与责任意识，在传播与交流过程中才能够促进双方的沟通，推进国家文化公园价值理念的高质量有效传播。其次，语言能力。语言是沟通的基础，在国家文化公园国际化发展及国际传播的过程中也是必不可少的一部分，应该重视语言知识与实践应用的融合培养。同时，一些非通用语种翻译人才短缺已成为制约中国文化对外传播的重要瓶颈，因此不仅要培养英语等应用范围广泛的语言人才，还要重视多语种文化型人才培养体系的设置。最后，还要有一定信息与传媒敏感度。对于对外传播交流

型人才,时常面临的是极为庞大的信息量,以及突发性的沟通处理,因此要有对相应的热点新闻信息有感知度,同时要有归纳提炼的能力,能够广泛阅览当下国际社会所应用到的社交媒介的信息内容,保持内在信息的实时更新。

国家文化公园国际化发展离不开高素质的市场营销团队,特别是具有国际视野、熟悉国际市场规则、了解目的国市场需求的市场营销团队。长期以来,国际市场推广工作都是中国企业面临的严峻挑战,对不同国家文化背景理解的偏差以及对国际市场竞争准备的不足,经常会造成中国品牌国际化困难重重。经济全球化使得我们不能轻易放弃国际市场,国家文化公园更是肩负着国家形象和传统文化对外传播的历史使命,国际化之路是国家文化公园的必然选择。从国际市场营销角度出发,国家文化公园具备打造高端品牌形象的实力,面对国际消费者日益多元化和个性化的消费需求,国家文化公园应该采用差异化的市场营销策略,结合不同国家文化公园的自然资源和人文资源特征,选取诸如运河文化、长城文化、户外运动文化等不同主题设计的市场营销活动以吸引不同消费群体。通过构建全球化营销、绿色营销、文化营销、整合营销等理念,以产品创新、渠道创新、营销理念创新等为手段,来更好地开拓国际市场,赢得海外消费者的青睐。[1]同时,基于互联网的数字市场营销正在成为当前国际市场营销的重要途径。随着人工智能技术的普及,基于互联网的国际市场营销精准度大大提升,国际市场开拓效率不断加强,而综合成本更加合理。国家文化公园有大量的自然资源和文化资源,非常适合利用数字技术呈现在互联网环境中,特别是借助诸如Twitter、YouTube、Instagram等社交网络平台,往往能够实现超越传统主流媒体平台的推广效果,实现对特定海外消费群体的精准推荐。

三、国际化数字产业管理人才培养

国家文化公园建设所需要的国际化人才涉及国际贸易、信息技术、知识产

---

[1] 李娟:《经济全球化视角下国际市场营销策略分析》,《商业经济研究》2016年第19期。

权等多个不同的专业领域，这类高端人才的培养应充分依托于相应区域内人才聚集的优势，通过加大对高等院校及特色专业的支持力度，与国家文化公园区域内国际化企业的通力合作，实现国际化、数字化专业人才的创新型培养模式，结合国家文化公园数字化发展现状和未来重点发展方向的需求，以数字化产业需求为引导，加大对跨专业、跨领域的高端创新型数字人才的引进和培养，以提升对国家文化公园数字国际化发展的带动作用。

首先，高素质技能型人才。数字经济发展背景下，人工智能领域高素质人才的重要性愈发凸显。目前劳动力市场高素质人才的结构性短缺，成为制约诸多中国企业发展的核心瓶颈。因此，国家文化公园要想适应数字经济的发展趋势，不但需要技术研发型人才，而且需要把技术应用到实践中的高素质技能型人才。其次，创新型管理人才。数字化发展改变了人们的日常生活，也改变了传统模式下的管理理念。企业管理者面临商业模式变革、关系日益模糊化、企业组织复杂化以及顾客追求个性化等挑战。因此，数字化时代需要创新型管理人才。同时，也不能忽视基础性人才的培养。随着经济结构调整和产业结构升级，基础性人才将发挥越来越大的作用，一定程度上影响了区域经济发展能否更平稳、更有后劲。在数字化的时代背景下，光有高端人才的引领是远远不够的，还需要树立整体性和包容性的人才培养理念。

四、多元化国家文化公园志愿者服务队伍

志愿者（Volunteer）一词来源于拉丁文中的"voluntas"，本意是"意愿"，志愿者是自愿贡献个人时间和精力，在不计物质报酬的前提下，为社会福利和社会公益事业提供服务的人员。志愿服务（Volunteer service）是指任何人自愿贡献时间和精力，在不计物质报酬的前提下，为推动人类发展、社会进步和社会福利事业而提供的服务。[①]从国际经验来看，志愿者是由国家公园运行中极为重要的服务人员组成，不以经济利益为考量的志愿服务往往能够提供更高质

---

① 徐柳：《我国志愿者组织发展的现状、问题与对策》，《学术研究》2008年第5期。

量的服务，对国家文化公园的形象建设具有非常积极的促进意义。国家文化公园国际化发展更加强调志愿者队伍的多元化来源，无论是在校学生，还是海外归国华人华侨，或是退休教师和企事业员工，凡是具有家国情怀与爱国情操，同时具备一定的国际化交流能力，愿意为志愿服务付出相应的时间与精力的人员，都可以作为志愿者队伍成员的重要来源。同时在年轻学生中积极推动志愿服务，在一定程度上有助于年轻学生工作经验的积累和人生价值的实现，以及拓宽年轻人的就业方向。

第六章
CHAPTER 6

国家文化公园国际化发展的策略

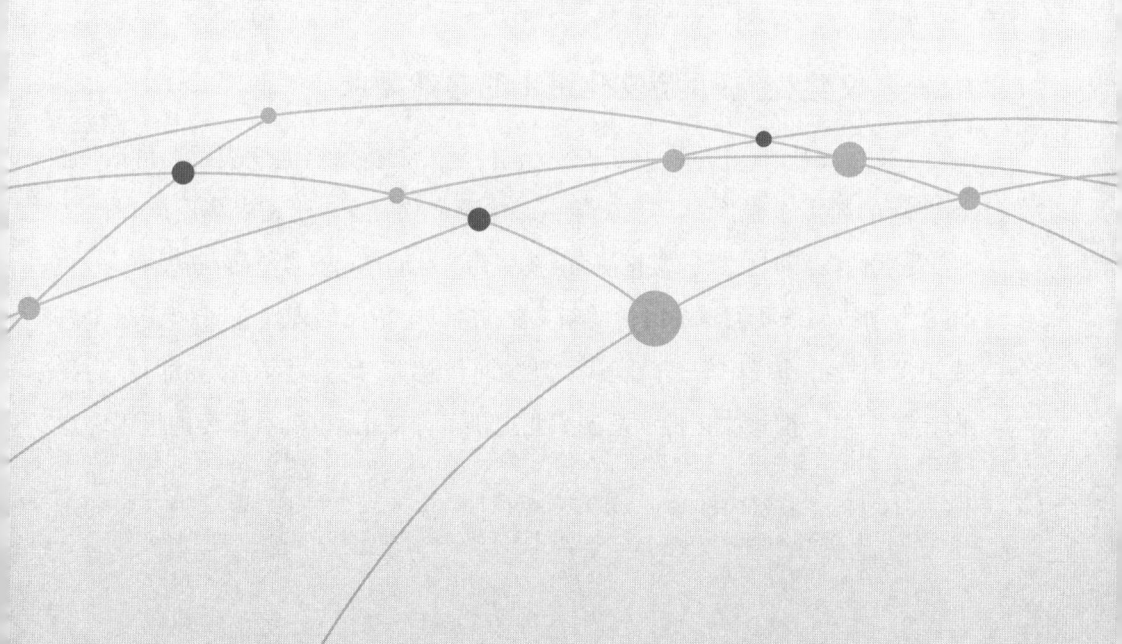

国家文化公园不同于传统意义上的自然景观公园、城市规划公园、主题休闲公园等，国家文化公园承载着更多的人文、历史等民族文化情景，国家文化公园的国际化发展不仅要满足旅游休闲的基本功能，也要在市场化的同时承担起整个国家形象和民族文化资源的对外传播功能。

国家文化公园的国际化发展是一项极具挑战性的工作，具体内容包括：推动中国优秀文化遗产的传承与保护；提供支撑服务国家公共文化事业发展的平台；推动以国家文化公园为核心的文化产业创新发展；实现基于国家文化公园的对外文化交流与合作；构建符合市场化需要的对外文化贸易体系等。实现国家文化公园的高质量国际化发展，需要结合国家文化公园的独特定位及自身优势，同时积极借鉴国际先进的国家公园建设与管理思路，打造能够体现我国经济发展和文化特色，符合国际先进国家文化公园标准的国际化发展之路。这一过程中，具体的实施策略介绍如下。

第一节　以文化交流提升国家文化公园国际影响力

一、文化交流：世界文化进步的必然要求

2023年6月2日习近平总书记在文化传承发展座谈会上发表重要讲话，强调在新的起点上继续推动文化繁荣、建设文化强国、建设中华民族现代文明，是我们在新时代新的文化使命。要坚定文化自信、担当使命、奋发有为，共同努力创造属于我们这个时代的新文化，建设中华民族现代文明。[①]习近平总书记深刻把握建设中华民族现代文明的时代意义、历史意义、世界意义，为我们在新征程上推进文化传承发展事业提供了行动指南，具有重要的里程碑意

---

① 《习近平在文化传承发展座谈会上强调担负起新的文化使命　努力建设中华民族现代文明》，全国哲学社会科学工作办公室网，http://www.nopss.gov.cn/n1/2023/0604/c432288-40005781.html，2023-06-04。

义,这是让世界了解中国文化、中华文明的重要契机。党的十八届五中全会从推动我国文明协调发展的高度,对文化改革发展做出了全面部署,把文化改革发展工作提到战略高度,特别是关于"加强国际传播能力建设,创新对外传播、文化交流、文化贸易方式,推动中华文化走出去"的论述,充分体现了党中央对这项工作的高度重视。

在全球化的背景下,文化交流在国际事务中的作用和地位日益凸显,世界各国普遍重视利用文化交流来展示本国文化,提高和扩大国家的影响力。当文化交流成功地将一种理念推销出去时,文化也就随之"走出去"。文化交流是世界文化进步的一个重要条件,也是推动文化全球化和多样性的内在要求。中国政府历来非常重视对外文化工作,充分认识到对外文化交流的意义和作用。随着改革开放的不断深化和扩大,对外文化工作的领域也在不断扩大,对外文化交流的形式日趋多样。文化交流成为国家总体外交战略的一个重要组成部分,在促进国家政治关系的发展上发挥了不可替代的作用。经过长时期的探索和实践,我国基本形成了政府与民间并举,引进与输出并重,多渠道、多层次、多方位、多形式的对外文化交流格局。中国民间文化交流和国际文化贸易从无到有,不断扩大,一批优秀的文化艺术产品和展览走出国门,取得了良好的社会效益和经济效益。中国与联合国教科文组织等国际文化组织的合作不断加强,参与多边国际文化活动更加主动,中国文化在国际社会的影响力进一步提高。

二、制定国家文化公园国际交流方略

2016年以来,发达国家纷纷出台新的文化政策,英国的《文化白皮书》(The Culture White Paper)、荷兰的《国际文化政策纲要》(International Cultural Policy Framework)、欧盟的《与欧盟议会、欧洲理事会的尖端交流——迈向欧盟国际文化关系新战略》(Oint Communication to the European Parliament and the Council—Towards an EU Strategy for International Cultural Relations),将本国或本区域的文化发展国际战略呈现于世,通过"文化交

流""文化贸易"以及"文化投资"等多种路径促进本国文化在全球的传播与发展。

同时,中外人文交流机制日益丰富,中德政府磋商机制,中法、中欧、中英等丰富的人文交流机制使得中国与世界各国保持越来越密切的文化接触。中国成为西方国家文化发展战略的焦点,荷兰等国将中国作为文化发展国际战略中的重要合作对象,重视本国文化在中国的推广。近年来中国成为西欧等发达国家进行文化投资的焦点国家,如德国地方政府出资支持中国文化活动的举办、中国文化主题艺术展览,英国财政拨款中英剧院合作演艺人才培训。西欧发达国家对中国文化市场的高度关注,以及对中国文化领域的投资大幅增加,督促我们将这种挑战转化为发展机遇。

因此,要在当前国家文化公园发展规划的基础上重点制定国家文化公园国际交流战略。坚持平等交流、兼收并蓄,追求互利共赢、共同发展,同时重视社会组织的国际交流影响,在强调政府间交往互动,主流媒介报道的同时,重视智库、社会组织等展开的民间外交,不忽视行业协会、非政府组织、新闻媒体和当地社区等的影响,构建全方位多角度的国际交流方略。

三、建立国家文化公园国际交流常态化机制

塑造中国特色国家文化公园形象。国家公园形象塑造是其文化与气质的象征,蕴含了国家文化公园的历史文化,是国家文化公园的人文积淀,因此,要明确当前五个国家文化公园的各自定位,积极整合各特色文化领域,深入调研,了解其核心文化竞争力,从长远出发扩大国家文化公园品牌影响力,打造专属名片,增加国家文化公园吸引力。

构建国家文化公园国际交流平台。利用"一带一路"、RCEP等区域合作利好,建立国家文化公园相应的国际交流平台,以演艺产业为例,丝绸之路国际剧院联盟是世界范围内第一个跨区域、跨国家的剧院联盟,也是到目前为止第一个较为紧密的联盟性演艺类实体组织。因此,它的成立和发展,受到了国内外业界同行的极大关注。丝绸之路国际剧院联盟的发起、成立和发展,则是在

近年来国内外都兴建了一批高水平剧院设施、表演艺术市场在互联网信息时代呈现新的繁荣态势背景下进行的。同样，在构建国家文化公园国际交流平台时，要充分发挥其文化的"引擎"作用，开展深层次、多样化、重实效的交流合作项目，以开放的眼光和全球化的视野搭建平台，积极参与和拓展文化交流，促进参与国家的文化繁荣与发展。

以城市外交推进国家文化公园互联互通。全球化进程下世界各国和地区之间相互依存、相互关联，形成世界范围内的有机整体，城市外交代表着双方国家在城市层次上的交流与互动，同时，也是中央政府对促进对外开放的充分体现。城市外交是城市参与国际交往的重要形式。城市外交，一方面服务了国家整体外交战略布局，另一方面也同时促进了国家及地区经济社会发展和城市战略定位相关政策的实施。如何通过城市外交推动文化建设，成为当前战略定位及推动文化贸易高质量发展的重要内容。要以当前已建立的城市外交为基础，如友好城市等，开展以国家文化公园为主题的文化交流相关活动，若双方城市皆有国家文化公园建设规划，则可以更好地交流互鉴建设经验，以此推进城市、国家乃至区域间进行更多的跨国和跨区域合作，从而带动文化的互联互通。

利用重大节庆会展等活动有效实现国家文化公园的国际交流。一方面，积极参与国际目前具有较强影响力的节庆会展，带动国家文化公园区域内相关政府及市场主体积极参与国际交流，同时打造国家文化公园高端国际展会公司，集聚企业资源，与国内外行业协会、海外展览公司等建立良好合作关系，共同发力；另一方面，打造具有中华文化特色的国家文化公园高质量展会及论坛，综合国家文化公园文化资源，如文化遗产等，打造具有国际影响力的展会与学术性论坛，带动国家文化公园文化价值理念全面有效实现国际交流，吸引境外人群及市场主体前来观展与参展，充分满足其文化交流与体验。同时，利用重大国事赛事主场活动的举办，如奥运会等，将国家文化公园作为重要内容纳入到其中，以其为媒介，推进中外文化的广泛交流。

第二节　以文化贸易增强国家文化公园国际竞争力

一、立足文化贸易高质量发展新阶段

首先,要贯彻文化贸易发展新理念。文化贸易的快速发展有助于不断拉动文化消费和投资的高质量增长;促进经济结构调整,推动产业进出口结构优化升级,打造文化出口竞争新优势;增强以品质占优、技术领先、知识产权制胜的文化市场竞争能力;不断优化文化资源配置,激发社会活力,通过创新与创造进一步解放文化生产力,从而提升中华文化国际影响力,增强国家文化软实力。可以看到近些年党中央颁布多项与文化建设相关的政策意见,全方位多举措继承发展中国文化,例如2016年5月,文化部等四个部门出台《关于推动文化文物单位文化创意产品开发若干意见的通知》,以及2016年11月29日,国务院出台《关于进一步加强文物工作的指导意见》(国发〔2016〕17号),包括2014年以及2022年发布的文化贸易发展的政策意见等,其实都与国家文化公园建设中文化遗产的传承与发展息息相关,在国家文化公园的国际化发展过程中要紧抓文化贸易发展新趋势,做好国家文化公园文化贸易发展规划。

重视跨国企业主体,通过务实合作生动传播国家文化公园。当前,中国参与国际贸易的主体越来越多元,至今已有80多家中央企业在"一带一路"沿线国家设立了分支机构,国有企业是当前中国企业"一带一路"建设的先行者和主力军,民营企业也不断参与其中。塑造中国企业国际文化形象,提升中国企业的文化传播能力。企业"走出去"和文化交流与文化传播的实现并不是因果关系,文化交流与文化传播并非文化企业"走出去"的目的或动因,而是当企业自主地选择开拓海外市场,文化交流与文化传播的功能就随之自然发生,即在开展国际贸易与投资过程中,以产品与服务为载体,伴随着交易的发生,文化交流与文化传播自然而然地发生。国家文化公园在国际化发展过程中要不断培育与引进具有国际影响力及竞争力的跨国文化企业,设计生产与国家文化公园

价值理念相符的高质量产品与服务,依托文化公园区域内国家文化出口基地等优势,充分发挥集聚优势。

重视国家文化公园文化企业自身信誉形象传播。越来越多的国内文化企业成长为跨国企业,与海外进出口商发生交易与交往,但企业的海外公众形象却因时常发生违约行为而大打折扣。诚信是社会运行的基本准则,尤其在经贸领域诚信是企业经营和存在的基础,文化企业由于其特殊性往往面对更多诸如政治、文化保护因素的影响,不确定性风险更高,企业履行合同面对更大的压力,但也不应因此降低对企业信誉的要求,反而应该更加重视商业承诺和义务的兑现,因为诚信不仅关乎企业道德与企业形象,更直接影响着企业运行的效率,越是在市场机制成熟的国家,更高的企业信誉等级往往意味着更高的融资额度以及更加宽松的监控和审查环境,从而越能给企业发展带来更多的金融保障和更低的经营成本。

二、推动国家文化公园文旅服务产业开放发展

促进国家文化公园文化与旅游产业融合发展。我国旅游产业和文化产业已经步入了一个新的发展阶段,文化产业发展面临着体制改革和产业化发展的历史重任,旅游产业发展已进入转型升级、全面提升产业素质的关键时期。实现文化产业和旅游产业的融合,使两者互为条件、相互促进、科学发展,既是推进旅游产业转型升级的必由之路,也是推动文化产业大发展的客观要求。通过联通国家文化公园国内外消费市场,推动形成全面开放新格局,重视境外消费服务贸易模式,促进文化和旅游消费升级,以消费升级全面开放,激发文化和旅游深度融合。

培育好中国市场的生态,是我国旅游产业高效率运行的强心针。中国改革开放带动了文化繁荣和旅游发展,激发了文化和旅游在市场和产业层面的融合,文化旅游服务贸易作为最广义的文化交流也连接起中华文明与其他文明的沟通交流与互鉴。游之有物,旅之有方,创新服务贸易模式,以市场为导向提升外国人入境消费的规模和质量,从而真正实现"1+1大于2"的效果。

用足用好文旅发展新形势。当前文旅产业的发展已经超越传统的出入境游的理念,很多全新概念与文旅形态随着时代的发展应运而生,例如2020年,面对疫情防控、出行受阻的新常态,在文化和旅游部的指导下,我国在全球114个驻外使领馆文化处、43家中国文化中心、24家驻外旅游办事处,纷纷利用网站和国外各类社交媒体平台,开展"云·游中国"在线系列活动,内容包括旅游图片暨视频展播活动、中国抗疫主题短片和音乐作品展映、在线实时汉语课程和太极网课等,让各国民众足不出户便可领略中国大好风光,感受中国文化魅力,取得了良好效果。同时,文旅元宇宙的概念也被提出,例如2022年1月,武夷山发布"元宇宙旅游星链计划",上线"链尚武夷"数字藏品平台,着力打造全球首个旅游城市元宇宙,上海海昌海洋公园举办"虎鲸骑士团·开启海洋NFT数字盲盒"活动,并以此作为链接元宇宙的起点等。①

深化国家文化公园服务业和服务贸易发展,扩大开放领域。以贸易和投资自由化便利化为代表的经济全球化,促进了世界各国的国际交流与合作。全面开放新格局顺应了新时代形势发展的需要,经济一体化发展是全面开放新格局的重要纽带。通过国家文化公园全面开放,深化其服务业和服务贸易发展、扩大开放领域,打造国家文化公园国际化营商和消费环境、吸引外资投入,丰富国际消费新模式新业态、打造开放平台,从而促进服务贸易境外消费的发展。时下,全球产业结构、需求结构、贸易结构发生重大变化,因此国家文化公园的建设不仅要适应新的经济形势,深化改革开放,还要不断提升国际竞争力和对外影响力,对此,建设法治化的国际化营商环境是一个地区有效开展国际交流与合作、参与国际竞争的重要基础。通过打造法治化的国家文化公园国际化营商环境,建立与全球经济相适应的管理体制和运行机制,必将进一步吸引各类跨国公司的投资,增强国家文化公园对外开放的优势。

---

① 冯学钢、程馨:《文旅元宇宙:演化路径与产业逻辑》,《上海经济研究》2022年第7期。

三、创新发展国家文化公园数字文化贸易

推进国家文化公园数字文化贸易理念革新。数字文化贸易的发展是大势所趋，在世界范围内呈现制度体系日益完善、智能贸易日益凸显、贸易内容及形式日益多元化的特征。因此，亟需深入研究数字文化贸易的独特规律和未来发展趋势，以新发展理念为引领，以数字服务全球价值链构建，以核心竞争力提升为目标，从数字科技要素、数字服务产品、数字产业发展等层面推动促进数字服务贸易的全面繁荣和深度融合渗透。立足于国家文化公园文化根基的优势和特色，推动国家文化公园特色和水准的数字文化贸易国际合作，加强国际的数字信息共享与合作，将数字化融入国家文化公园规划发展理念。

优化高质量国家文化公园数字文化贸易发展政策环境。出台国家文化公园数字创意经济及数字文化贸易发展规划和利好政策，将数字文化贸易纳入支持重点，对数字企业的研发投入、IP开发和运营、人才培训、海外市场开拓、海外维权等项目给予资金支持，探索企业应用新技术、开展数字化转型升级的财税财政，探索建立财政资金与金融政策相结合的多元化支持体系。加快完善数字文化贸易争议解决机制，支持实力较强的仲裁机构探索设立数字仲裁院，做好法制保障。全面落实《网络安全法》，加强对跨境数据流动的安全性评估，鼓励企业建立数据安全和风险内控管理体系，保障数据依法有序地自由流动。

跨界融合推动国家文化公园产业转型升级。随着当前数字创意产业逐渐转型升级，国家文化公园在未来应努力促进形成"数字创意+"新型业态。在"互联网+"的基础上，把数字创意产业融合理念落实到位。将数字创意与国家文化公园相关电商、社交媒体、教育、旅游、农业、科技等领域融合，培育更多新产品、新服务和新业态。普及并深入数字创意在电子商务、社交网络、虚拟现实购物、社交电商、粉丝经济、在线教育等领域的应用，催生出更多的数字创意内容精品。

守正融新，推进国家文化公园数字文化贸易基础平台建设。整合国家文化

公园既有资源，发挥优势文旅产业与数字相融合，大力发展数字化文化服务贸易，数字化教育服务，数字化旅游服务等"数字+"服务贸易新模式，以数字化带动国家文化公园建设，以数字化进一步推动国家文化公园国际化发展，以数字化提升入境旅游体验感，促进国家文化公园境外消费，同时以数字化景区，吸引更多的境外游客入境消费，倒逼产业升级，最终打造特色明显、优势突出、国际引领的国家文化公园数字文化贸易新业态。着力开展5G网络规模部署和试商用，推进5G、物联网、IPv6等应用部署，支持基础电信企业实施网络架构升级，促进网络智能化改造，全面提升基础支撑能力和服务质量。探索建设国际通信出入口局的国际互联网数据专用通道，优化网络构架，减少跳转层级，积极推动建设快速响应的国际通信服务设施。

第三节　以文化传播推进中华优秀文化海外辐射力

国家文化公园对于中华文化传播的贡献应当是多向度、立体化的，要深刻思考国家文化公园与国家国际化战略的系统协调、国家文化公园文化"走出去"的传播体系构建、可持续的国家文化公园中华文化国际传播长效机制的建立等问题，构建国家文化公园中华文化国际传播的多元化视角，重视内容、渠道、民间多维度传播形式。

一、构建国家文化公园国际传播的多元视角

构建国家文化公园文化国际传播的时代视角。毋庸置疑，在经济全球化的进程中，中国在全球经济贸易中的地位逐年上升。伴随中国成长为世界第二大经济体的进程，中国文化必然走向世界，这是当今时代对于中国的强烈需要，"讲好中国故事、传播好中国声音"也成为当今时代迫切需要中国文化实现有效国际传播的"题中应有之义"。同样，国家文化公园作为中华文化对外传播的重要载体，在当前世界局势瞬息万变的背景下，更要时刻把握好经济、文化等

当前发展趋势与特征。例如,在后疫情时代,人们逐渐偏离传统的文化传播路径,线上与线下,虚体与实体,创新与传统等逐渐交融汇合形成了文化传播的新常态,云上传播突围崛起,实现了时空的突破,更扩大了文化的传播范围,创新了文化传播形式,新媒体从边缘走向了主流,亚文化持续发酵,文化传播更讲究从"僵硬传播"转向"柔性传播"①。国家文化公园在当前特殊的节点下,应深研并总结好当下成功的传播经验,结合国家文化公园自身发展特点,选择特定的传播载体与形式,实现高效且范围广泛的国际化文化传播。

构建国家文化公园文化传播的世界视角。全球化的背景下,不仅经济呈现全球化的特征,文化亦是如此,文化全球化也是文化发展的必然趋势之一,要认识到媒介格局正在发生重构,文化传播环境产生巨变,价值期待更加多元。②也可以看到,国际社会中各主体也越来越重视文化的传播,且已经形成不少具有全球化特征的文化标识,以中国传统文化为例,因功夫电影全球化的发展,使得中国功夫的形象在全世界民众心中留下深刻印象,促进了中国功夫国际化发展之路,2020年纪录片《寻找功夫》在国际斩获了多项大奖,是一个美国导演站在海外资深功夫爱好者的角度上,深入探索中国功夫文化,见证了功夫的国际影响力。因此,要站在整体全球化发展的角度上,树立国家文化公园国际化发展的世界视角,寻找、挖掘并构建国家文化公园中具有世界代表性、国际化意义的中华文化标识。

构建国家文化公园文化传播的自身视角。在这个特殊的历史机遇期,国家文化公园亟待布局全球,制定适宜的发展目标,构建起"国家文化公园中华文化发展的国际传播战略"。发挥国家文化公园作用,在开放中实现国家文化公园文化传播的辐射效应,使国际社会更加了解、尊重、认同中华文化和价值观。在国家文化公园国际传播过程中还要不断增强亲和力,为国家文化公园国际传播战略的有效实施保驾护航。同时,不忽视自身,要培育文化自信,虽然国际化发展的主要目标是海外受众群体,但其基础是国内人民对于国家文化公园文

---

① 陈圣来:《后疫情时代中华文化的国际传播》,《现代传播(中国传媒大学学报)》2021年第10期。
② 吕华:《全球化背景下中华文化融媒体国际传播的挑战与对策》,《中国广播电视学刊》2022年第5期。

价值理念的深刻认同，需要整体规划国家文化公园的发展方略，统筹国家文化公园文化相关广播、电影、电视、演艺、图书、动漫、网游、创意设计、博物馆、图书馆、体育、文化旅游等政策，使文化政策在国家文化公园建设过程中更具针对性和有效性。

二、重视国家文化公园文化内容与渠道传播

如今中国逐渐走向世界舞台的中央，更高水平的开放及数字技术的快速发展必将使中国实践、中国智慧以更快速度、更新媒介呈现给世界，因此培植好中华文明的土壤是"讲好中国故事，传播好中国声音"的前提基础。国家文化公园国际化传播的重要基础就是"做好自己的事"，而当前我国文化国际传播仍面临着力不足、传播效果低下等问题，要针对不足，在国家文化公园建设过程中重视文化系统整体、"全域"以及"无用"传播，让国家文化公园在内容和渠道传播两方面实现突破。

重视文化系统整体传播。可以看到当前在中华文化国际化传播的过程中，出于政府管理部门的分工等原因，条块分割严重，"各司其职、各管一方"的情形非常普遍。多年来，无论政府管理部门还是企业组织或个人，对中华文化国际传播的认识不充分，国际传播观念守旧，通常只是"为传播而传播""为报道而报道"，不能形成政府、组织、群体、个人从事跨越国界的系统信息传播。往往是只关注媒体呈现本身，而忽略其他群体和个人的传播作用；只重视新闻报道本身，而忽略其他产品、企业、市场等的媒介反馈；只重视政府层面的官方对外交往，而忽略其他层面的民间外交；只重视文化艺术交流本身，而忽略其他任何形式的交往互动等等。在国家文化公园国际化传播中要形成多主体、全方位的系统性、有效性联动，重视政产学研等各界全面性建设意见，实时关注各方信息反馈，多层面挖掘对外文化传播渠道，与众多可能性的或潜在的文化传播力量建立长期、可持续性的联结。

重视文化对外"全域传播"。中华文化国际传播的效果不理想，主要原因是缺乏对中华文化"全域传播"的理解和认知。"全域传播"是渗透到骨髓的国际

传播，在跨国交流与交往中无所不在。长期以来，中国更加关注媒介传播理论与实践研究，但是对于文化内容传播、多元渠道传播、国际市场传播、民间外交传播等并未给予足够的重视，传统与现代文化的国际传播、国有与私营主体的国际传播、交流与贸易的国际传播、纸媒与数字媒体的国际传播、传媒业与非传媒业互动的国际传播、群体与个体的国际传播、"走出去"与"请进来"的国际传播等都应包含其中。

利用一切可用资源，通过"无用"传播提升品质。美国华盛顿波特马克河畔种满日本的樱花树、大英博物馆参观导览器上的大韩航空赞助、西班牙巴塞罗那奥运主场馆外韩国冠军的雕塑和纪念石碑等鲜活的案例细节，都充分体现出文化的国际传播无所不在。一切形式的交往和互动都应纳入中国国家公园国际传播的整体方案中。利用一切可以利用的资源和信息，通过"无用"传播，渗透于民众的日常生活方式中，真正提升中华文化对外传播的质量和效果。

三、重视国家文化公园文化民间传播

民心相通是文化传播的一个重要层面，在很多情形下，民间口碑的提升往往对文化传播产生更加积极的影响，其效果往往更具说服力，例如江苏省"美好江苏"海外社交媒体账号2020年就策划组织了四场"Go Jiangsu"（走遍江苏）外籍粉丝线下行活动，共有来自美国、印度等十几个国家的40多名外籍粉丝走进江苏，亲身感受各地的风土人情和文化魅力。外籍粉丝们通过个人社交媒体账号分享自己的活动体验和感悟，共发布相关帖文近80条，页面帖文覆盖人数超过350万，参与互动的人数超过20万。这种通过外国人开展线下和线上相结合的传播模式，对于做好中华文化国际传播产生了极大的借鉴意义。这就是民间传播的力量，因此要抓住国家文化公园中华文化民间传播的重要群体，发挥其在中华文化国际传播中的重要作用。

学界人才，尤其是国际问题专家，对外交决策有重要影响力；商业人才，最可能促成贸易与投资合作；青年领袖，尤其是大学社团的积极分子，是国家政界、商界、学界人才的储备力量，在社交平台活跃度高，往往对其他社会阶层有着特殊的影响力。重视针对外方智库、退休官员、有影响力的商界和学界人才的文化传播，重视针对外方第三方机构、行业组织及非政府组织的文化传播，加强人文交流，通过与外方重点领域、重点机构、重点人物的互动、互信、互鉴，以外方具有相当影响力的学界人才、商界人才以及青年领袖之口，讲述中国故事，提升中华文化国际传播的效果。

重视青少年群体，通过数字科技娱乐传播。青少年群体是世界的未来。中华文化国际交流与传播载体将紧随科技的进步而变化。目前传统载体仍占有较大比重，但其重要性和市场份额将逐步降低，越来越多的科技型文化产品与服务将成为市场主流，年青一代也将成为消费主体，科技娱乐、文化装备、网络游戏与网络节目的版权交易等将成为热点，因此，应促进创作、孵化有感染力的数字科技娱乐产品与服务，参与世界文化市场竞争，使得在世界任何角落的青少年都可以触摸和感知富含中华文化基因的数字科技娱乐产品与服务，在娱乐和体验中认知中华文化，进而喜爱中华文化。

重视华人华侨群体，通过同源同族巩固传播。随着中国综合国力的不断提升，海外华人华侨数量不断增加，据估算有超过5000万人，同时海外华人华侨的分布遍及世界各地，特别是在共建"一带一路"沿线国家和地区聚集程度高，在海外影响力不断提升，文化市场需求得到格外重视。华侨是指保留了中国国籍，但拥有其他国家的永久居留权或者长期工作生活在海外，仍然受到本国法律保护的人士；华人是指祖先来自中国大陆，或者自己本身是中国人，后来取得了所在国国籍的人士，例如美籍华人等。但是这个群体特殊而复杂，虽是同根生，却对中华文化的理解与认同存在差异，需重视培育和巩固海外华人华侨群体传播中华文化。

第四节　以数字技术赋能国家文化公园国际化发展

随着移动互联网、人工智能、云计算、物联网、区块链等创新技术的蓬勃发展，数字技术赋能正在不断改变和提升企业的运营和管理效率，[①]基于网络环境和数字贸易的创新平台，对于国家文化公园国际化发展的支撑和推动作用更是不容小觑。国家文化公园不同于传统意义上的旅游景区，在满足传统意义上的国际旅行服务的同时，还在国家对外文化交流过程中肩负着重要的历史使命。国家文化公园自身拥有着特色鲜明的旅游资源以及内涵丰富的文化资源，数字技术不仅是提升国家文化公园旅游服务质量、带动旅游经济发展的重要手段，同时也是将国家文化公园推向世界，让更多不同文化背景人群认可中华优秀文化的重要途径。

2022年3月，十三届全国人大五次会议在北京召开，会上李克强总理做了政府工作报告，首次以"单独成段"的方式对数字相关内容进行了表述，其中数字经济、数字技术、数字化以及数字贸易等都成了关键词。创新科技的飞速发展深刻地改变着各行各业的发展方向，也带来了人们生活习惯的巨大变革。数字技术赋能同时也为众多行业带来了新的发展契机，国家文化公园国际化发展也应充分利用数字化趋势，将创新数字科技和数字经济相融合，共同带动国家文化公园的高质量发展，推动国际化建设，将数字经济与国家文化公园国际竞争力建设、创新数字技术与文化遗产保护、数字传播平台拓展国际影响力等充分融合，成为国家文化公园国际化发展的必经之路。

一、数字经济提升国家文化公园国际竞争力

在创新数字科技的带动下，数字经济得到了迅猛发展，而且已经成为全球经济增长的新动能和新一轮经济发展的推动引擎。随着数字技术的不断发

---

① 陈剑、黄朔、刘运辉：《从赋能到使能——数字化环境下的企业运营管理》，《管理世界》2020年第2期。

展,数字化和信息化已经逐步渗透到了经济、文化、社会的各个层次和环节,数字经济及其技术应用已经成为挖掘我国文化产业发展潜力的重要驱动力量,通过改变我国文化产业原有的创新业态,促进文化产业的高质量发展(韩松、王洺硕,2022)。《中华人民共和国国民经济和社会发展第十四个五年规划和2035年远景目标纲要》明确提出"实施文化产业数字化战略,加快发展新型文化企业、文化业态、文化消费模式,壮大数字创意、网络视听、数字出版、数字娱乐、线上演播等产业"。数字技术有效拓展了文化贸易的内涵,提高了文化贸易的效率,也深刻地改变了竞争模式,但同时数字技术的发展也带来了文化产品知识产权保护、数据要素流动等问题(邵军、施震凯,2022)。同时,数字技术与文化产业相融合产生的数字文化产业还能够为乡村振兴提供高质量的文化产品供给,助推乡村传统文化的对外传播,促进乡村产业融合发展(周锦,2021)。因此,更要抓住数字经济发展机遇,带动文化产业转型升级,提升国家文化公园的国际竞争力。

　　首先,加强数字经济基础设施建设,利用数字平台高效发掘并合理配置国家文化公园中的相关文化贸易资源,推进高质量数字文化产品与服务的研发,加速国家文化公园相关文化产业的数字化变革,推进高质量数字文化创新成果在国家文化公园建设中的转化应用。其次,在推进国家文化公园数字化建设过程中,要重视相应监管政策的制定与知识产权的保护,进一步明晰各部门职责,对国家文化公园数字文化产业的生产、销售、投融资等过程进行更加全面的数字监管。同时,充分利用区块链、物联网、边缘计算等数字经济安全保障技术,构建灵活、高效、可靠的数字贸易产业链,助力国家文化公园在文化产业领域国际竞争力的有效提升,特别是在国际数字贸易市场竞争中占据一席之地。最后,数字文化产业是增强我国文化事业国际传播力的重要路径,也是提升我国国际话语权的主阵地(赖雨倩,2021),在发展国家文化公园相关数字文化产业时,要不断扩大对外合作,主动参与国际交流与传播,将数字文化产业的发展与构建国家文化公园对外叙述话语体系相融合,将国家文化公园的文化内核以数字化创新形式有效对外传播,最终实现文化品质与产业效益的双赢。

构建符合国际标准的国家文化公园对外贸易模式，一方面，可以有效汇聚各个国家文化公园的相关文化资源，有助于形成文化产业合力；另一方面，标准化的对外交易模式，有助于降低对外交流成本，减少各国文化例外带来的负面影响，规范对外贸易流程和保障对外贸易安全。在数字贸易不断发展的今天，网络安全问题给数字贸易带来了前所未有的挑战。标准化的对外交流交易模式，有助于保障数字贸易安全可靠地运行。对于国家文化公园自身的国际化发展来讲，数字经济是将国家文化公园融入国际市场竞争，实现国家文化公园高质量国际化发展的重要途径。

二、创新科技促进国家文化公园文化遗产保护

早在20世纪中叶，数字技术就已经开始与文化遗产保护相结合，包括对文化遗产的数字复制和虚拟化、建设非物质文化遗产的数字档案等。2005年我国提出要加强对非物质文化遗产进行数字化保护（韩美群、周小芹，2022），在数字经济背景下，文化创意产业与各地区的经济发展更是紧密地结合在一起，悠久的历史与深厚的文化底蕴为中国的文化创意产品提供了优秀的灵感和大量的素材，也推动了文化遗产保护与数字化的不断紧密融合（李思涵，2022）。非物质文化遗产档案保护是传统文化保护工作中的重要一环，从长远发展角度来看，以数字技术为代表的创新科技是激活非物质文化遗产最重要的形式之一，数字化能够有效促进对非物质文化遗产档案的及时性、多样化的保护（丁小然，2022）。同时，数字技术在非遗保护和展示方面的应用日益广泛，数字化技术使得非物质文化遗产的内涵与价值得以更大范围地拓展和传递，并在全新的空间获得与众不同的演绎，实现了虚实融合，传播主客体拓展，共情互动以及消费增值，从而使非物质文化遗产呈现出新的意义与价值（解梦伟、侯小锋，2021）。

数字技术服务非遗的保护在我国国家文化公园建设中已经有所应用，如文化遗产的数字化在大运河考古遗址公园和国家文化公园的景观设计中起到

了至关重要的作用。在已建或筹建的大运河考古遗址公园中，借助数字化技术自带的交互属性特征，打破传统文化遗产展示的静态方式，突破单纯靠单向信息传输的限制，让大众有机会以更多元的方式参与到考古遗址公园建设中（芮潇，2022）。同时，数字化技术的应用也为新时代黄河文化遗产更好地传承与发展提供了助力。以视觉的影像展示黄河文化遗产，并且以交互的形式增强了观众的体验感，从而进一步提升了黄河的品牌价值（杨帆，2022）。在国家文化公园的建设中，应进一步思考数字技术与文化遗产的创新融合形式，将数字技术充分应用到国家文化公园的文化遗产保护与展示中来，使文化遗产与大众产生进一步的情感连接，让文化遗产中超越时空的文化内涵与价值在新时代得到充分的释放。

三、数字传播平台拓展国家文化公园国际影响力

移动互联网时代，万物互联的发展趋势使得消费空间逐步向在线化模式转变，供给主体和消费主体都在日趋多元化，进而构建了生产消费一体化的复杂格局，同时激发了大众文化创意活力（黄永林，2022）。在建设国家文化公园数字平台时，首先，注重国家文化公园数字平台内容的精选，全方位考察与挑选国家文化公园与数字平台相匹配的文化资源，用国际化的语言表达将其综合性有重点地展示在国家文化公园数字平台中。在三网融合等领域，充分依托现代化信息基础设施，基于下一代广播电视网、超高清流媒体视频、5G高速网络、物联网等新技术、新模式、新业态，开展传统产业和新兴产业的融合发展，包括媒体数字化建设、互联网社交平台、搜索引擎等，推动国家文化公园数字内容的建设。依托互联网、移动智能终端等新兴媒体与音乐、动漫、影视、游戏、演出、艺术品、电子出版物、广告等进行融合，培育具有国家文化公园特色的数字化平台IP。同时，通过数字化平台的建设，不断提升国家文化公园的文化国际传播力，加强中国国家文化公园在国际相关领域内的话语权，加强政策引领，优化创作环境，为国家文化公园数字文化内容培育提供重要支撑。最终实现以打造开放共享、高互动性与体验感并存且具有中国特色的国家文化公

园数字化平台为目标，推动国家文化公园国际影响力的进一步提升。

国家文化公园除了拥有在地理空间意义上的自然景观之外，还承载着厚重的历史文化遗产资源。在园区相关数字配套设施健全的前提下，国家文化公园非常适合作为重大文化外交外事活动的在线承办平台，不仅可以满足重大文化外交外事活动对举办平台的高标准、高规格要求，同时，也是提升国家文化公园国际影响力的绝佳途径。与会展场所展示不同，基于在线平台的国家文化公园重大文化外交外事活动可以摆脱物理空间上的桎梏，丰富的自然景观和人文历史资源在数字技术加持下可以以更加多元、新颖的形式呈现在全世界面前。同时，针对不同重大文化外交外事活动的特点，由多部门联合承办、共同宣传的形式推进，这样既可以提升文化外事外交活动的水准，也可以直接提升国家文化公园的对外传播效果。

第七章
CHAPTER 7

国家文化公园国际化的社会表征

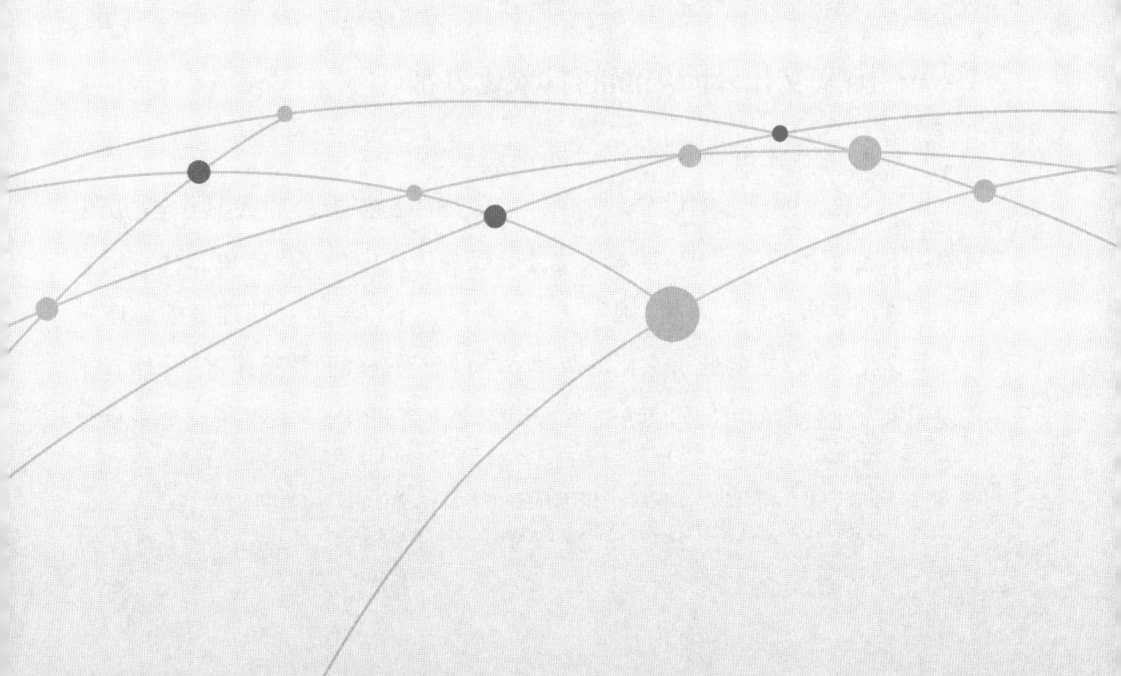

国家公园的概念早在19世纪就已经出现，而国家文化公园则是随着步入新世纪文化观念的发展而形成的一种全新的概念。与国家公园不同，国家文化公园不仅是自然景观和历史遗产的承载，同时更加强调对多元文化的展现，同时其所传达的文化内涵更为具象，且是基于目标群体的整体精神文化需求而建设。莫斯科维奇将社会表征定义为拥有自身的文化含义且独立于个体经验之外而持续存在的各种预想、形象和机制，最重要的特征之一就是社会共享，[①]很大程度上是围绕新概念或者新事物的社会性观点、信念和行为的形成与改变。[②]社会表征的主要过程包含了锚定和具化两个部分，前者是将概念规约化的过程，而具化则是将抽象概念进行具体客观转化的过程。要实现国家文化公园的国际化发展，其实就是将其具有中国特色的文化及概念要素进行锚定与具化从而达到在国际社会层面广泛接受与传播的目的，换而言之就要重点关注其相应社会表征相关要素的构建，从而形成针对性的建设方案。

第一节　国家文化公园国际化社会表征的多元视角

一、国家文化公园内涵的具象化表征

（一）具象化的国家文化公园情感要素

国家文化公园概念的设立是中国社会发展的必然结果，在我国特定的历史背景以及地域环境要素中，国家文化公园成为传递中华文化形象和代表国家情感因素的重要组成。因此，国家文化公园建设不仅要通过基础设施环境来构建其文化底蕴，更要通过文化共鸣建立与目标受众间的情感连接，才能真正实现国家文化公园的可持续发展。整合国家文化公园中所蕴含的情感要素是其

---

① 管健，乐国安：《社会表征理论及其发展》，《南京师范大学学报（社会科学版）》2007年第1期。
② 赵蜜：《社会表征论：发展脉络及其启示》，《社会学研究》2017年第4期。

中的重要组成，五个国家文化公园目前都有为人所熟知的代表性的精神情感，例如，长征精神就在2021年9月被纳入到第一批中国共产党人精神谱系的伟大精神中，习近平总书记表示，伟大长征精神，就是把全国人民和中华民族的根本利益看得高于一切，坚定革命的理想和信念，坚信正义事业必然胜利的精神；就是为了救国救民，不怕任何艰难险阻，不惜付出一切牺牲的精神；就是坚持独立自主、实事求是，一切从实际出发的精神；就是顾全大局、严守纪律、紧密团结的精神；就是紧紧依靠人民群众，同人民群众生死相依、患难与共、艰苦奋斗的精神。①同样，在长城、大运河、黄河以及长江的整个历史沿革中，都蕴藏着千千万万群众在其中奋斗、生活的痕迹，满含着自然与人类赋予其的情感价值。同时，情感也是加强"身份认同"的重要因素之一，通过"情感"去思考与分析国家文化公园中的非物质文化遗产，从情感角度认知其历史、记忆与归属，能够进一步构建起针对性"身份认同"的情感框架，真正达到时过境不迁的效果。②

（二）独特体验描绘出的中国故事

国家文化公园中所蕴含的文化意义博大精深，几乎涵盖了整个中华文明的发展历史，将国家文化公园的内在特征体现为不同的社会表征，以丰富多彩的表述形式和多元化的传播媒介共同描绘出独具特色的中国故事，是国家文化公园国际化发展的核心价值。如长江与黄河，要在整合其情感文化要素的基础上使其形成具有代表性的中国故事，能够以恰当的故事线条将其联系起来。正如每个博物馆的陈列一样，每个国家文化公园都要形成其特有的故事逻辑。习近平总书记曾强调，要更好推动中华文化走出去，以文载道、以文传声、以文化人，向世界阐释推介更多具有中国特色、体现中国精神、蕴藏中国智慧的优秀文化。③国家文化公园亦是如此，要从其内在的精神、价值和力量出发，挖

---

① 《关于长征和长征精神，习近平这样说》，人民网，https://baijiahao.baidu.com/s?id=1714268997245978978&wfr=spider&for=pc，2021-10-22。
② 唐月民、韩靓：《时过"境"不迁——非物质文化遗产的"情感"解释》，《文化产业研究》2021年第1期。
③ 《推动中华文化走出去　增强国家文化软实力》，新华网，http://www.xinhuanet.com/politics/2021-06/16/c_1127566724.htm，2021-06-16。

掘并形成更多具有影响力的中国故事。以大运河为例，其蕴含了2500多年的历史，主体包含了官方、民间、国家、地方、群体、个人等，其范围囊括了政治、经济、军事等，甚至众多古代帝王都有被记录到与其相关的故事中，其意义不言而喻。但对于新一代年轻群体以及海外群体而言，缺乏对目前五个国家文化公园深入的理解与认知，因此需要有特定的故事主旋律激发起对其中文化的一种共鸣，从而增强其认同感与影响力。在充分把握不同国家文化公园特征及个性的基础上，寻找国家文化公园故事载体，可以是特定的历史片段，也可以是一件极具意义的文物，又或者是对国家文化公园制定针对性的故事框架，讲述其特有的中国故事。

（三）跨越时空的国际价值构建

国家文化公园在对外传播过程中呈现的是整个中华民族的形象，在国际化发展过程中，主要面向的受众是海外文化消费群体，这一过程中不但要让海外受众能够了解国家文化公园所传递的情感故事及文化理念，建立相应的文化自信，同时要让海外群众能够接受中华文化、热爱中华文化、弘扬中华文化，在此基础上构建跨越时空的中华文化国际价值。不同的文化价值观念，是会从根本上影响人们的选择，价值观的差异深刻影响人们的择取、解释、理解和整合行为，[①]文化价值观念长期以来在国际交往中都处于重要的位置。正如习近平总书记所说的，要高举人类命运共同体大旗，依托我国发展的生动实践，立足五千多年中华文明，全面阐述我国的发展观、文明观、安全观、人权观、生态观、国际秩序观和全球治理观。[②]当今世界全球化迅猛发展，在对国家文化公园文化内涵具象化的过程中，在讲好中国故事的基础上，一方面，充分发掘其中所包含的具有时代意义的国际性的价值理念，从而使国家文化公园文化内涵能够在国际社会中产生共鸣，在潜移默化中增强国家文化公园国际影响力；另一方面，通过相应的价值理念的传播，打破海外群体对中国的一系列偏见，以

---

① 赵彦华：《中国发展道路中价值理念体系国际传播影响力研究》，《传媒》2014年第17期。
② 《习近平主持中共中央政治局第三十次集体学习并讲话》，中华人民共和国中央人民政府网，https://www.gov.cn/xinwen/2021-06/01/content_5614684.htm，2021-06-01。

国家文化公园所传达的时代精神增强国际吸引力,引起更多海外消费群体的兴趣。

二、培育国家文化公园国际品牌表征

(一)营造国际环境,培育品牌环境

国家文化公园的国际化发展离不开其国际化环境氛围的支撑,而国家文化公园国际化的环境又包含了国际化的语言环境、国际化的服务环境、国际化的社会环境等,这些皆是国家文化公园国际化建设的重要战略手段,一定程度上决定了国家文化公园与世界交流过程中所达到的广度与深度,以及国家文化公园在国际社会中的认知度。营造国际环境的同时,也为国家文化公园国际品牌的形成奠定了夯实的市场环境基础,国际知名文化品牌的形成则可以让国家文化公园的国际传播事半功倍。当前国家文化公园建设规划中,国际品牌环境的培育仍较为欠缺,当前急需加强对国际化环境营造的相关举措。国际化的语言环境就是要在国家文化公园建设以及对外交流传播的过程中,针对不同的目标群体,以其能够理解的语言及表达方式,向其传达国家文化公园所要表述的中国故事。国际化的服务环境则是国家文化公园在保留其内在的中国文化特色的同时,对标国际优质国家公园服务标准,提升国际消费者服务体验感,同时借鉴国际其他成功的国家公园案例,推出特色化的服务,形成竞争优势。国际化的社会环境则是整体营造国际化环境中的重要环节,消费者来到国家文化公园消费体验与享受的不仅仅是公园范围内的文化项目,更有周边地区的环境氛围,每个国家文化公园所涉及的范围都十分广泛,因此,更要提升其所经过区域如相关城市等的国际化水准。正如习近平总书记所说的,要采用贴近不同区域、不同国家、不同群体受众的精准传播方式,推进中国故事和中国声音的全球化表达、区域化表达、分众化表达,增强国际传播的亲和力和实效性。[1]

---

[1] 《习近平主持中共中央政治局第三十次集体学习并讲话》,中华人民共和国中央人民政府网,https://www.gov.cn/xinwen/2021-06/01/content_5614684.htm,2021-06-01。

（二）全方位齐发力，打通传播渠道

"要深入开展各种形式的人文交流活动，通过多种途径推动我国同各国的人文交流和民心相通。要创新体制机制，把我们的制度优势、组织优势、人力优势转化为传播优势。"传播渠道是连通国家文化公园与国际社会的桥梁，而随着经济的发展、科技的进步，发展线上线下多渠道极为重要。针对线下渠道，则是要加强人文交流，建立相应的国际交流机制，以契合国家文化公园精神传达的节庆、展会、演艺等活动形成国家文化公园线下主题优势，例如，2021年京剧《京城大运河》就进行了相应的巡演，同样，结合其他国家文化公园文化内容，可以进行相应国家文化公园线下文化活动的创作与规划。线上渠道则更为广泛，数字技术的发展，能够打破时间与空间的限制，虚拟网络也拓展了展示空间，打通线上数字渠道则要做到数字内容创作传播与数字化转化。国家文化公园数字内容创作传播是指通过国际主流社交媒体（如YouTube、Twitter、TikTok、Instagram、Facebook）等发布国家文化公园数字内容创作（如短视频、纪录片、实时动态等），也可以通过直播等形式定期实现国家文化公园线上展示，如故宫博物院在近两年就实现了线上直播，推出了"夜游故宫""故宫知识课堂"等一系列直播活动，受众广泛。数字化转化则是将国家文化公园实际场景及内容实现数字化的呈现，如国家文化公园线上展厅、国家文化公园线上旅游等，同时可以利用VR、AR等技术设备，提升传播效用。

（三）文化品牌授权，塑造中国形象

文化品牌的"载体"可以是一段影片、一段乐曲、一个卡通形象、一部动漫作品、一部游戏等，这些都是典型的文化承载体，也就是说，未来不同的主题在进行营销和讲述自己品牌故事时，会大量运用各种类型的文化产品及服务作为品牌表征，因此要通过创造与生产文化产品与服务，实现国家文化公园文化要素创造性转化与创新性发展。品牌授权目前在中国国内主要集中在东部沿海经济较发达的省份和文化产业中较为娱乐化的文化行业，对于其他地区来说仍然是新事物。从本质而言，文化产业的交易一定程度上就是版权的交易，这便涉及了品牌授权。一个单独的文化产品，如一场展览、一台演出、一本图书、一部影视剧,只能以产品形式做交易。一家企业的主营业务当然是提供这些产品并进行交易,但如果能将资源整合,开创出有固定品牌的一系列特色IP,进行品牌授权,则可以让相应的文化主体真正实现从产品到品牌的转变。目前,我国许多文化类企业不缺乏优质作品和文化资源,缺乏的是把它们盘活并形成IP,整合运营再投放到市场获取更大的收益的能力。在国家文化公园国际化发展过程中,要充分推动其文化资源IP化,以优质内容提升情感联结,通过相关区域的先行先试带动整体发展,以国际化的品牌标识IP提升国家文化公园国际竞争力。

三、文化贸易推动国家文化公园社会表征形成

(一)文化贸易提升国家文化公园国际影响力

文化交流与文化贸易,是国家文化公园文化资源"走出去"的重要组成。在全球化的背景下,文化交流在国际社会中的作用和地位日益凸显,世界各国普遍重视利用文化交流来展示本国文化,提升和扩大国家的影响力。当文化交流成功地将一种理念推销出去时,文化也就随之"走出去"。而文化贸易可以理性地通过市场的平等交易实现中华文化"走出去"。因此,国家文化公园相关的文化交流与文化贸易需要找准位置、相互协调、互为补充,共同促进其文化在世界范围内的有效传播。文化贸易更为关注的是其对外交流和文化传播等方面的辐射效果,因此,国家文化公园加快发展文化贸易,加速将其代表性的文化资源转变为可交易的文化产品和服务,变"送出去"为"卖出去",通过贸易商品将文化形象化、具体化,吸引更多的贸易伙伴和国际朋友,让世界更好地全面了解中国特色的国家文化公园。文化贸易还以平等的市场规则为纽带,在推动国家文化公园国际化发展时效率更高。国家文化公园虽然并不完全是以营利性为目的,但其国际竞争力和话语权需要占有更多的国际市场份额,发展文化贸易恰恰是实现该目标的现实手段和有效途径,能够通过交易额、国际市场占比等指标去体现和印证国家文化公园在国际市场中的定位。

（二）文化贸易塑造国家文化公园形象亲和力与感召力

文化贸易是以国际通行的方式，在潜移默化中使外国人更容易接受和亲近国家文化公园所传达的中华文化。通过文化贸易路径国际化发展的国家文化公园文化产品和服务，是在国际贸易规则下平等交易的结果，而具有市场广泛性的商品交换价值的文化产品，往往也是最具有群众性的文化产品。文化产品和服务的输出，可以增强海外文化消费群体对国家文化公园的亲近感，提升国家文化公园的文化形象。同时，文化贸易的发展根基于文化产业的繁荣，发展国家文化公园相关文化产业是促进其文化贸易的前提条件，创作更多的符合受众偏好的文化产品与服务，培育国内国际文化市场，在国际文化公园经济生态圈中找到其应有的位置，培育起更多群体对中华文化的认同感。通过文化产品和服务的输出，可以最大限度地保护和传承国家文化公园的优秀历史文化，占有国际国内文化市场份额，可以进一步彰显其国际竞争力和影响力，构建国家文化公园价值体系的国际地位。

（三）产业融合形成国家文化公园国际竞争力

可以看到当前文化与其他产业的融合成了重要趋势之一，2019年3月，为着力推进旅游演艺转型升级、提质增效，充分发挥旅游演艺作为文化和旅游融合发展重要载体的作用，文化和旅游部印发了《关于促进旅游演艺发展的指导意见》，以提升创作水平、推进业态模式创新、壮大演艺经营主体、积极开展惠民服务、深化跨国跨境合作、强化节目内容审核、加大市场监管力度以及以牢牢守住安全底线为目标，高质量推动旅游演出的发展。2019年4月，为适应移动互联网等现代科技发展趋势，破解公共数字文化工程发展中存在的瓶颈问题，推动工程转型升级、深度融合，创新公共数字文化服务业态，提升服务效能，文化和旅游部办公厅印发了《公共数字文化工程融合创新发展实施方案》。对外文化贸易中传统文化行业和新兴文化行业所占比重将发生变化。新兴文化行业将在产业融合、文化与科技融合的环境中迎来快速发展的新阶段。[①]文化产业

---

① 《未来中国对外文化贸易发展五大趋势》，求是网，http://www.qstheory.cn/zhuanqu/bkjx/2019-01/07/c_1123957005.htm，2019-01-07。

价值链成熟度目前也进一步提高，国家文化公园作为集"中国文化保护传承、文化教育、公共服务、旅游观光、休闲娱乐、科学研究等多种功能"为一体的文化主体，势必需要承载与融合更为多元的产业优势，更好地推动其国际化产业链条延长与衍生。

第二节 国家文化公园国际化发展的社会表征分析

国家文化公园承载着各具特色的自然景观和历史文化资源，由此也使得国家文化公园形成了特色鲜明的社会表征。针对不同国家文化公园的独特性，有针对性地设计国际化发展之路，在满足国家文化公园多样性建设和多元化发展的同时，可以在国际传播和国际贸易领域形成差异化竞争优势，更加有利于国家文化公园在国际市场竞争中占据主动。下面结合各个国家文化公园的自身特色以及呈现出的差异化社会表征，具体阐述各个国家文化公园的国际化发展之路。

一、长城国家文化公园：中华民族文化安全观的集中体现

（一）众志成城、坚韧不拔的爱国情怀

长城修葺建筑达2000多年，凝聚着中华民族自强不息的奋斗精神和坚韧不屈的爱国情怀，是中华民族大一统的标志。2019年，习近平总书记视察嘉峪关长城时就曾强调："当今世界，人们提起中国，就会想起万里长城；提起中华文明，也会想起万里长城。长城、长江、黄河等都是中华民族的重要象征，是中华民族精神的重要标志。我们一定要重视历史文化保护传承，保护好中华民族精神生生不息的根脉。"[①]长久以来长城就是中华民族的精神象征，其独特的文化积淀，使得长城文化与长城精神保留了长久发展的活力，一直呈现坚韧不

---

① 《嘉峪关市：牢记总书记殷殷嘱托，建设西部明星城》，求是网，http://gs.people.com.cn/n2/2022/0514/c404673-35268028.html，2022-05-14。

拔、百折不挠的精神魅力，引导中华人民树立起勇敢无畏、吃苦耐劳的优秀品质，从而传承优良品德，增强中华民族自信心与凝聚力。①"万里长城今犹在，不见当年秦始皇。""万里长城永不倒"等都是长城在人们心目中屹立不倒形象的体现，"不到长城非好汉，屈指行程二万。""望长城内外，惟余莽莽；大河上下，顿失滔滔。"长城一直是宏伟与坚韧的象征。在古代极为恶劣的环境和简陋的条件下，人民筑起了堪称奇迹的长城，长城文化从一开始就体现了勤劳智慧、勇敢无畏、吃苦耐劳的品质，并且与我国团结爱国、保卫家园、勇于斗争的革命文化密不可分。②长城凝聚着中华民族自强不息的精神和坚强不屈的品格，寄托着中华民族团结奋进的意志，是中华民族巍然屹立于世界东方的象征。③

（二）守土固边、崇尚和平的国家安全观念

长城最初是作为防御的建筑设施，历史可追溯到西周时期，因其防守的功能也有堑、塞、亭障、界壕、边垣等称呼。如《北史·契丹传》中"契丹犯塞，文帝北讨至平州（今河北卢龙县）遂西趣长堑"，《后汉书·乌桓传》中"秦筑长城，汉起塞垣"，以及《史记·蒙恬列传》中的"行观蒙恬所为秦筑长城亭障"等等，都体现了长城阻隔与防御的本体功能。历代的长城见证了中国古代政权的边界的演变，完整的长城防御体系及功能见证了中国古代北方边疆防御制度，同时长城的选址与自然结合也代表了中国古代防御理念。④从长城的建筑历程可以看到，中国古代的国家安全思想是以防御为主，重视边疆的稳定，崇尚大一统的理念与忧患意识，而非主动进攻。目前，随着时间的演变，长城的这一功能其实也在慢慢地弱化与淡化，更多的是对于后人的一种居安思危的象征与警示。以明长城为例，军事防御体系由大量边墙、军事聚落、烽传驿传系统等共同组成，同时伴有军事政治、屯田贸易、民俗文化等多方面因素，反映了当

---

① 冯清华、卢颖：《长城文化中的民族精神传承》，《人民论坛》2017年第25期。
② 李菲、周博文：《长城文化对文化自信提升作用的研究》，《辽宁科技学院学报》2021年第3期。
③ 张谷林：《中华传统文化中的长城精神文化》，《万里长城》2012年第1期。
④ 陈同滨、王琳峰、任洁：《长城的文化遗产价值研究》，《中国文化遗产》2018年第3期。

时最先进的军事思想、防御技术以及科技水平,是戍守沿边地区人们重要的生活载体,同时也是社会组织结构和社会关系的重要体现,这些军事聚落也在社会经济和文化的影响下持续发展至今,具有重要的社会影响力。①

(三)交流融合、开放包容的文化内蕴

长城除了是重大的军事工程与防御系统外,也形成了北方农牧交错地带。人地互动的文化景观以及中西文化互联互通的纽带,在推动中华文明与世界文明的交往方面发挥了重要作用。在长城以北,主要是以从事畜牧业为主的游牧民族;长城以南,主要以农耕民族为主。二者以长城为纽带,共同创造演绎了辉煌灿烂的中华文明。②汉武帝派张骞开通西域,沿河西走廊修筑长城,设置敦煌等河西四郡,有力促进了中华民族与世界各民族在政治、经济、文化和思想等方面的进一步交流和发展。③因此,长城从某种意义上而言更是和平发展的平台,构建了全球各民族、各种族间和平共处、相互协作、互补发展、共同富裕的理念。④以齐长城为例,其连接着农耕文化、商业文化与海洋文化,是商贸、文化交流的重要纽带,体现了兼收并蓄、多元一体的文化特质,极大地促进了文化交流与民族融合。⑤结合当下,长城体现了中华民族爱好和平的本性、中华民族"命运共同体"的意识不仅是中国的也是世界的理念,其代表的文化价值具有普遍性,体现不同民族、不同民族政权的"命运共同体"意识和不同文化的共存互鉴。⑥在2022年北京冬奥会期间长城也成了一大看点与展示中国形象的亮点,真正实现"长城脚下看冬奥、冬奥赛场看长城",在对外交流方面,冬奥期间的《外国领导人登长城》系列视频以及各类文创产品都让长城成了织就不同文明交流互鉴的纽带,展示了灿烂的中华文明。

---

① 徐凌玉、张玉坤、李严:《明长城防御体系文化遗产价值评估研究》,《北京联合大学学报(人文社会科学版)》2018年第4期。
② 宋圭武:《研究长城文化,弘扬长城精神》,《万象》2020年第18期。
③ 周庆富:《长城文化是对中华优秀传统文化的生动诠释(上)》,《中国旅游报》2021年9月10日,第3版。
④ 宋慰祖:《强化长城的"和合文化"精神》,《北京观察》2021年第10期。
⑤ 李西香、高爱颖:《国家文化公园视域下齐长城的文化内涵与时代价值》,《济南大学学报(社会科学版)》2021年第6期。
⑥ 付瑞红:《长城文化价值的"命运共同体"意涵与展示路径》,《河北地质大学学报》2021年第5期。

二、大运河国家文化公园：民生福祉展现国家治理制度优势

（一）沟通南北、多元一体的大一统文化观念

自2014年被纳入《世界遗产名录》以来，大运河这一中华民族伟大工程受到了极大关注，2017年习近平总书记在北京通州区调研时指出，保护大运河是运河沿线所有地区的共同责任。①之后，习近平总书记又对"保护好、传承好、利用好"大运河文化遗产多次作出重要批示指示。②大运河是我国历史上重要的水利工程，至今已有2500多年的历史。作为中华文化的一大标识，是中华文明源远流长的"文化河"，连接了南北两大区域，将中原文化、燕赵文化、齐鲁文化、淮扬文化、吴越文化等融汇于一体，铸就了多元的中华民族文化。③"水运连着国运，水脉连着文脉"，大运河也是古代中外文化交流的主要通道，沟通陆海丝绸之路，以洛阳为中心的隋唐运河体系与长安及丝绸之路紧密联系在一起，浙东运河又将大运河与海上丝绸之路联结，充分显示了中华民族的智慧和勇气以及中华文明对世界历史发展的影响力和推动力。④同时，"大运河文化带"概念的提出为这一巨型线性文化遗产的发展理清了思路。"带"，具有串联、联手、联合、联动等方面的特点和要求，"一体化"是文化带的显著特征，也凸显了区域协同统筹的概念。⑤从根本上追溯而言，隋唐时期运河开凿就是基于南北方发展不平衡，亟须加强南北关联的需求而产生的，大运河的开掘因此也带动了当时南北文化交流与相关区域的社会发展，也是统治者下江南视察，维持政治稳定统一的重要航道。

---

① 《让古老的大运河向世界亮出金名片》，国家文物局网，http://www.ncha.gov.cn/art/2019/8/1/art_722_156246.html，2019-08-01。
② 《大运河文化保护传承利用迎来历史最好时期》，求是网，http://www.qstheory.cn/laigao/ycjx/2019-08/12/c_1124867057.htm，2019-08-12。
③ 万金红、游艳丽、陆京选、吕娟：《把握文化核心 深化传承利用——关于推动大运河文化带建设的调研报告》，《中国水文化》2019年第2期。
④ 王健：《大运河的精神品格和时代价值》，《群众》2018年第3期。
⑤ 侯兵、张慧：《基于区域协同视角的大运河文化旅游品牌体系构建研究——兼论"千年运河"文化旅游品牌建设思路》，《扬州大学学报（人文社会科学版）》2019年第5期。

（二）勤劳勇敢、勇于创新的民族精神

中国大运河是世界上开凿最早、规模最大的运河，极具开拓性，时间及空间跨度极大，充分体现了历代的人民群众突破万难及复杂的自然地理环境，不畏艰难、顽强拼搏、生生不息的奋斗进取精神，以及与时俱进的创新协同精神。①大运河历时之久，见证了中国人民自强不息、勤劳勇敢的民族精神，是在经历一次又一次的南上北下后最终成功连通。大运河的开通与历代的整修，对于古代北方先进生产技术与文化的向南传播，具有重要的交通走廊价值，不仅直接刺激与活跃了中国区域间的物流与人际交往，同时也影响到古代中国与世界的外交往来及其路径选择，一定程度上带动了我国在特定历史时期的对外开放。②在技术创新层面，古代大运河建设者们也进行了很多创新性尝试，例如，为解决地势水位差，采用三湾顶一闸的方法，采用筑堰挡水并开创性使用复闸代替堰埭，将泉水当作水源；为解决地势起伏采用闸化运道，寻求各种方式最终协调与黄运的关系等，这些都是水利史中具有划时代意义的开创性举措，至今仍有重要的借鉴意义。③大运河经历不同历史时期，逐渐依托南北漕运河道的开凿和各类科技文明结晶而享誉世界，见证了中华文明进程，成为中国乃至世界历史上最为重要的古老运河，历史、社会、艺术、文化等方面做出的贡献早已受到世界的瞩目与肯定。④

（三）协同共生、繁荣经济的民族智慧

大运河体现了道法自然的文化智慧与天人合一的文化理念，黄河、长江等自然形成的大江大河的流向都是自西向东的，而大运河却正好是南北沟通的，它是一条人工的河，是一条人文的河，更是天与人相和合的河，彰显了开放包容、兼收并蓄的文化态度，蕴含了人与自然和谐共生的思想智慧。大运河开凿、发展、兴盛的历程就是一部中华文明的持续演进史，实现了涵盖人力工程与天

---

① 孙杰：《大运河精神的时代价值》，《北京日报》2019年5月27日，第14版。
② 刘士林：《大运河与江南文化》，《民族艺术》2006年第4期。
③ 大运河开凿史上的水利杰作，中国网，http://yunhe.china.com.cn/2019-10/10/content_40910805.htm，2019-10-10。
④ 王程、曹磊：《京杭大运河的历史演变及文化遗产核心价值》，《人民论坛》2019年第30期。

然水道的一体化交通，其中蕴含着大量的科学智慧、工程技艺、治理经验，有力促进了多元一体的中华文明持续发展。同时大运河作为漕运的功能也极大带动了沿岸的经济发展，自其贯通后，推动了周边交通运输及工商业城市的兴起与繁荣（如扬州等），推动了贸易往来，产生了大规模的物资交易，一些新兴城市也是由于大运河的开凿而发展起来的。①以徽商为例，徽商与大运河是休戚与共的命运共同体，大运河促成了徽商由地区性商人发展成了全国性的"明清中国第一商帮"，成就了其"商之地海内无不至"的盛况，促进了其与外界的经贸往来，也使得徽商的文化精神由开拓创新转向了开放包容。②"尽道隋亡为此河，至今千里赖通波"，大运河至今影响深远，如今大运河沿线中小城市的经济基础更为雄厚，其通航也将带来更为可观的经济效益，③更多的经济可能性将会被激发，例如，大运河苏州段与杭州相关文化旅游夜经济的发展。从古至今大运河一直在国家经济发展中发挥着重要的作用。

三、长征国家文化公园：艰苦卓绝永不言败的史诗精神

（一）伟大恢宏、艰苦卓绝的长征精神

长征可谓是人类历史上的一大奇迹，中国工农红军历经长达两年的艰苦奋斗，进行了380余次战斗，其间经过14个省，翻越18座大山，跨过24条大河，走过荒草地，翻过雪山，行程约二万五千里，长征途中的艰苦环境和广大共产党人坚定理想信念、迎难而上的坚强意志力塑造了长征精神。1999年，时代生活出版公司出版的《人类1000年》这本书中记录了1000年来人类100个重要的精彩辉煌的事件与瞬间，长征赫然位列其中。长征是人类历史上罕见的远征，其面临的困难与危险难以想象，渡过了世界上最为凶险的峡谷大江，也走过世界上海拔最高的湿地。美国国家安全事务助理布热津斯基曾说长征的意义绝不只是一部史诗，也是国家统一精神的提示。长征不仅是中国历史的一座里程

---

① 乔媛：《水运交通对经济的影响——以京杭大运河的兴衰为例》，《知识经济》2009年第10期。
② 余敏辉：《试论大运河在徽商兴盛中的作用和影响》，《中原文化研究》2020年第5期。
③ 阎金明：《京杭大运河经济功能回顾与前瞻》，《城市》2018年第12期。

碑，对于世界发展也意义非凡，它不同于马克思恩格斯在欧美所发起的工人运动，也区别于俄国十月革命的社会主义运动，长征可谓是开创了人类历史上社会主义运动的新模式，壮大了世界反法西斯阵营，鼓舞了世界上被压迫民族争取民族解放的斗志，为世界精神宝库增添了长征精神这一浓墨重彩的一笔。①长征因其对世界产生的震撼也吸引了众多外国专家前来探究，如美国记者埃德加·斯诺的《红星照耀中国》，哈里森·索尔兹伯里的《长征：前所未闻的故事》，他们都实际踏上了中国这片土地，进行了深入的采访、探究与感受，斯诺曾高度评价长征："不管人们对红军和红军在政治上所代表的事业有什么样的看法，谁都不可能否认他们的长征是军事史上的一个伟大业绩。……与红军长征相比，汉尼拔越过阿尔卑斯山简直是假日旅行而已。""从某种意义上说，这次大规模转移是历史上最大的武装宣传旅行。""有一天会有人把这次惊心动魄的远征写成完整的史诗。"②可以说伟大恢宏的长征精神至今仍具有极强的时代意义。

（二）不怕牺牲、永不言败的价值信仰

长征精神传递的是一种在逆境之中不甘屈服的力量，长征的胜利很大程度上是基于内心对于理想信念的坚持与坚守。如果没有艰苦朴素、不怕牺牲、排除万难的信念，长征很难走向最终的胜利。这样的价值信念至今仍激励着新时代的人们努力奋斗，《长征》一书的作者王树增曾强调，长征就是一种永不言败的精神，也是长征的意义所在。长征精神就是要坚定革命的理想和信念，坚信正义事业必然胜利的精神；就是为了救国救民，不怕任何艰难险阻，不惜付出一切牺牲的精神。③坚定的信仰对人生发展至关重要，托尔斯泰曾经说过"信仰就是生命"，布莱辛顿表示"信仰能将具有毁灭性的绝望变为逆来顺受的屈从"。永不言败的信仰是整个世界长期以来发展进步的重要推动力，麦哲伦坚

---

① 《论长征的胜利对世界的影响》，参考网，https://www.fx361.com/page/2017/0117/579564.shtml，2017-01-17。
② 《中国工农红军长征胜利的世界历史意义》，中南财经政法大学网，http://mkszyxy.zuel.edu.cn/2016/1220/c1855a127717/page.htm?ivk_sa=1024320u，2016-12-20。
③ 李亚旭：《长征精神的科学内涵及其时代价值研究》，《品味·经典》2022年第8期。

定相信地球是圆的，才有了后来所完成的环球航行，向世界做出了证明；《钢铁是怎样炼成的》告诉我们要不断战胜自我，坚定追求，才会创造出奇迹，众多伟大的成就都是在经历了一遍又一遍的磨难之后才最终开花结果。习近平总书记在2016年纪念红军长征胜利80周年大会上曾表示："80年来，世界范围内关于红军长征的报道和研究层出不穷，慕名前来寻访长征路的人络绎不绝。国际社会越来越多的人认为，红军长征是20世纪最能影响世界前途的重要事件之一，是充满理想和献身精神、用意志和勇气谱写的人类史诗。长征迸发出的激荡人心的强大力量，跨越时空，跨越民族，是人类为追求真理和光明而不懈努力的伟大史诗。"[①]一个民族，唯有占据精神的高地，才能在历史的洪流中屹立不倒、奋勇向前。伟大的事业，需要有伟大的精神支柱，需要有伟大不朽的精神信仰。

（三）永远鲜活的革命事迹与宝贵精神财富

长征途中一个个鲜活的革命历史事迹是长征的真实写照，也是长征文化与长征精神延续至今的重要载体，是长征遗留的宝贵精神财富，也更具说服力与感染力。例如，红军长征途中巧渡金沙江成功摆脱了数十万敌人的围堵，战胜了无数艰难险阻，体现了借机取巧的谋略与勇于创新的智慧，以非凡的勇气和智慧，凭借大无畏的英雄气概和不怕牺牲的精神跳出了包围圈。[②]"金沙水拍云崖暖，大渡桥横铁索寒。"在"不忘初心 牢记使命"中国共产党历史展览中，展示了红军飞夺泸定桥、四渡赤水、强渡大渡河，战胜了千难万险的英勇场面。红军翻雪山过草地，他们在过雪山时穿着草鞋与破棉衣，而过草地时挖野菜煮野菜。红军征服空气稀薄的冰山雪岭，穿越渺无人烟的沼泽草地，一幕幕场景都鲜活地展现在了人们面前。习近平总书记曾强调，每一代人有每一代人的长征路，每一代人都要走好自己的长征路。[③]而在国家公园国际化发展的进程

---

① 《习近平：在纪念红军长征胜利80周年大会上的讲话》，新华网，http://www.xinhuanet.com//politics/2016-10/21/c_1119765804.htm，2016-10-21。
② 刘林华：《再忆巧渡金沙江之战　弘扬新时代长征精神》，《云南社会主义学院学报》2020年第3期。
③ 《习近平：在纪念红军长征胜利80周年大会上的讲话》，新华网，http://www.xinhuanet.com//politics/2016-10/21/c_1119765804.htm，2016-10-21。

中，更是要从这一个个长征途中具有感染力的革命事件中去凝练属于长征的精神要素，接近真实才能够更为动人，真正向国际社会讲好长征故事，以长征文化和长征精神使参观者与感知者深受触动。

四、黄河国家文化公园：华夏文明源远流长的民族记忆

（一）华夏历史与文明演变的不朽书写

黄河文化是中华文化的根与魂，黄河不仅是中华民族的母亲河，更是中华民族精神的象征，黄河流域尤其是黄河中下游地区在相当长的一个时期内处于中华民族政治、经济、文化之中心地位，黄河精神文化也自然成了华夏文明的核心价值部分。[①]从世界发展的轨迹来看，世界四大文明古国文明都源于四大古河流域。8000年前，黄河岸边裴李岗文化的发轫，标志着中华民族黄河文化农耕文明在世界人类文明史上的历史身份得以确认。黄河文化开创了丰富多彩的原始物质文明和精神文明，开辟了中华民族生存、发展的模式和文化生态。[②]黄河文化是典型的农业文化，农业的定居生活使得其具有相应的正统性，因此具有强烈的同化力和包容性，从先秦到魏晋再到宋元明清，经历漫长的历史，黄河文化和其他地域性文化的融合最终形成了统一的中华文明。[③]在世界范围内，大河文明一直为全球发展与进步贡献力量，如尼罗河、多瑙河、莱茵河、伏尔加河等，历史上黄河文化影响深远，连接了海外众多文明，促进了世界范围内的文化交流、融合和人类文明程度的提高。在历史的发展过程中也诞生了相应的黄河精神，黄河精神包含了滋养万物、厚德载物的无私奉献精神，汇纳百川、兼收并蓄的包容开放精神，百折不挠、一往无前的自强不息精神以及尊重自然、天人合一的和谐发展精神，[④]滋养了一代又一代生活在这片土壤上的中华儿女。

[①] 郭海荣：《保护传承弘扬黄河文化精神》，《人生与伴侣》2022年第16期。
[②] 黄海涛：《从世界文明发展轨迹看黄河文化》，《中国民族博览》2022年第8期。
[③] 安作璋、王克奇：《黄河文化与中华文明（一）》，《人生与伴侣》2022年第16期。
[④] 《黄河网评：弘扬新时代"黄河精神"》，黄河新闻网，http://review.sxgov.cn/content/2020-12/01/content_10311239.htm?from=singlemessage，2020-12-01。

（二）向心凝聚与丰富流变的文化传统

黄河文化内涵丰富，在其灿烂辉煌的文化体系中，城市、文字、礼仪性建筑、青铜器等元素群星璀璨，各式各样的文化元素已深深厚植于黄河文化，增强了华夏人民对其深切的身份认同感。[1]在黄河流域也诞生了具有极强影响力的文化传统，如黄帝文化、河洛文化、周易文化、二程文化、老庄文化、禅宗文化、汉唐文化、魏晋文化、大宋文化等，同时也形成了从古至今都影响力极强的儒家与道家文化。黄河文化的覆盖面已远不止黄河流域，而达到了两汉的疆域，其文化的影响力远及西域、日本与南海，也打开了中国面向世界的胸怀。[2]黄河文明也有着吸收外来文明的历史痕迹，比如青铜冶炼技术、小麦栽培技术、饲养技术，这些外来文明的成果在经过本土化改良之后，构成了具有中华民族特色的文明体系。[3]黄河流域也保留了众多的文化遗产，比如，被列入国家及省市县各级非物质文化遗产名录的唐三彩烧制技艺、汝瓷烧制技艺、洛阳肖氏烧伤自然疗法技艺、雀金绣技艺等。[4]"君不见，黄河之水天上来，奔流到海不复回。""黄河远上白云间，一片孤城万仞山。""白日依山尽，黄河入海流。"黄河诞生了众多脍炙人口的诗篇，同时也催生了一系列文学作品，如《平凡的世界》就描绘了黄河流域那个年代特有的风土人情。融入新时代价值，黄河文化也将焕发全新的文化活力。

（三）治黄利民、人定胜天的奋斗精神

习近平总书记曾表示："黄河文化是中华文明的重要组成部分，是中华民族的根和魂。"[5]保护与治理黄河也一直是历朝历代兴邦安民的大事。自古以来，黄河就有"三年两决口，百年一改道"之说，一代代中华儿女从自然规律出发，不断加深对黄河特性的认识，走出了一条从人水相争向人水和谐转变的治

---

[1] 朱丹丹：《黄河文化的时代价值及其实现路径》，《陕西行政学院学报》2022年第2期。
[2] 翁淮南：《黄河：中华民族的根和魂》，《炎黄春秋》2022年第3期。
[3] 陈欢：《黄河文化的时代价值与实现路径研究——评〈黄河与中华文明〉》，《人民黄河》2022年第2期。
[4] 《弘扬黄河文化 凝聚精神力量》，腾讯网，https://new.qq.com/omn/20211228/20211228A01T4600.html，2021-12-28。
[5] 《习近平：在黄河流域生态保护和高质量发展座谈会上的讲话》，新华网，http://www.xinhuanet.com/politics/2019-10/15/c_1125107042.htm?ivk_sa=1023197a，2019-10-15。

理之路。古时有引漳十二渠、郑国渠等水利工程，大禹治水、王景治河等水患治理。新中国成立以来，兴建龙羊峡、小浪底等水利枢纽，调水调沙，全面综合治理黄河上、中、下游，创造了黄河岁岁安澜的历史奇迹。中国人民基于实际，用自身的智慧实现了对黄河一次次成功的治理，以清朝初期为例，治理理念充分借鉴古人经验，发展丰富了潘季驯"筑堤束水""蓄清刷黄"的思想，酌今而措置，因地而制宜，创革治河技术，统行规划治河方略，其治河之理念影响沿黄流域以及清代社会经济的发展至深至远。①可以说黄河的治理过程，也向世界贡献了独特的中国智慧，展现了人定胜天的奋斗精神。

五、长江国家文化公园：兼容并蓄异彩纷呈的和谐发展

（一）多元跨域、和而不同的长江文化

长江是中国也是亚洲第一长河，发源于青藏高原，从西至东流经11个省级行政区，其流域之长汇聚河湖水系之多也决定了其绚丽多彩的文化特征。长江文化是一个时空交织的多层次、多维度的文化复合体，长江上中下游分别形成的巴蜀文明、荆楚文明、吴越文明与黄河流域各文明互动交融。根据流域区域，可以划分为巴蜀、滇、贵州、两湖、江西、吴越、江淮、闽以及桂等文化区，每个区域文化各有特色，和谐发展，真正体现了中华民族和而不同的发展理念。2020年11月14日，习近平总书记在全面推动长江经济带发展座谈会上的讲话中提及，长江造就了从巴山蜀水到江南水乡的千年文脉，是中华民族的代表性符号和中华文明的标志性象征，是涵养社会主义核心价值观的重要源泉。要把长江文化保护好、传承好、弘扬好，延续历史文脉，坚定文化自信。②根据时代发展，长江文化不断交流融合，也带动了长江相关流域文化的繁荣，以长三角地区为例，就有典型的具有唯美诗意与创新精神的"江南文化"，"古典江南""江南水乡"等也成了江南地区的重要文化标识，其开放包容、敢为人先、

---

① 吴漫、王博：《清初黄河治理理念、技术与方略》，《郑州大学学报（哲学社会科学版）》2022年第2期。
② 《习近平主持召开全面推动长江经济带发展座谈会并发表重要讲话》，中华人民共和国中央人民政府网，https://www.gov.cn/xinwen/2020-11/15/content_5561711.htm，2020-11-15。

崇文重教、精益求精、尚德务实、义利并举的文化内涵也成了该地区的精神纽带。改革开放40多年来，长三角地区的综合发展水平一直领先于全国其他地区，其中深层次的原因，即"江南文化"及其富含的文化精神的润养，①随着时代的发展，重心向上海偏移，在吸收众多国际化要素的基础上，还形成了"海纳百川，兼容并蓄"的海派文化。除此以外，长江流域非物质文化遗产传承历史悠久，传统沿袭不断，如三星堆、大溪等文化遗址，其中三星堆遗址也被誉为"长江文明之源"。

（二）天人合一、生生不息的生态文明

长江形成于遥远的地质历史时期，经历了剧烈的造山运动、环境变迁及河流演变，逐渐形成今天的流域格局。随着流域生态环境的改善，长江流域人类文明快速发展。②长江流域特定的自然环境及物质生产方式，影响着居住其上族群的社会组织方式和大众心理意识。长江文化与长江生态文明息息相关，长江流域在生态文明方面从古至今也形成了独特的记忆。在自然生态文明层面，长江流域生物多样性特征明显，有淡水鲸类2种，鱼类424种，浮游植物1200余种（属），浮游动物753种（属），底栖动物1008种（属），水生高等植物1000余种。流域内分布有中华鲟、达氏鲟、白鲟、长江江豚等国家重点保护野生动物，圆口铜鱼、岩原鲤、长薄鳅等特有物种，以及"四大家鱼"等重要经济鱼类。目前，长江流域已建立水生生物、内陆湿地自然保护区119处，其中国家级自然保护区19处，国家级水产种质资源保护区217处。同时人们也重视对于生态环境的建设，如三峡工程是迄今为止世界上综合工程规模最大、金属结构居世界第一、综合效益最大的水利枢纽，集防洪效益、航运效益、抗旱功能和发电功能于一体。近年来针对长江流域的生态文明保护，我国也推出了一系列政策，例如《"十四五"长江经济带发展实施方案》就重点提出生态保护并将其放置在第一位，为加强长江流域生态环境保护和修复，促进资源合理高效

---

① 李亚娟、张永广：《江南文化的历史演进及其现实表达》，《上海文化》2022年第6期。
② 《推进长江生态文明史研究——以扬子江流域为视角》，团结网，http://www.tuanjiewang.cn/2021-12/02/content_8921594.htm，2021-12-02。

利用,保障生态安全,实现人与自然和谐共生,2020年我国还颁布了《中华人民共和国长江保护法》。可以说,我们正在为长江流域生态文明的可持续发展而奋进努力。

参考文献

[1] 汪愉栋：《国家文化公园协同保护路径构建——以非物质文化遗产保护为视角》，《河北科技大学学报（社会科学版）》2022年第1期，第98—103、109页。

[2] 杜翔：《略论别义关系与别义词》，《辞书研究》2007年第5期，第37—45、69页。

[3] 童玉民：《造庭园艺》，商务印书馆1926年版。

[4] 童玉民：《公园》，商务印书馆1928年版。

[5] 李嘉珊：《国际文化贸易论》，中国商务出版社2016版。

[6] 李嘉珊：《破解中国对外文化贸易出口瓶颈的三个关键问题》，中国商务出版社2010版，第124—133页。

[7] 李飞、邹统钎：《论国家文化公园：逻辑、源流、意蕴》，《旅游学刊》2021年第1期，第14—26页。

[8] 吴丽云、常梦倩：《国家文化公园遴选标准的国际经验借鉴》，《环境经济》2020年第Z2期，第72—75页。

[9] 朱民阳：《借鉴国际经验建好大运河国家文化公园》，《群众》2019年第24期，第19—20页。

[10] 邹统钎、常梦倩、赖梦丽：《国家文化公园管理模式的国际经验借鉴》，《中国旅游报》2019年11月5日，第3版。

[11] 赵云、赵荣：《中国国家文化公园价值研究：实现过程与评估框架》，《东南文化》2020年第4期，第6—12、190—191页。

[12] 吴丽云、蔡晟：《国家文化公园建设应坚持三大原则》，《环境经济》2020年第16期，第65—67页。

[13] 王健、王明德、孙煜：《大运河国家文化公园建设的理论与实践》，《江南大学学

报(人文社会科学版)》2019年第5期,第42—52页。

[14] 刘禄山、王强:《关于长征国家文化公园建设路径的思考:以长征国家文化公园四川段建设为例》,《毛泽东思想研究》2021年第1期,第108—113页。

[15] 窦文章:《长城国家文化公园怎么建》,《经济》2020年第11期,第88—89页。

[16] 付瑞红:《国家文化公园建设的"文化+"产业融合政策创新研究》,《经济问题》2021年第4期,第56—62页。

[17] 苏艳、张景辉:《浅谈国家公园发展的时代意义和建设方法》,《农业灾害研究》2020年第4期,第94—95、122页。

[18] 孙飞翔、刘金淼、李丽平:《国家公园建设发展的国际经验对我国的启示》,《环境与可持续发展》2017年第4期,第7—10页。

[19] 黄国勤:《国家公园建设的意义、原则和路径》,《中国井冈山干部学院学报》2020年第2期,第26—30页。

[20] 王庆生、明蕊:《长征国家文化公园建设及其国家认同研究:基于文旅融合视角》,《中国软科学》2021年第S1期,第157—163页。

[21] 吴殿廷、刘宏红、王彬:《国家文化公园建设中的现实误区及改进途径》,《开发研究》2021年第3期,第1—7页。

[22] 段清波、刘艳:《文化遗产视域下的中国长城及其核心文化价值》,《中原文化研究》2019年第6期,第23—28页。

[23] 夏东昌:《大运河文化的精神内涵及当代价值》,《神州印象》2019年第11期,第4—8页。

[24] 王进:《长江文化与黄河文化之比较》,《社会科学动态》1997年第11期,第22—26页。

[25] 马有明、马雁、陈娟:《国外国家公园生态旅游开发比较研究——美国黄石、新西兰峡湾及加拿大班夫国家公园为例》,《昆明大学学报》2008年第2期,第46—49页。

[26] 王俊芳:《班夫公园:"适度利用"与环境保护的实现》,《环境保护》2014年

第10期，第72—74页。

[27] 陈帅杰：《世界三大山地电影节研究》，中国地质大学（北京）学位论文，2018年。

[28] 王利强，汪民：《澳大利亚原住民参与遗产保护管理的经验与启示——以乌鲁鲁-卡塔丘塔国家公园为例》，《华中建筑》2020年第11期，第105—109页。

[29] 汤自军：《自然文化遗产产权制度的国外启示——以澳大利亚为例》，《中国集体经济》2011年第28期，第195—196页。

[30] 张天宇、乌恩：《澳大利亚国家公园管理及启示》，《林业经济》2019年第8期，第20—24、29页。

[31] 夏连珠：《"野外"大梦想：英国旅游小镇集群》，《北京规划建设》2017年第3期，第51—57页。

[32] 邓明艳、罗佳明：《英国世界遗产保护利用与社区发展互动的启示——以哈德良长城为例》，《生态经济》2007年第12期，第141—145页。

[33] 郑文娟、李想：《日本国家公园体制发展、规划、管理及启示》，《东北亚经济研究》2018年第3期，第100—111页。

[34] 罗美洁：《三峡工程与国外水利工程的文化比较——以胡佛、大古力、阿斯旺、伊泰普为例》，《三峡论坛》2014年第2期，第1—8页。

[35] 戚久琳：《黄河水利工程景区景观设计——评〈中小型水库加固及生态景观设计实例〉》，《人民黄河》2021年第1期，第169—170页。

[36] 丁枢：《美国水利旅游资源开发对我国的启示》，《宏观经济研究》2012年第6期，第107—111页。

[37] 王强：《基于"中华优秀传统文化"思政教育资源的"水利工程施工"教育教学改革探索——评〈水利工程施工〉》，《灌溉排水学报》2022年第2期，第160页。

[38] 朱党生、廖文根、史晓新、黄锦辉、李扬、王晓红、李林：《基于都江堰工程启示的新时期生态水利工程建设思考》，《中国水利》2020年第3期，第18—21页。

[39] 王辉、刘小宇、郭建科、孙才志：《美国国家公园志愿者服务及机制——以海峡群岛国家公园为例》，《地理研究》2016年第6期，第1193—1202页。

[40] 詹晨、李丽娟、张玉钧：《美国国家公园志愿服务管理经验及其对我国的启示》，《世界林业研究》2020年第4期，第105—111页。

[41] 毛丽君：《美国黄石国家公园网站服务研究及启示》，《环境科学与管理》2020年第5期，第1—5页。

[42] 夏云娇、刘锦：《美国国家公园的立法规制及其启示》，《武汉理工大学学报（社会科学版）》2019年第4期，第124—130页。

[43] 胡涛：《自然保护区如何强化法制建设？——以美国黄石国家公园为例》，《中国生态文明》2019年第2期，第54—55页。

[44] 许胜晴：《美国国家公园管理制度的法治经验与启示》，《环境保护》2019年第7期，第66—69页。

[45] 于华：《风景逶迤的巴拿马运河（下）》，《中国工程咨询》2016年第5期，第88—93页。

[46] 苏雷曼：《坦桑尼亚入境旅游市场演变趋势与特点研究》，华东师范大学学位论文，2014年。

[47] 景秀明：《非洲形象的"中国"制造——新世纪以来非洲题材纪录片的创作分析》，《当代电影》2017年第10期，第133—136页。

[48] 赵明远：《谈跨文化传播视域下藏族题材纪录片对西藏旅游的影响》，《新媒体研究》2018年第23期，第107—108、120页。

[49] 吉平、王洁松：《论风景人文类电视纪录片的旅游学价值——以〈再说长江〉为例》，《新闻知识》2011年第6期，第62—64页。

[50] 刘红玉：《我国文化服务贸易国际竞争力现状分析及提升策略》，《文化软实力》2019年第2期，第80—90页。

[51] 王克敌：《文博系统文旅融合公共服务创新》，《炎黄地理》2020年第11期，第71—74页。

[52] 胡勇：《我国文化服务贸易发展现状及分析》，《环渤海经济瞭望》2021年第

1期，第46—47页。

[53] 聂鑫：《推动旅游服务质量提档升级》，《当代广西》2021年第22期，第32页。

[54] 武瑾：《基于供应链视角的旅游服务管理》，《西部旅游》2022年第2期，第80—82页。

[55] 邱利丹：《信息技术驱动旅游服务产业发展》，《旅游与摄影》2022年第4期，第14—16页。

[56] 高戈：《从政策视角看我国旅游服务贸易提升路径》，《经济研究导刊》2022年第8期，第63—65页。

[57] 欧阳有旺、舒明、赵立秋：《文化产业高层次人才需求及其培养模式构建》，《生产力研究》2006年第11期，第176—178页。

[58] 方东：《构建文化产业管理专业人才培养模式的理论思考》，《科技管理研究》2009年第2期，第207—208、191页。

[59] 欧阳友权：《文化产业人才建设：问题与思路》，《福建论坛（人文社会科学版）》2012年第2期，第114—118页。

[60] 闫国华：《文化对外传播与非通用语种翻译人才培养》，《中国翻译》2014年第5期，第9—11页。

[61] 陈欣：《全媒体时代国际传播人才的跨文化能力培养》，《中国广播电视学刊》2020年第9期，第82—85页。

[62] 廖祥忠：《媒介与社会同构时代国际传播人才培养必须着力解决的三大问题》，《现代传播》2021年第1期，第1—6页。

[63] 赵朝霞、郭凯峰、张立坤：《大运河国家文化公园建设人才素养探究》，《今日财富》2021年第5期，第209—210页。

[64] 吴赟：《国际传播能力建设与翻译学发展的未来向度》，《上海交通大学学报（哲学社会科学版）》2022年第1期，第12—22页。

[65] 孟威：《改进对外传播　构建"中国话语体系"》，《新闻战线》2014年第7期，第82—85页。

[66] 王维佳：《中国对外传播话语体系面临的时势与挑战》，《国家行政学院学

报》2017年第3期,第10—14、128页。

[67] 左路平、吴学琴:《当代中国价值观念话语体系的对外传播策略研究》,《探索》2018年第1期,第180—189页。

[68] 章晓英:《中国对外话语体系建构:一个叙事学视角》,《国际传播》2019年第1期,第1—7页。

[69] 罗先勇:《构建新时代国际传播话语体系的路径选择》,《对外传播》2019年第2期,第45—47页。

[70] 左凤荣:《构建融通中外的对外传播话语体系》,《中国党政干部论坛》2019年第3期,第47—49页。

[71] 张恒军:《提升中华文化对外传播话语影响力的三个支点》,《对外传播》2019年第7期,第17—18页。

[72] 王磊:《中国对外话语体系建设:意义、任务与策略》,《中央社会主义学院学报》2020年第2期,第53—60页。

[73] 周宇豪:《基于国际影响力视野的中国对外传播话语共同体构建逻辑》,《郑州大学学报(哲学社会科学版)》2020年第3期,第48—53、128页。

[74] 冯峰:《美国国际话语权的生成逻辑》,《中央社会主义学院学报》2020年第5期,第71—86页。

[75] 吴艳东、廖小丹:《意识形态国际话语权的生成机制与提升路径——基于马克思主义利益观的视阈》,《广西社会科学》2020年第10期,第24—29页。

[76] 焦亚男、刘强:《百年变局下中国意识形态国际话语权提升策略探析》,《重庆电子工程职业学院学报》2020年第6期,第19—22页。

[77] 段鹏、张倩:《后疫情时代我国国际传播话语体系建设的价值维度与路径重构》,《新闻界》2021年第3期,第28—36页。

[78] 刘小燕、赵薹源:《着力构建新时代对外传播话语体系》,《前线》2021年第6期,第9—11页。

[79] 祁芝红、李智:《中国国际传播话语体系建构的实践困境刍议》,《对外传播》2021年第6期,第57—60页。

[80] 司显柱：《中国特色对外话语体系的构建：回顾与前瞻》，《当代外语研究》2021年第4期，第103—112、129页。

[81] 李继东、姜楠：《西方国际传播话语体系中国家身份的建构》，《中南民族大学学报（人文社会科学版）》2022年第2期，第152—158、187—188页。

[82] 项久雨：《当代中国价值观念国际传播的策略》，《光明日报》2016年4月20日。

[83] 张铮：《文化产业数字化战略的内涵与关键》，《人民论坛》2021年第26期，第96—99页。

[84] 魏鹏举：《数字经济与中国文化产业高质量发展的辨析》，《福建论坛》2021年第11期，第65—72页。

[85] 周锦：《数字文化产业赋能乡村振兴战略的机理和路径》，《农村经济》2021年第11期，第10—16页。

[86] 赖雨倩：《我国数字文化产业发展推进国际话语权提升的路径研究》，《中小企业管理与科技（中旬刊）》2021年第12期，第63—65页。

[87] 杨厅、吴香林：《数字经济推动中国文化产业发展路径研究》，《中国发展》2021年第6期，第71—74页。

[88] 解梦伟、侯小锋：《非物质文化遗产数字化传播的反思》，《民族艺术研究》2021年第6期，第139—145页。

[89] 刘彦：《非物质文化遗产数字化产品创新设计实践》，《文化产业》2021年第36期，第165—168页。

[90] 张伟、吴晶琦：《数字文化产业新业态及发展趋势》，《深圳大学学报（人文社会科学版）》2022年第1期，第60—68页。

[91] 芮潇：《浅谈文化遗产数字化展示在景观设计中的应用——以大运河江苏段考古遗址公园为例》，《现代园艺》2022年第1期，第103—105页。

[92] 车树林、王琼：《数字经济时代文化产业高质量发展的动力变革与路径选择》，《学术交流》2022年第1期，第114—125、192页。

[93] 韩美群、周小芹：《近二十年来非物质文化遗产数字化传承研究回顾与展望》，

《中南民族大学学报（人文社会科学版）》2022年第1期，第65—74、184页。

[94] 张凌云：《加强数字平台建设 提升文化传播力》，《北京观察》2022年第2期，第58页。

[95] 杨帆：《全数字化语境下黄河文化遗产的传承与发展研究》，《文化月刊》2022年第2期，第154—155页。

[96] 刘兮兮：《数字经济时代下文化创意产业发展路径》，《商业观察》2022年第6期，第45—48页。

[97] 李思涵：《数字经济背景下文化产业与非物质文化遗产融合发展研究》，《中国民族博览》2022年第5期，第102—104页。

[98] 《聚焦两会中的数字经济关键词》，《信息化建设》2022年第3期，第57—58页。

[99] 傅晓冬、杜琼：《数字经济对中国文化产品出口贸易的影响研究》，《宏观经济研究》2022年第3期，第82—93页。

[100] 肖鹏展：《数字化媒体下非物质文化遗产传承与传播》，《新闻传播》2022年第6期，第13—15页。

[101] 魏鹏举、魏西笑：《文化遗产数字化实践的版权挑战与应对》，《山东大学学报（哲学社会科学版）》2022年第2期，第38—47页。

[102] 丁小然：《非物质文化遗产档案的数字化保护研究》，《文化产业》2022年第10期，第118—120页。

[103] 刘建辉：《数字化背景下非物质文化遗产的保护与利用》，《文化产业》2022年第12期，第79—81页。

[104] 王铠宏：《数字化在非物质文化遗产展示空间中的应用思考》，《大众文艺》2022年第9期，第59—62页。

[105] 江若曼：《新时期我国音乐类非物质文化遗产档案数字化建设》，《档案管理》2022年第3期，第123—124页。

[106] 黄永林：《数字经济时代文化消费的特征与升级》，《人民论坛》2022年第9期，第116—121页。

[107] 邵军、施震凯：《数字经济背景下推动文化贸易发展的对策研究》，《江南

论坛》2022年第5期，第4—7页。

[108] 韩松、王洺硕：《数字经济、研发创新与文化产业高质量发展》，《山东大学学报（哲学社会科学版）》2022年第3期，第25—37页。

[109] 李小牧、李嘉珊：《深改背景下的文化市场建设》，《北京观察》2014年第8期，第27—29页。

[110] 董光璧：《信息时代的中国文化战略问题》，《文艺研究》1998年第4期，第24—25页。

[111] 傅铭：《厘清文化事业与公共文化服务体系及文化产业的关系》，《人民论坛》2017年第20期，第125—127页。

[112] 顾林刚：《亚运会前提升杭州城市国际语言环境的思考》，《杭州》2022年第2期，第44—47页。

[113] 郭萍、李大伟：《美国国家公园土地政策及其对中国不可移动文物土地问题的启示》，《沈阳工业大学学报（社会科学版）》2015年第3期，第2—26页。

[114] 黄意武：《我国文化事业内涵、特征及发展方向探究》，《中国出版》2014年第20期，第37—40页。

[115] 蒋多、杨裔：《生产性保护背景下非物质文化遗产国际化的路径与对策》，《中国海洋大学学报（社会科学版）》2015年第1期，第103—107页。

[116] 金哲松、陈方、韦苏健：《文化产业创新驱动发展战略差异化研究——基于国别比较的视角》，《现代管理科学》2015年第5期，第6—8页。

[117] 经渊、刘茜、陈雅、郑建明：《中国公共文化事业战略的历史、现实与展望》，《浙江理工大学学报（社会科学版）》2020年第1期，第59—65页。

[118] 康璇：《文化治理视域下的公共文化服务体系建设》，《现代商贸工业》2020年第28期，第24—28页。

[119] 兰伟、陈兴、钟晨：《国家公园理论体系与研究现状述评》，《林业经济》2018年第4期，第3—9页。

[120] 李怀亮：《从市场占有率到价值引导力 中国对外文化贸易的新趋势》，《人民论坛》2018年第15期，第30—32页。

[121] 李鹏:《国家公园中央治理模式的"国""民"性》,《旅游学刊》2015年第5期,第5—7页。

[122] 李群群、张波:《新时代文化产业供给侧结构性改革何以实现》,《人民论坛·学术前沿》2019年第23期,第112—117页。

[123] 李树信:《国家文化公园的功能、价值及实现途径》,《中国经贸导刊(中)》2021年第3期,第52—55页。

[124] 李想、郭晔、林进、衣旭彤、李宇腾、王亚明:《美国国家公园管理机构设置详解及其对我国的启示》,《林业经济》2019年第1期,第117—121页。

[125] 李臻:《文化治理视域下的公共数字文化服务标准体系研究》,《大学图书情报学刊》2020年第4期,第50—54,77页。

[126] 李正欢、蔡依良、段佳会:《利益冲突、制度安排与管理成效:基于QCA的国外国家公园社区管理研究》,《旅游科学》2019年第6期,第49—61页。

[127] 李紫薇、王书丽、田佳惠:《河南黄河文化旅游带国际化品牌建设探析——基于黄河国家文化公园建设背景》,《人文天下》2022第2期,第61—66页。

[128] 马盟雨、李雄:《日本国家公园建设发展与运营体制概况研究》,《中国园林》2015年第2期,第32—35页。

[129] 马向阳、叶伊篱、白寅:《品牌遗产与文化遗产视角下的国产品牌国际化新路径》,《天津大学学报(社会科学版)》2016年第5期,第406—411页。

[130] 潘健峰、马月伟、陈艳、蔡思青、陈玉美:《中美国家公园生态系统服务社会价值对比研究》,《世界地理研究》2022年6月,第1—13页。

[131] 彭东琳:《长征国家文化公园数字化建设的实践思考》,《贵州日报》2021年第9期。

[132] 秦宗财:《大运河国家文化公园系统性建设的五个维度》,《南京社会科学》2022年第3期,第162—170页。

[133] 孙华:《国家文化公园初论——概念、类型、特征与建设》,《中国文化遗产》2021年第5期,第4—14页。

[134] 孙正楷:《法国国家公园建设的经验与启示》,《绿色科技》2020年第8期,

第15—17页。

[135] 谭汪洋：《以中华优秀传统文化推动构建人类命运共同体》，《黑龙江社会科学》2019年第2期，第44—48页。

[136] 王海文：《以文化自信助推我国对外文化贸易的繁荣发展》，《国际贸易》2016年第10期，第59—63页。

[137] 王克岭：《国家文化公园的理论探索与实践思考》，《企业经济》2021年第4期，第5—12、2页。

[138] 王梁：《科技支撑民族文化产业创新发展研究》，《贵州民族研究》2018年第8期：第181—184页。

[139] 王铭、赵振烨：《京津冀多维联动发展：北京长城文化带建设新画卷》，《新视野》2022年第2期，第95—101页。

[140] 魏宏君：《促进对外文化交流应坚持"三个必须"》，《人民论坛》2019年第26期，第134—135页。

[141] 巫志南：《公共文化产品和服务精准供给研究》，《图书与情报》2019第1期，第31—40页。

[142] 吴丽云、邹统钎、王欣、阎芷歆、李颖、李艳：《国家文化公园管理体制机制建设成效分析》，《开发研究》2022年第1期，第10—19页。

[143] 薛瑞、张海霞、周寅：《国家公园游憩研究的知识图谱与阶段特征》，《旅游论坛》2021年第5期，第126—136页。

[144] 于晋海：《黄河上游民族文化产业创新性发展的背景、困境与路径》，《边疆经济与文化》2022年第4期，第68—70页。

[145] 张林、陈焱松：《〈青海·我们的国家公园〉：生态命运共同体的叙事空间建构》，《中国电视》2021年第8期，第43—47页。

[146] 张亚席：《"双循环"新发展格局下的中国对外文化交流与合作：意义、困境及推进路径》，《中国发展》2021年第S1期，第78—82页。

[147] 张祝平：《黄河国家文化公园建设：时代价值、基本原则与实现路径》，《南京社会科学》2022年第3期，第154—161页。

[148] 镇雪锋：《文化遗产的完整性与整体性保护方法》，同济大学学位论文，2007。

[149] 周春燕、PhilipWang：《美国国家公园品牌个性实证研究》，《资源开发与市场》2017年第5期，第619—625、642页。

[150] 李嘉珊、郑湫璐：《从需求驱动看中国文化产业成为新经济增长点》，《国际贸易》2009年第5期，第27—33页。

[151] 陈叙图、金筱霆、苏杨：《法国国家公园体制改革的动因、经验及启示》，《环境保护》2017年第19期，第56—63页。

[152] 董禹、陈晓超、董慰：《英国国家公园保护与游憩协调机制和对策》，《规划师》2019年第17期，第29—35、43页。

[153] Runte A. The national park idea: origins and paradox of the American experience[J]. *Journal of Forest History*, 1977, 21(2): 64-75.

[154] Sheail J. The concept of national parks in Great Britain 1900-1950[J]. *Transactions of the Institute of British Geographers*, 1975: 41-56.

[155] 《查格雷斯国家公园：塑造巴拿马的文化和自然历史》，巴拿马环境部网站，https://www.miambiente.gob.pa/parque-nacional-chagres-formador-de-la-historia-cultural-y-natural-de-panama/，2021-10-11。

[156] 国家公园国际合作项目合作伙伴，国家公园自治机构，西班牙政府网站，https://www.miteco.gob.es/es/parques-nacionales-oapn/proyectos-de-cooperacion/socios.aspx。

[157] 《巴拿马绿色遗产：索伯拉尼亚国家公园》，金融资本网站，https://elcapitalfinanciero.com/parque-nacional-soberania-patrimonio-verde-de-panama/。

[158] 《索伯拉尼亚国家公园作为巴拿马城的生态旅游资产41周年》，巴拿马环境部网站，https://www.miambiente.gob.pa/parque-nacional-soberania-llega-a-sus-41-anos-como-activo-ecoturistico-de-la-ciudad-de-panama/，2021-5-27。

[159] 《查格雷斯国家公园管理计划》，巴拿马环境部，http://www.pymeparquechagres.org/planm/planmpnch.pdf，2005年4月。

[160] 西班牙第30/2014号国家公园法，2014年12月3日修订，西班牙政府颁布，https://www.boe.es/buscar/act.php?id=BOE-A-2014-12588。

[161] 西班牙第389/2016号批准国家公园网络的总体规划皇家法令，2016年10月22日修订，西班牙政府颁布，https://www.boe.es/diario_boe/txt.php?id=BOE-A-2016-9690。

[162] Gálvez, J. (2007). Elementos para el mejoramiento de los sistemas de gestión de visitantes en los parques Soberanía y Chagres, en la cuenca del Canal de Panamá, Panamá.

后 记

国家文化公园的国际化战略问题的提出,源于2022年3月初,研究出版社在北京第二外国语学院的一次小型座谈会,得知国家文化公园建设需要回答好"是什么""为什么"和"怎么办"的问题,由此理论研究的系统性和对实践指导的方向性都对国家文化公园建设提出迫切性要求。在座谈时我提出了最关心的三个问题:一是国家文化公园要建成什么样?二是国家文化公园能建成什么样?三是建成的国家文化公园为哪些群体服务,即谁来消费?这是最根本的三个亟待破解的问题,后来想想回答好、落实好这三个问题非常不容易。

这部研究成果最重要的思考和创新莫过于以下两个方面:

第一是创造性地从国际文化贸易视角关注国家文化公园建设。

从事国际文化贸易理论实践研究20年的积累,让我自然而然地将国家文化公园作为可贸易标的物进行观测,从国际化和市场化两个维度深入思考,国家文化公园的建设既要体现出强大的社会价值,又要彰显其经济价值,以综合展现国家文化公园的国际竞争力。我提出的国家文化公园国际化战略选题被列入国家文化公园理论与实践系列著作中,倍感荣幸。把国家文化公园建设列入国家文化发展国际战略是时代发展的要求,意义重大。

国家文化公园是中国式现代化发展的凝结与呈现,又是中国特色社会主义文化的国家名片。国家文化公园是中国提供给世界独有的中国文化产品和服务,要格外重视中华优秀文化资源的创造性转化和创新性发展,需要讲明白、讲好中国国家文化公园自己的故事。先读懂自己,就有底气与世界对话。国家文化公园既不同于国家公园,也不同于爱国主义教育基地,更不是前些年的特色小镇,在彰显其社会价值的同时,需要重视释放其市场价值。建成的国家文化公园既要考虑国内文化市场需求又要兼顾国际需求，要体现出具有先进性的国际化经营管理水平。

第二个方面是深入调研挖掘全球可借鉴的经验和实践，为我所用。国家文化公园是新生事物，如何找到其建设和创新发展的精髓，需要一支拥有丰富阅历和多学科知识储备的研究团队。座谈会后即组建国家文化公园的国际战略研讨小组，在交叉学科国际文化贸易团队中挑选年轻有活力的刘霞、王丽、田嵩三位老师，张筱聆、胡心怡、刘昂、方朔、陈晔妮、周颂、樊雪晴、安致远、任露凝等9名研究生以及中国科学技术交流中心的年轻学者杨修，开展有组织科研，尤其是在国际经验挖掘上，发挥多语种优势，加上又有经贸根基，交叉学科优势得到充分体现。针对各国普遍构建的国家公园特征的总结与提炼，团队选取以水利工程带动文旅消费的阿斯旺国家公园、以环境治理促进国际合作的西班牙国家公园、民族保护与协同管理并行的澳大利亚土著保护区建设、以成熟的志愿者服务体系为特色的美国国家公园、以协作型管理运营为突出特征的日本国立公园等九个极具代表性的世界知名国家公园国际化市场化特色发展案例，这些案例对我国国家文化公园建设极具参考价值。

2022年10月，习近平总书记在党的二十大报告中指出，要"建好用好国家文化公园"。2023年6月2日，习近平总书记在北京出席文化传承发展座谈会并发表重要讲话。他强调，在新的起点上继续推动文化繁荣、建设文化强国、建设中华民族现代文明，是我们在新时代新的文化使命。同月，首届文化强国建设高峰论坛在深圳举办，其中由中宣部对外文化交流（文化贸易）研究基地承办的促进文化贸易分论坛圆满举行。国家文化公园是植根于中国式现代化文化发展的新事物，在新时代更需要以新理念去经营。国家文化公园的国际化发展，旨在向全球展现中国文化历史和人文底蕴，讲述中华文明源远流长博大精深的成果，让世界读懂中国人民和中华民族。基于此，《国家文化公园的国际化战略》的成稿，是我们进一步深入落实习近平总书记关于国际传播能力建设和中华文化走出去的重要指示精神的体现，也让文化贸易交叉学科研究团队的科研组织能力得以加强，与此同时也更坚定了我们持续推动交叉学科国际文化贸易领域人才培养的

后 记

信心。

  由衷感谢研究出版社的信任，感谢总编辑丁波和责任编辑寇颖丹的大力支持。在成稿期间，研究团队多次研讨交流，得到中宣部对外推广局、商务部服务业与商贸服务业司、文旅部政策法规司等机构领导的肯定和重视，得到李小牧教授和邹统钎教授的指导和帮助，研究成果几经修改与调整，吸纳各方建议，在书稿付梓之时，是以为记。

李嘉珊

2024年3月于北京